이 세상에서
천국을

이 세상에서
천국을

2007년 1월 18일 교회 인가
2007년 6월 5일 초판 1쇄 펴냄
2007년 10월 22일 초판 3쇄 펴냄

지은이 · 강 구원의 마리 헬레나
펴낸이 · 정진석
펴낸곳 · 가톨릭출판사
편집 겸 인쇄인 · 박항오
편집 · 이현주, 표지 디자인 · 정호진

주소 · 서울특별시 중구 중림동 149-2
등록 · 1958. 1. 16. 제2-314호
전화 · (02)360-9114(대)
 (02)360-9172(영업국)
지로번호 · 3000997

ISBN 978-89-321-1023-3 03230

값 11,000원

ⓒ 강 구원의 마리 헬레나, 2007

http://www.cph.or.kr

중림동 서적성물센터 (02)360-9178/ FAX (02)393-8554
명동대성당 서적성물센터 (02)776-3601, 3602/ FAX (02)776-1019
가톨릭회관 서적성물센터 (02)777-2521/ FAX (02)777-2520
수원지사 (031)254-4105/ FAX (031)254-4106
미주지사 (233)734-3383/ FAX (323)383-3380

성경 ⓒ 한국천주교중앙협의회, 2005

삼위일체의 복녀 엘리사벳과 함께하는 하느님 현존 체험

이 세상에서 천국을

강 구원의 마리 헬레나 지음

가톨릭출판사

우리 모두는

천국을 동경하고

그 가는 길을 알고 싶어합니다.

이 책을

천상을 향하여 같은 길을 걸어가고 있는

모든 봉헌된 영혼들과 성소자들,

하느님을 좀 더 깊이 만나뵙기를 애타게 바라는 분들께,

그리고 하루를 살더라도 정말 사는 것처럼 살기를 원하시는

모든 분들께 드립니다.

차 · 례

시작하면서 · 11

제1장 부드러운 초대
1. 엘리사벳과의 만남 · 17
2. 막다른 골목에서 · 22
3. 엘리사벳의 성격 · 32
   1) 불같이 끓어오르기 쉬운 기질 · 33
   2) 예민한 감수성과 음악적 재능 · 35
   3) 불굴의 의지와 기도 · 41

제2장 하느님의 현존
1. 하느님 현존이란? · 51
2. 하느님 현존의 여러 양식 · 59
   1) 형제들 안에서 · 62
   2) 성체 조배할 때 · 63
   3) 말씀을 들을 때 · 66
   4) 영혼 안에서 · 72
3. 하느님의 현존으로 드리는 참된 예배 · 73

4. 하느님 현존을 위한 방법 · 85
      1) 일반적인 방법 · 86
          ① 기도 · 86
          ② 잠심(거둠 기도) · 86
          ③ 여러 가지 수련 · 87
      2) 부활의 로랑 수사의 방법 · 89
   5. 하느님 현존에 대한 친밀함의 단계 · 96

제3장 영혼 안에 현존하시는 성삼위
   1. 성삼위의 내주 · 113
      1) 성경 안에서 · 114
      2) 교부들 안에서 · 118
      3) 신비 체험 안에서 · 122
      4) 가르멜 영성 안에서 · 124
      5) 그 밖의 여러 형태의 영적 체험 안에서 · 140
   2. 엘리사벳을 매료시킨 진리 · 162
      1) 하느님은 내 안에 · 163
      2) 나는 하느님 안에 · 166

제4장 인간을 찾아 나서시는 하느님

1. 엘리사벳을 찾으시는 하느님 · 173

1) 하느님께 사랑받는자 · 173

2) 엘리사벳의 응답: 사랑의 응답 · 181

① 사랑으로 소모되기 원함 · 182

② 사랑받게 내맡김 · 184

2. 현대인을 찾으시는 하느님 · 187

1) 겸손한 사랑 · 187

① 기다리며 인내하는 사랑 · 187

② 애걸하며 간청하는 사랑 · 201

③ 모욕과 배신을 견뎌내는 사랑 · 209

④ 버림받고 내쳐진 사랑 · 211

2) 현대인의 응답: 사랑의 통회 · 213

제5장 영광을 향해 부름 받은 자

1. 영광: 인간의 성소 · 223

1) 세례 · 232

2) 하느님의 자녀 · 240

3) 그리스도와 통합 · 244

2. 영광의 찬미: 인간의 영원한 성소 · 247

1) 소명의 발견: 영광의 찬미 · 258

2) 어떻게 영광의 찬미가 될 수 있을까? · 260

제6장 더 깊은 내면화
    1. 내면화란? · 271
        1) 가르멜 영성: 내면화의 영성 · 276
        2) 침묵 · 288
            ① 자신을 잊어버림 · 290
            ② 내적 통일과 단순성 · 293
    2. 고통 속에서의 하느님 현존 · 298
    3. 그리스도로 변화될 때까지 · 301
        1) 그리스도로 갈아입음 · 302
        2) 그리스도 안에서, 그리스도와 함께 · 306
        3) 그리스도 인성의 연장이 되고 싶은 갈망 · 312
            ① 흠숭자 구원자의 연장 · 312
            ② 십자가에 못 박히신 그리스도로 동화될 때까지 · 316

제7장 교회를 위한 엘리사벳의 사명 · 327

삼위일체의 복녀 엘리사벳에게 드리는 구일 기도 · 333

주석 · 335

시작하면서

하느님께서는 어느 한 시대를 이끌기 위하여 적어도 한 세기 이전부터 이미 한 영혼을 준비시키신다고 한다.

우리는 하느님을 배제한 무신론적이고 물질적인 문화 속에서 이성적 사고와 판단만으로 진리를 이해하며, 아무리 그것이 진리일지라도 인간 이성이 이해할 수 없는 것은 의문시하고 도외시하는 풍토에서 자라났다. 그래서인지 마음속에서 움터 나오는 영원한 실재에 대한 영적 갈망과 목마름을 느끼면서도 어디서! 어떻게! 이 영적 갈증을 해소할 수 있는지 그 방법을 몰라 허둥대며 비틀거리고 있다.

이런 모든 사람들의 영적인 충족을 향한 갈망을 바탕으로 뉴에이지 운동과 같은 새 영성의 붐이 일고 있고, 사람들은 행여 반짝이는 무엇을 얻을 수 있지 않을까 그곳을 기웃거리고 있는 것이다.

악마는 인간을 속여, 하느님 없이 자유롭게 되어 하고 싶은 대로 다 하라고 우리를 부추기고서는 그다음에는 물질적인 만족을 주어 하느님 없이도 잘살 수 있다는 확신을 불어넣어 주었다.

악마의 계략이 제법 성공한 듯보인다. 그러나 악마가 사람들을 속여 하느님에게서 멀리 떼어놓을 수 있을지는 몰라도 인간들 마음속 깊은 곳에서 샘솟는 하느님을 향한 갈망과 영적으로 하느님과 접촉하고 싶은 갈망까지는 빼앗을 수는 없었던 모양이다.

이 영적인 갈망에 대한 악마의 2차적인 속임수가 바로 뉴에이지 운동이다. 이는 정신적으로 잠깐 반짝이는 기쁨을 주어 사람들이 참진리이신 하느님께 가는 길을 막는 것이다. 그러나 인간은 하느님 안에 잠길 때라야만 행복하게 되는 존재로 지어졌기 때문에 이 같은 속임수에 만족할 수 없는 것이다. 인간은 결국 하느님께 되돌아올 것이므로 이 계획도 실패하리라.

이런 우리를 하느님께서는 영원한 안목으로 미리 내다보시고 삼위일체의 엘리사벳을 선물로 주셨다. 엘리사벳이 서거한 지 올해로 100주년이 되었다. 이를 기념하여 우리에게 참된 기쁨과 영적으로 확실한 토대를 마련해준 엘리사벳의 영성을 소개하고자 한다.

교황 요한 바오로 2세는 자신에게 큰 영향을 미친 아홉 분의 그리스도의 증인들 중의 한 분이 엘리사벳이라고 지명했다.[1] 1984년 11월 25일 엘리사벳 시복식 강론 중에서 그는 "사랑 안에 뿌리를 박고 사랑을 기초로 한 기쁨으로 넘쳐흐르는 증인이기 때문"에 그녀를 복녀로 선포하게 되었으며, 아울러 많은 남녀 평신도들과 수도자들에게, 그녀가 '생명의 샘에서 마신 무한한 사랑의 물'을 함께 나누어 마실 수 있기를 간절히 바란다고 했다.

삼위일체의 엘리사벳은 하느님 현존의 선구자이자 이 세상에서 천국을 산 증인이다.

"나는 이 세상에서 천국을 찾았습니다. 천국이란 하느님이고, 하느님은 내 영혼 안에 계시기 때문입니다. 이것을 깨달은 날부터 모든 것이 나에게 환하게 빛났습니다. 나는 이 비밀을 내가 사랑하는 모든 분들에게 속삭여주고 싶습니다."[2]

이 세상에서 천국을 체험한 성녀 데레사 역시 이 같은 은혜를 우리가 받을 수 있도록 부추겨준다.

"그러면 자, 용기를 냅시다. 이 세상에서도 어느 정도 천국을 즐길 수 있으니만큼 주님께 이 은혜를 청합시다. 우리 탓으로 이 즐거움을 막지 않도록, 우리에게 그 길을 열어주시도록, 그리고 깊이 감추어진 이 보배를 찾을 때까지 파고들어 갈 힘을 영혼에게 주시도록 간청합시다. 사실 이 보배는 우리들 자신 안에 있는 것입니다"(『영혼의 성』 5궁방 1장 2절).

엘리사벳은 온 마음과 온 영혼으로 이 현존 안에서 살았고 자신의 모든 에너지와 자신이 가진 모든 것을 하느님 현존을 위하여 쏟아부었다. 그리고 자신이 묵상한 바를 생활 속에서 실천하고 그 체험에서 우러나오는 행복한 기쁨을 혼자 간직할 수 없어 봉쇄 담 너머에 살고 있는 사랑하는 부모, 형제, 친지들에게 알려주고 있는 것이다. 엘리사벳의 가르침은 매우 심오하면서도 소수를 위한 귀족 영성이 아니라 일반인(모든 크리스천)을 위한 **대중 영성**이다.

만일 그녀의 가르침과 인도를 따라가 본다면 갈 길을 몰라 방황하는 우리들은 확실한 나침반과 노련한 길 안내자를 얻었을 때와 같이 마음이 든든해짐을 느끼리라. 엘리사벳은 하느님 현존의 산 증인으로서 이 눈부신 '사랑의 현실' 안에 살도록 우리 모두를 초대하고 있다.

제1장 _ 부드러운 초대

나는 이 세상에서 천국을 찾았습니다.

이것을 깨달은 날부터 모든 것이 나에게 환하게 빛났습니다.

나는 이 비밀을 내가 사랑하는 모든 분들에게 속삭여주고 싶습니다.

(편지 122)

1. 엘리사벳과의 만남

처음 수도원에 들어갔을 때 나는 하느님에 관한 지식이 거의 없었다. 그래서 수도 생활을 잘하고 하느님 눈에 들려면 무얼 해야 좋을지 막막하기만 했다. 그저 할 수 있는 것은 "하느님 저의 모든 것을 다 바칩니다. 온통 다 가지십시오"라는 기도뿐이었다. 그러나 이 기도는 말뿐이지 현실적으로는 바치지 않고 있음을 곧 깨닫게 되었다.

"예수님! 제가 주님을 진정으로 잘 섬기게 해주십시오"라고 화살기도를 반복하면서 방법을 찾고 또 찾았다. 그러다가 배운 습관대로 하느님에 관한 정보를 얻으려면 도서실에서 좋은 책을 다 가져다 읽고 그걸 실천하면 되겠다는 생각이 떠올랐다. 주님께서 빛을 주셨구나 싶어 주일마다 도서실에 가서 그럴듯한 제목을 뽑아 차례를 훑어보고 그중에서 완덕에 가장 빨리 도달하게 해줄 것 같은 책 3~4권을 뽑아 들고 즐겁게 돌아왔다. 성질이 급한 나는 1주일에 한 권씩만 읽는다 해도 한 달에 4~5권을 읽을 것이고, 적어도 첫 서원까지는 이 도서실의 중요 도서는 거의 다 읽게 되리라는 계산을 해가면서 가슴이 부풀어 올랐다. 그러고는 '내가 비록 학교 공부는 흥미가 없어 못했지만 주님에 관한 공부는 잘해야지' 하고 다짐을 굳게 하고, 또 잠시 성모님께 이 지향으로 화살기도를 드린 뒤 거룩한 마음으로 자세를 가다듬었다.

책장을 넘기기 시작하면서 '거룩한 영적 독서'가 이런 감동을 주는구나 하고 처음 10여 분간은 이 감동 속에 젖어 있었다. 그러나 시간이 좀 지나자 책장이 좀처럼 넘어가지 않고 좀이 쑤시고 눈은 스르르 감기기 시작했다. 역시 거룩한 책은 따분하다는 생각을 했다. 그렇지만 '이 따분함을 돌파하지 않으면 다음의 실전 전투에서는 더 큰 난관이 있을 텐데 이것 참, 큰일 났구나! 공부 안 한 버릇이 천국 가는 길에까지 이렇게 애먹일 줄 미처 몰랐네'라고 속으로 중얼거리며 읽어갔다.

굳은 의지로 시작한 영적 독서 돌파는 첫걸음부터 난관에 부딪치고 말았다. 그래도 방으로 가져온 책을 자존심 때문에 그냥 갖다 놓을 수는 없었다. 그래서 목차를 훑어보고 그중 흥미있고 이해하기 쉬운 부분만 넘겨 보며 적어도 이 책이 무슨 내용을 다루고 있는지 정도만은 파악했다. 그래도 매 주일마다 도서실에 가서 지난번 빌린 책을 반납하고 새 책 몇 권을 들고 오는 발걸음은 가볍곤 했다.

'예수님, 저 많은 책들을 어느 세월에 다 읽어요? 도와주세요. 제가 공부하는 것을 싫어하는 줄 잘 아시잖아요. 저 책들을 읽지 않아도 되게 예수님이 친히 저를 가르쳐주시면 안 될까요?'라며 말도 안 되는 유치한 기도를 하면서 몇 달간 부지런히 생쥐처럼 도서실을 들락날락했다. 이것을 본 수련소 동료 수녀님들은 남의 속 타는 줄은 모르고 "와! 헬레나 자매님, 정말 열심이시네요. 도서실에 있는 책도 거의 다 읽어서 이제는 읽을 책이 없겠네" 하고 놀릴 때마다 "아니라니까요, 그게 아니고요. 제목하고 목차만 읽고 갖다 놓는 거예요. 행여 천국에 가는 지름길을 써놓은 책이 있을까 싶어서 찾는 중인데 머리만 아프고 그런 책은 보이지 않네요. 혹 그런 책 알고 있으면 저 좀 알려주세요. 이 답답한 마음을 알아줄 분은 주님밖에 없네요. 수녀님들은 일찍부터 유아 영세하고 영적 독서도 많이 했잖아요. 전 아직도 그럴듯한 책 한 권을 못 읽었다고요."

이 말을 듣고 한 수녀님이 수련소 도서실에서 표지가 낡은 책 한 권을 내게 가져다주었다. 그 책은 너무 낡고 오래되었기 때문에 수련소 책장 문을 몇 번 열긴 했어도 그냥 건성으로 보고 말았던 것이었다. 이때까지만 해도 무의식 중이긴 하지만 수도 생활을 잘하려면 많은 책을 읽어야만 하느님에 대해 박학해질 수 있으며, 또한 책 속에는 하느님께 가는 길이 잘 쓰여 있을 것이라고 믿었다. 그런데 대여섯 달이 지나도 별 변화가 없으니 내심 초조해졌다. 아마도 이때 다음의 소화 데레사 성녀가 한 말을 읽었더라면 도움이 되었을 텐데라는 아쉬움이 남지만 그때는 아직 읽지 못했던 터였다.

셀리나가 뒤늦게 입회하여 도서실의 많은 책을 둘러보고 "저 많은 책을 언제 다 읽을까?" 하자 소화 데레사가 "나는 저 많은 책을 안 읽은 것을 다행으로 생각합니다" 하고 대답한 대목이다. 세월이 한참 지나 이 구절을 읽었을 때엔 자신의 경험을 통해 이미 그 말뜻을 잘 알아들을 수 있을 때였다. 셀리나가 여러 번 기회가 있을 때마다 동생 데레사에게 질문하는 걸 보고 마치 내 입장에서 말하는 것 같아 '어쩜 그렇게 나하고 생각이 똑같지' 싶어 데레사 성녀보다 셀리나에게 더 애정이 가곤 했다.

동료 수녀님이 건네준 책은 『영광의 찬미』[3]라는 소책자였다. 부피가 작은 책이라 일단 부담 없이 가벼운 마음으로 읽기 시작했다. 내용도 알아듣겠고 내 지적 수준에도 맞고, 또 나의 심성에도 맞는 것 같았다. 이 책을 읽는 동안에는 독서 시간 끝 종이 언제 쳤는지 모르게 1시간이 훌쩍 지나가 버렸다.

첫 장에 대뜸 "나는 이승에서 천국을 찾았습니다. 내가 아끼는 여러분께 이 비결을 말해드리고 싶습니다"란 구절을 보고 '아! 내가 찾는 것이 바로 이거였어! 그러니까 나에게 천국 가는 지름길을 가르쳐준다는 거지! 엘리사벳이 간 길을 그대로 따라가면 나도 이 세상에서 천국을 살겠구나' 라고 생각하며 저절로 신이 났다. 천국만 찾을 수 있다면 불 속이라도 뛰어들 각오로, '죽기 아니면 까무러치기로 단단히 무장을 하고 실천을 해야지!' 하고 책장을 넘기는데, 신학 책처럼 아리송한 것은 하나도 없고 모두 뚜렷했다. 내가 천국을 갈망하는 것보다 하느님이 나에게 천국을 주시고 싶어하신다는 사실이, 즉 당신 곁에 우리를 두고 싶어하시는 그 애틋한 소원이 내 마음에 더 다가왔다. 순식간에 다 읽은 그 책은 그 주간 내내 내 손에서 떠나지 않았다. 읽고 또 읽었다. 그리고 뭔가 손에 잡힐 듯한, 천국 가는 입장권을 손에 쥐고 이제 들어가기만 하면 될 것 같은 생각이 들었다. 내용은 다 알았으니 이를 심화시키고 반추하기 위해 이 책을 저녁 묵상 독서용으로 삼았다.

저녁 묵상은 1시간이 언제 지나갔는지 모르게 쏜살같이 지나갔고 하느님께서 주시는 친밀한 사귐이 너무 행복하고 맛스러워 그 달콤한 사랑에 그냥 녹아들어 갔다. 엘리사벳은 자신이 경험하고 맛본 그것을 마치 어머니가 자식에게 맛있는 음식을 먹여주듯이 내 입에 넣어주는 것 같았다. 그 뒤부터는 묵상 시간이 항상 짧게 느껴지고 감질이 나서 '언제쯤 이 내밀한 기쁨과 사랑스런 친교를 실컷 누릴 수 있을까?' 하고 생각했다. 이 지상이 정녕 귀양살이처럼 느껴지는 것이었다. 묵상 시간이 끝나면 세상사의 일을 또 해야 되기 때문이었다.

이 감미로운 기쁨을 맛본 이후, 즉시 식사를 하러 간다는 것이 고역스럽고 고달프게 느껴졌다. 전에는 다리가 저려서 묵상이 끝나는 종이 울리기만을 기다렸는데, 언제 갑자기 바뀌었는지 이제는 성인 성녀들처럼 먹는 것이 고역스럽게 느껴지는 것이다.

『영광의 찬미』 덕분에 묵상 기도는 심화되어 갔지만 아직도 많은 책을 읽고 싶은 욕심을 버리지 못해 여전히 도서실을 들락거리며 새 책들을 한 아름 들고 왔다가 곧바로 제자리에 갖다 놓는 작업은 계속했다.

2. 막다른 골목에서

묵상 시간에 맛보는 - 주님 안에 더 깊이 들어가 행복하게 머무는 - 감미로움은 날이 갈수록 더 깊어져 가는 데 비해 이 기쁨을 일상생활과 연결시킬 내적 힘이 없어 일상생활은 고달픔으로 바뀌는 것 같았다. 전에는 딸기 따는 일도 기뻤다. 하루 종일 수도원에 갇혀 있다가 바람을 쏘이면서 푸른 하늘과 자유롭게 날아가는 작은 새를 보는 것이 즐거웠기 때문이다. 땅콩 캐는 것도 즐거웠다. 어찌 그렇게 땅속에 고소한 땅콩이 고물고물 모여 있는지 신기하기만 했다. 그러던 것이 이젠 묵상 시간에 맛본 그 정겹고 감칠맛 나는 사랑 가득 찬 시선 아래서만 살고 싶어졌고 모든 것이 부질없어 보여 그저 영원히 그 사랑스런 현존 속에 잠기고 싶은 마음뿐이었다. 이런 갈망이 천국에서나 해소될까, 이 세상에서는 이 이상 더 맛볼 수 없다는 것이 지극히 고통스러웠다. 정말 이 세상은 귀양살이 인생임을, 이 감미로운 사랑겨운 지견을 맛본 뒤에 통감하게 되었다. 은총이 나를 고통의 도가니로 몰아넣다니 참으로 이런 모순이 어디 있나 싶었다. 그제야 아담과 하와가 낙원에서 누렸던 하느님과의 사랑겨운 친교를 알듯했고 뱀에게 속아 선악과를 따먹음으로써 온 인류가 잃은 것이 어떤 것인지 어렴풋하게 감이 오기 시작했다. 예수님이 이 세상에 오신 이유도 바로 이 정겨운 사랑스런 현존을 되돌려주시기 위한 것이었고 십자가에서 죽으심도 다 사랑스런 친밀한 사귐 속에 우리를 다시 재생시키기 위해서라는 사실을 묵상 속에서 조금씩 더 밝게 알아듣게 되었다.

마음은 행복을 찾아 얻어만난 듯, 자기 자리를 찾은 양, 평화롭고 느긋하였고, 점점 더 커가는 애틋한 그리움 때문에 더 이상 애정의 충족이나 기분전환할 것을 찾아 이리저리 헤매지 않게 되었고 뭔가 중심을 잡아가는 듯했다. 그런데 머리는 지금껏 배우고 익힌 대로 그럴듯한 유식한 학설을 알고 싶어 계속 기웃거리고 할 일을 잃은 듯 어찌할 바를 몰라 하는 것 같았다. 처음으로 자신의 머리와 마음이 따로임을 발견했다. 또 마음이 원하는 것과 머리가 원하는 것이 일치하지 않고 제각기 다른 리듬을 좋아한다는 것도 깨달았다. 사실 이 통합은 그 뒤로도 몇 년이 더 걸린 뒤에 이루어졌다. 지금은 그 이유를 분명히 알고 있다. 이에 대해서 왜 우리의 머리와 마음이 따로따로인지를 다음 기회에 더 설명하겠다.

묵상 시간 때 더 바랄 것 없는 기쁨을 누리면서도 이 지식욕 때문에 근 1년간을 나의 지적 갈망을 채워줄 책의 목록 찾는 것으로 금쪽 같은 시간을 내버렸다. 사실 이렇게 하는 것이 '지식욕'인 줄은 나중에 깨닫게 되었다. 학교에서 배운 대로 많이 알아야 하고 그러기 위해서는 우선 많이 읽고 많이 공부해야 한다고 생각했기 때문이다.

요즘은 이와 같은 사고를 가진 젊은이들이 허다하다. 그런데 예수님께 가는 길은 이 길과 정반대임을 알기까지 참으로 오랜 시간이 걸린다. 우리는 수많은 실패, 좌절과 포기 속에서, 비로소 예수님의 말씀을 제대로 알아듣게 되는 것 같다. 우리는 지금 하느님께 나아가기 힘든 시대를 살고 있음을 내 경우를 통해서도 알 수 있었다. 세상이 원하고 가르치는 것과 예수님이 원하고 가르치시는 것은 정반대이기 때문이다. 우리가 실패할 수밖에 없는 이유가 여기에 있다. 이는 학교에서, 혹은 세상의 논리대로 배운 것을 예수님 말씀에 적용하려 하기 때문이다. 출발점과 목표가 다르고 그것의 실천 방법 또한 다른 것을 똑같은 잣대로 재려 하기 때문이다.

복음 말씀을 충실히 실천한다는 사람이 세상에서와 같이 출세만을 지향하고 권력 다툼만 일삼는다면 이를 보는 사람은 그를 비웃을 것이다. 마찬가지로 세상에서 유력하고 유능한 사람이 되고 제1인자가 되기 위하여 수단과 방법을 가리지 않던 사람이 갑자기 예수님께 돌아서서 이런 세속의 방식으로 예수님 말씀도 1등으로 실천하려 한다면 실패하는 것은 당연하다. 자기 논리나 세상 논리를 버리고 예수님 방식대로 행해야 진정으로 예수님을 따르는 것이 가능하기 때문이다. 바오로 사도가 그랬다. 예수님을 믿는 사람들을 잡아 가두는 데 앞장섰다가 예수님이 주시는 빛살에 얻어맞은 후에야 예수님을 선포하는 데 앞장서게 된 것이다. 이러기 위해 바오로 사도는 자신이 전에 고귀하게 알고 간직한 모든 것을 버렸다. 아니 쓰레기로 간주했다. 그런 후에야 앞장서서 예수님을 따를 수 있었던 것이다.

그 당시의 나는 수도 생활한 지 겨우 1년밖에 안 되어 이런 뚜렷한 식별을 할 수 없었다. 그래서 마음과 지성의 갈등이 갈수록 심화되어 가는 것을 느끼면서도 어디에 문제가 있는지 통 알 수가 없었다. 가끔씩 내 자신도 모르게 튀어나오는 말은 "아이고 헷갈려라, 정말 헷갈려 죽겠다"였다. 이러한 내적 갈등은 정확히 이 두 개의 갈등이 통합될 때까지 그 후 몇 년간 계속되었다. 시간이 흐르면서 묵상 시간이 항상 모자라다는 것과 독서 시간에 많은 책을 읽으려는 욕심에 대한 갈등 속에서 분명해지는 것이 하나 있었다.

그것은 시간이 갈수록 독서를 하고 싶은 열의가 떨어지고 그동안 수없이 찾아 읽었던 책들이 이제는 아무 감동도 주지 못한다는 것이었다. 어떤 때는 큰 기대감과 열정을 가지고 시작한 독서가 그 책을 덮고 나면 오히려 메마름과 따분함, 어떤 때는 찝찝한 마음까지 들 때가 있었다. 이 또한 참 야릇하게 느껴졌지만 감히 질문하거나 다른 사람도 그런지 물어볼 엄두가 나지 않았다. '어찌하여 거룩한 독서가 내 안에 있는 작은 불씨를 키워주지는 못할망정 꺼뜨려 버릴 수 있단 말인가?' 하고 혼자 자문할 뿐이었다. 그러다가 다시 묵상 시간이 되면 엘리사벳은 어김없이 꺼져버린 냉랭한 내 마음에 다시 작은 불씨를 당겨주었다. 이런 반복을 수없이 하면서도 원인은 깨닫지 못했다. 묵상 시간이 모자라서 애만 태우다가 묵상 시간이 모자란 갈증을 해소하기 위하여 매 주일 여분의 독서 시간인 두 시간을 묵상 시간으로 자연스럽게 바꾸게 되었다.

그런데 이게 웬일인가? 그 이후부터 하늘이 내려온 듯한 온통 자유와 쉼, 느긋함 속에 느껴지는 삶의 고귀함, 잔잔히 움터 오는 행복감을 느낄 수 있었다. 단 두 시간을 쓴 것뿐인데 마치 영원 속에 있다 온 듯한 평화와 고요한 힘이 솟아 나왔다. 엘리사벳이 이런 것을 보고 "나는 천국을 찾았다"라고 했겠구나 싶었다. 엘리사벳이 말하는 바를 실천하면 정말 천국에 자리를 잡을 수 있겠다는 확신을 얻었다. 짧지만 지금 이렇게 맛본 것이 준천국이라는 생각을 하면서 아쉬운 대로 이렇게 기도하면서 살 수 있다는 것만으로도 감지덕지라고 생각되었다. 앞으로 더욱 내밀해지고 충만해질 것을 생각하니 지금 맛본 것은 시작에 불과하다는 것을 느꼈다.

참으로 몇 페이지 안 되는 글을 읽고 묵상하면서 이렇게 행복해질 수 있다는 것이 놀랍기만 했다. 자연스럽게 이날 이후부터는 주말만 되면 메마름을 증가시키는 독서에 욕심을 부리지 않고 엘리사벳과 함께 기도 속에 머물게 되었다. 이 작은 책을 부지런히 손에 들고 다니는 것은 혹시 분심이 들 때 눈만 뜨면 1~2분 내에 – 이미 아는 내용이니까 한눈에 훑어보아도 금방 파악이 되므로 – 스르르 마음이 모아지고 깊은 곳으로 들어갈 수 있게 해주기 때문이다. 이 책을 바라보기 위해 눈뜨는 동작 하나만으로도 날파리같이 펄럭이는 모든 분심들이 다 달아났다.

그래서 수도 생활 1년째부터는 엘리사벳 덕분에 천국을 바늘 틈으로 엿보고 이 길이 확실하다 싶어, 할 수 있는 데까지 엘리사벳을 흉내 내며 따라가기로 했다. 그런데 조금 걱정스러운 것은 – 아직 시복식을 안 했던 때라 – 엘리사벳을 믿고 따라갔는데 천국이 안 나오고 딴 데가 나오면 어쩌나 하는 의구심이 내심 스쳐갔다. 이건 '영원'이 달린 문제인데 아무나 따라갔다가 영원히 망한다면 '이건 있을 수 없는 일'이었다. 그렇지만 내 자신이 좋아지고 있는 걸 분명히 자각하고 있고 마음의 중심도 잡혀가는 걸 스스로 느끼고 있었기 때문에 더 이상 의심할 수도 없었다. 엘리사벳이 설명하는 내용은 모두 바오로 서간과 예수님 말씀에 기초하고 있고 이를 좀 더 부각시켜 설명해주고 있었기에 믿어도 될 것 같았다. 그러다가 그후 1984년에 시복이 될 때의 기쁨은 이루 말할 수 없이 참으로 컸다. 시복식은 요즘처럼 새로운 학설, 새 영성들이 홍수처럼 쏟아져 나오는 이때, 그럴싸해서 이들을 따라 갔다가 다른 길로 들어서지 않을까 하는 우려에서 해방시켜주기 때문이다. 사실 처음 몇 달간은 모두 쉽다는 소화 데레사의 글이 나에게는 정작 어렵게 느껴지고, 십자가의 성 요한의 책 역시 다른 신학 책보다는 쉽다고는 하지만 그래도 어려웠다. 또한 예수의 성녀 데레사의 『완덕의 길』도 문장은 쉽지만 내용이 도대체 갈피가 잡히지 않았다. 다 읽은 뒤 '그러니까 데레사 성녀는 나보고 이제부터 어떻게 하라는 거지?' 이렇게 의문을 품고 재차 읽어보지만 분명히 관상기도를 설명해주겠다고 해서 나도 그것 좀 해볼까 싶어 따라가는데 엉뚱한 겸손에다 극기에 대한 말만 나와 있는 것이다. 그래도 데레사 성녀의 글은 줄거리는 놓쳐도 읽노라면 비약할 수 있는 힘과 다시 한 번 날개를 펴고 하느님을 향해 힘껏 밀어 올려주는 은총을 얻어만날 수 있어서 비록 제대로 알아듣지는 못해도 즐겨 읽곤 했다. 읽고 나면 속이 시원하고 자유로움을 느끼기 때문이다. 이런 책이 여러 신학 서적과는 다른 이유는 이런 독서의 뒷맛을 통해 양서의 식별법을 자연스럽게 터득할 수 있기 때문이다.

　엘리사벳을 초심자 때 길잡이로 택했던 것은 지금까지 이야기한 대로 그녀의 글을 유일하게 분명히 알아들을 수 있었기 때문이었다. 이렇게 해서 다른 잡다한 책은 그만 보기로 하고 3년간은 부지런히 시간만 나면 하느님 현존 수련에 몰두했다. 이렇게 된 데는 사실 나 자신이 선택했다기보다는 선택할 수밖에 없는 상황이었기 때문이었다. 그런데 '그것밖에 할 수 없도록 강요당할 때' 하느님은 그 상황을 통해서 나는 이끌어가신다는 것을 알게 된 계기가 되었다. 그 뒤 엘리사벳과 함께한 하느님 현존 수련 덕분에 5~6년 뒤에는 『가르멜 산길』도 무얼 말하는지 이해가 되었고 데레사 성녀의 갈피 못 잡는 문맥도 사이사이를 헤쳐 가며 이해하게 되었다. 그 후 8년이 더 지나서는 예수님의 복음, 『완덕의 길』, 『가르멜의 산길』이 다 같은 하나의 사랑을 설명하고 있음을 깨닫게 되었다. 그리고 이를 중심으로 구슬을 꿰듯이 한눈에 주욱 모든 것이 들어오는 것이었다. 이때의 희한한 기쁨이란……. 그렇게 어렵고 모순처럼 느껴지던 복음의 약은, 청지기, 먼저 일한 일꾼이나 늦게 와서 일한 일꾼의 삯을 똑같이 한 데나리온 씩 준 선한 포도밭 주인의 비유, 탕자의 비유, 과부의 헌금, 가장 답답하게 여겨졌던 마태오 복음의 오 리를 가자는 사람에게 십 리를 같이 가주고, 빼앗아가는 사람에게 거저 주라고 하신 말씀의 의도를 나름대로 알아들은 것 같았다. 이 모두가 엘리사벳이 내 손을 잡고 영적 기초인 하느님 현존 안에 살도록 도와주었기 때문에, 점점 하느님의 빛 안에서 보고 하느님 말씀을 이해했기 때문에 가능했다고 믿는다. 만일 엘리사벳의 도움 없이 인간적인 논리로 위의 복음을 알아들으려 했다면 25년이 지난 지금도 혼돈 속에서 헤매고 헷갈리고 있었을 것이다.

하느님 사랑의 현존의 빛 아래에서 하느님 말씀을 이해하려고 할 때 비로소 제대로 이해할 수 있다는 것을 그제야 알아들은 것이다. 마치 컴퓨터에 입력한 자료를 다른 프로그램에서 열게 되면 아예 나오지 않거나 나오더라도 문자가 깨져서 읽을 수 없게 되는 것과 마찬가지이다. 엘리사벳이 하느님 현존의 증인이라면 이 글을 쓰는 사람은 엘리사벳의 도움으로 하느님을 만난 증인이라 할 수 있겠다. 엘리사벳과의 복된 만남 때문에 많은 것이 바꿔었다. 헷갈림에서 확실함으로, 우유부단한 자에서 소신 있는 자로 바뀌어 갔다. 하느님 안에 자기 자리를 찾을 때 그 누가 약한 사람이라 말할 수 있을까? 이 세상에서 가장 속여 먹기 쉽고 우유부단한 사람이라 지칭되던 자가 이제 소신 있는 사람이 되었다고 말한다면 그 누가 곧이들을까? 만일 어느 누구든 귀가 얇아 속기 쉽고 줏대가 없어 사람들 사이에서 어떻게 해야 할지 확신이 서지 않는다면 엘리사벳과 함께 그녀가 행하고 가르친 대로 하느님 안에 잠겨 사는 연습을 해보면 어떨까? 그러면 사랑스런 빛을 만나게 되고 이 빛을 따라가노라면 하느님 안에 굳건히 서 있는 자신을 2~3년 후에는 보게 되리라 믿는다.

돌아보면 수많은 책들이 별 도움이 안 됐다고 여긴 것은 이론 신학보다 실천 신학에 더 이끌렸기 때문이기도 했다. 실천 신학에 관한 책들은 자신이 먼저 살고 경험에 의해 쓰인 책이기 때문에 그러한 책을 만나기가 참으로 어렵다. 결국 이런 책은 성인들이나 되어야 쓸 수 있다는 것을 나중에야 알게 되었다. 보통으로는 다른 책들은 이론과 사고(思考)에 관한 것으로, 그나마 거의가 번역서라서 – 번역의 매끄럽지 못한 부분으로 인해서 – 많은 책들을 놓고도 길이 없는 것처럼 허우적거리며 헤맨 것 같다.

만일 이처럼 하느님께 다가가고자 하면서도 영성 서적들을 보는 데 어려움을 느끼는 분들은 단순하고 명료하게 이끌어주는 엘리사벳의 손길에 내맡겨보라. 그녀가 있는 곳에 자신도 있게 되고 그녀가 기뻐 외친 말 "나는 천국을 발견했습니다"를 큰 소리로 동료들에게 외치는 자신을 발견하게 될 것이다. 이제는 새로운 것을 찾아 헤매지 않을 것이며 사람들이 굉장하다고 떠들며 법석대고 따라가도 아랑곳하지 않을 것이다. 시간이 주어지면 자신의 마음 깊은 곳에 숨어 계신, 사랑이신 분을 찾아 자기의 사랑을 말씀드리기 위해 조용한 곳으로, 아무도 방해하지 않는 곳을 찾아 머물고 싶어질 것이다.

지금의 우리들은 감성보다 지성 개발을 많이 해서인지 마음으로 하는 것을 힘들어 한다. 옛날 어른들의 연애담이나 영화를 보면 아무 말 없이 침묵 속에 자신의 사랑을 건네줄 줄 알았고 또한 말 한마디 없이도 그 사랑을 읽어 낼줄 알았다. 다음은 그 한 예이다.

어느 부인은 6·25 피난길에서 남편과 헤어지게 되었다. 그 후 그 부인은 사방팔방으로 수소문하며 남편을 찾으려 했으나 찾지 못했다. 남편은 남편대로 부인을 애타게 찾았지만 다 실패하였다. 그렇지만 그는 부인을 만날거라는 희망을 버리지 않았고 나중에 만날 부인을 위해서라도 열심히 돈을 모아야겠다고 결심했다. 마침 돈벌이가 잘되는 일을 만나 그는 꽤 많은 돈을 모았다. 오랜 세월이 흘러 그는 우연히 아는 사람들을 통해 부인이 어디에 있는지 알게 되었고 드디어 서로 만나게 되었다. 그동안 부인은 그때 남편이 말없이 위로해주는 눈빛과 꼭 잡아주던 손을 평생 잊지 못했고, 그 후에도 어려운 일을 수없이 겪을 때마다 그때 말없이 건네준 남편의 사랑과 신뢰가 가슴 깊이 전해져 그 어려움들을 이겨낼 수 있었다고 고백하고 있다.

이처럼 우리도 이심전심의 사랑, 말없이 정이 오가는 것을 기도를 통해 배울 수 있고 마음을 풍요롭게 성장시킬 수 있다.

엘리사벳을 따라 하느님 사랑의 현존에 마음을 열고, 사랑을 다 받아들이는 수련을 하다 보면 자신이 사랑받기 위해 태어난 것처럼 생각될 것이다. 또한 자신의 성격이 유쾌하고 좋은 성격이라고 여기게 될 것이다. 사실 그렇게 변화되기 때문이다. 사랑받고 있음을 가슴 깊이 느끼면서 짜증낼 사람이 누가 있을까? 일이 잘못 돌아가도 그 일이 대수롭지 않게 느껴지기 때문에 화가 벌컥 날 만한 일에도 별로 동요하지 않는 자신을 보게 되는 것이다.

내가 엘리사벳을 좋아하게 된 것은 처음엔 물론 그녀의 영성이 단순하고 명료하면서도 심오한 가르침에 이끌렸기 때문이었지만 무엇보다도 엘리사벳이 묘사하고 있는 친밀하고 감미로운 사랑의 현존을 체험했기 때문이다. 또한 이를 한두 번 맛본 뒤로는 더 깊이, 더 친밀한 사귐을 갈망하여 스스로 그런 시간을 찾게 되고 엘리사벳을 본받아 더 깊이 심화시키고 싶은 마음이 생겼기 때문이기도 하다. 그러나 그보다는 그녀의 불같이 열정적인 성격과 예민한 감수성이 더 나를 이끌었다. 얼굴에, 특히 두 눈에 그녀의 불 같은 예민함이 다 나타내고 있었다. 그녀의 이러한 점이 공동생활에 가장 방해가 되었을 것이다. 나 역시 이 때문에 항상 괴로워했었다. 그러던 참에 정말 엘리사벳처럼 이를 극복할 수 있는지 자신을 놓고 실험해보고 싶었다. 잎새에 부는 바람에도 사뭇 흔들리는 나뭇잎처럼, 눈짓 하나 표정 하나에도 사뭇 흔들리기만 하는 가랑잎같이 차분히 자기 자리를 못 찾고 안절부절못하는 자신을 바라보며, '느끼기 잘하고 죽어지내기 싫어하는 우리로서는'(『완덕의 길』, 15장 7절) '고요와 평화'의 항구에 도달한다는 것은 이 세상에서는 거의 불가능하다고 느끼던 참이었다. 그런데 이 세상에서 천국을 찾았다니 이것이 정말인지 모험해보고 싶었던 것이다.

엘리사벳은 나 자신에 비해 몇 배라 할 수도 없을 만큼 강한 불꽃 같은 성미와 예민한 감수성을 극복했으니 누구보다 그 어려움도 잘 알 것이고 가장 잘 이해해서 잘 도와줄 것 같았기 때문이다. 누가 만일 엘리사벳과 같은 성격과 감수성을 지녔다면 엘리사벳의 뒤를 한번 따라가 보라고 권하고 싶다.

3. 엘리사벳의 성격

군인 집안에서 태어난 엘리사벳은 아주 어릴 때부터 강하고 다루기 힘든 성격을 지녔다. 엘리사벳이 21개월 되었을 때 어머니 마리 롤랑이 친척에게 쓴 편지이다.

"엘리사벳은 정말 말썽꾸러기야! 옷을 질질 끌고 다니며 뒹구는 통에 하루에 흰 바지만도 두 벌이 필요해. 그리고 또한 대단한 수다쟁이야."[4]

어느 날 하루는 '어린이들을 위한 축복 예식'에 엘리사벳을 데리고 갔다. 그런데 사제가 요람에 있는 아기 예수님께 놓으려고 그녀의 인형 자네트를 가지고 간 것이다. 잔뜩 화가 난 엘리사벳은 축복 예식을 하는 사제에게 큰 소리로 외쳤다. "나쁜 신부, 내 자네트를 돌려줘." 모두가 웃는 가운데서 어머니는 엘리사벳을 성당 밖으로 데리고 나왔다. 그러나 결국 그녀의 마지막 말은 "나는 빛에로, 사랑에로, 생명에로 갑니다"였다.[5]

엘리사벳이 서너 살 되었을 때 일이다. 그녀는 아파트 현관문이 잠겨 있자 화가 나서 있는 힘을 다해 문을 치기 시작했다. 아무리 말려도 소용이 없었다고 한다. 이처럼 그녀는 일곱 살 때까지 한번 화가 나면 말릴 수가 없다. 하지만 어머니는 엘리사벳에게 사랑으로 이 모든 것을 극복할 수 있도록 가르쳤다. 첫영성체 이후 그녀는 자신의 주된 결점인 자주 성내는 일과 예민한 감수성과 싸우기 시작했다. 이 영적인 투쟁은 18세 때까지 계속되었다. 엘리사벳에게 첫영성체를 주었고 그녀를 잘 아는 사제는 다음과 같이 말했다.

"그 기질로 봐서 엘리사벳은 성녀가 되든지 아니면 악마가 될 거야."[6]

엘리사벳의 성격을 요약하면 다음과 같다.

'소란스럽고 감정 기복이 커서 화를 잘 내고 발끈한다. 그러나 사랑스럽고 기품이 있으며 사랑이 넘치는 풍부한 감수성을 지녔다. 그래서 곧잘 화를 내기는 하지만 쉽게 뉘우치고 용서를 청한다.'[7]

동생 깃드가 부드러운 반면 엘리사벳은 꼬마 대장인 양 수선스러웠다. 그러나 착한 마음을 지녔으며 부모님을 무척 사랑했다.

1) 불같이 끓어오르기 쉬운 기질

깃드는 언니인 엘리사벳의 어린 시절을 이렇게 회상한다.

"언니는 매우 격렬하고 화를 잘 내었고 부아를 터트릴 때는 정말 지독했다." 또한 '가끔씩 격렬하게 화를 내기 때문에 집 근처의 착한 목자 수녀원 기숙사에 보내겠다고 위협하여 짐까지 꾸렸던 일을' 전해주고 있다. 엘리사벳의 어머니도 그녀의 '격노한 눈'에 대해 말하고 있으며, 그녀의 친한 친구인 마리 루이즈도 그녀의 '불길 같은 시선'을 기억하고 있다. 그러나 온정 어린 투로 말하고 있다.[8]

엘리사벳은 자신의 주된 약점인 버럭 성을 내는 것과 싸우기 위해 온 힘을 다 기울여야 했다. 이 싸움은 그녀의 온 생애에 걸쳐, 끊임없이 매 순간에 걸쳐 예수님께 바칠 희생의 꽃이 되었다. 물론 이 투쟁은 승리로 끝나지만 이 싸움을 통해 그녀 자신의 무력함도 생생히 체험하는 계기가 된다. 열여덟 살에 쓴 일기를 보면 이러한 내용이 잘 나타나 있다.

"오늘 나는 예수님께 지배적인 나의 결점(화내기 쉬운 것)을 여러 차례 희생으로 바칠 수 있는 기쁨을 가졌다. 그러나 그 얼마나 힘들었던가! 이것 안에서 내 약함을 또다시 인정하게 되었다. 부당한 꾸지람을 받을 때, 내 온 존재가 들고 일어나고 혈관의 피가 끓어 오르는 것을 느낀다. 그러나 예수님은 나와 함께 계셨다. 마음 깊은 곳에서 그분의 목소리를 듣고서야 그분에 대한 사랑으로 모든 것을 견뎌낼 준비가 되었음을 느꼈다."[9]

평온하고 차분한 성격을 타고난 사람은 이 싸움의 격렬함을 잘 모르리라. 이 세상에서 가장 어려운 것이 자기와의 싸움이라는 것을 모르는 사람이 있을까? 자신과 싸워 이긴 사람은 온 세상을 정복한 사람보다 더 위대하다는 것을 살아갈수록 체험한다.

엘리사벳은 어릴 때부터 이 불 같은 성격을 이겨내기 위해 온 에너지를 쏟아부어야 했고 예수님 역시 자신과 싸우는 이 소녀에게 아낌없이 은총을 쏟아부어 주시어 엘리사벳의 약함은 굳셈이신 예수님께 더욱 다가가게 하고 밀착시켜주셨다. 그녀의 화내기 쉬운 기질은 강철 같은 의지를 지닌 그녀를 더 강하고 힘 있게 예수님 안에 뿌리를 내리게 해준 셈이 되었다.

2) 예민한 감수성과 음악적 재능

자신의 성격 중 가장 지배적인 면이 무어냐고 물었을 때 '감수성'이라 대답할 만큼 엘리사벳은 예민하고 풍부한 감수성을 타고났다. 대체로 예술적 재질이 있는 사람들이 풍부한 감수성을 지녀 자신의 느낌과 생각을 음악으로, 시로, 그림으로 표현해낼 줄 안다. 그러나 이런 사람들이 그렇지 않은 사람들과 함께 살아야 할 때는 말할 수 없는 고통을 느끼기도 한다. 감성이 흔들리고 차분하지 않을 때, 특히 흥분해 있을 때 고요히 기도한다는 것은 결코 쉬지 않은 일이다.

이런 감수성이 예민한 사람들이 봉쇄 구역 내에서 산다는 것은, 더구나 공동생활을 한다는 것은 그 자체만으로도 얼마나 큰 희생을 치르게 될 것인지 예상할 수 있다. 그러나 이런 사람들이 이 어려움을 인내하고 극복하게 되면 그렇지 않은 사람보다 은총의 활동에 대해서 예민하게 감지하고 응답할 줄 알게 되는 것도 사실이다. 보고 듣는 것에 에너지를 분산시키지 않은 채 하느님의 일하심에 자신의 예민한 능력을 집중시킬 때, 성령의 움직임(활동)을 알아채고 응답할 줄 알게 되는 것이다.

엘리사벳이 하느님의 현존을 유난히 뚜렷하게 감지하게 된 것은, 첫 번째,

주님께서 일하심이었고 그다음으로는 불굴의 의지로 하느님을 향해 집중할 줄 알았기 때문이다. 감성 또한 자기 즐거움을 찾지 못해 고통을 느끼면서도 그 희생을 깨끗이 봉헌하면서 하느님 안에 머무를 줄 알았기에 하느님의 현존의 달콤하고 부드러운 미풍 같은 움직임까지도 포착할 수 있었다고 본다.

감수성이 예민한 사람이 관상적인 영혼이 되기 어려울 것 같지만 사실 그렇지 않다. 방향만 올바로 잡는다면 하느님 안에서 얼마나 풍부한 은총을 길어내는지 엘리사벳을 통해 볼 수 있다. 그러나 감성이 인간적인 낙과 부드러움을 뛰어넘어 설 때까지가 문제인 것이다. 예민한 감수성을 지닌 사람은 쉽게 자기 감정의 욕구가 이끄는 대로, 부드럽고 유쾌한, 강렬하거나 섬세한 어떤 것을 찾아가고자 하는 경향이 있다. 이때 굳센 의지로 이 감성을 하느님께로 이끌어갈 때, 감성은 그동안 희생했던 모든 것을 하느님 안에서 얻어만나고 한껏 고양된 기쁨과 감미로운 자유를 맛볼 수 있는 것이다.

어머니 마리 롤랑은 이러한 엘리사벳이 음악에 소질이 있음을 직감하고 여덟 살 되던 해 디종 국립 음악원에 그녀를 보낸다. 과연 엘리사벳은 그곳에서 뛰어난 음악적 재능을 발휘한다. 특히 피아노에 대한 재능은 뛰어났다. 음악은 그녀의 어린 시절, 그녀의 인격 형성 과정 안에서 중심을 차지하게 된다. 그리고 열세살 때에 벌써 국립 음악원에서 피아노부 일등 상을 타게 된다.

엘리사벳이 방학 때 쓴 편지를 보면, 그녀가 모든 자연 안에서 편안히 즐길 줄 알고 하느님을 볼 줄 알았으며, 친구들과도 잘 어울려 지냈음을 엿볼 수 있다.

"나는 즐거운 여름 방학을 보내고 있어. 우리는 즈모의 수르동 부인 댁에서 보름 동안을 지냈는데 수르동 부인은 우리를 꼭 붙들고서 떠나게 놔두질 않았어. 여기서 우린 너무 재미있게 보냈어. 끝없이 크로케 놀이를 하고, 기분 좋은 산보도 했어. 특히 난 피아노 연주를 많이 했어. 즈모의 아저씨가 음악을 무척 좋아했거든……. 또한 우리는 소풍을 길게 가곤 했어. 아름다운 소나무 숲이 너무 맘에 들었어"(편지 6).

"너도 방학을 즐겁게 보냈다는 소식을 받고 기뻤어. 나도 그래! 우리는 힐레르에서 며칠간 지냈는데 엄마가 내 나이 때 살았던 매혹적인 곳이야. 여기서 나는 피아노 연주에 많은 시간을 보내고 있어. 내 친구가 너무 근사한 피아노를 가지고 있거든. 소리가 기가 막혀. 난 하루에 몇 시간씩 피아노를 치고 있는데 굉장히 즐거워. 바이올린을 잘 연주하는 사촌 가브리엘라와 합주하기도 하고, 뛰어난 피아니스트인 사촌의 남편과 함께 피아노를 연주하기도 했단다"(편지 11).

"여기서의 생활은 즐거움의 연속이야. 춤추고 음악을 연주하고, 들로 소풍 나가는 등. 또한 타르브의 사람들은 아주 친절해. 로스탕 씨 가족의 아주머니인 미쉘 부인은 스무 살 된 딸과 함께 며칠간 타르브에서 지냈는데 그 부인의 딸은 매력적인 훌륭한 음악가야. 우리는 피아노에서 떨어져 있질 않았어. 타르브의 음악점의 새 악보들이 모자랄 정도였어"(편지 14).

"타르브를 떠나 우리는 루르드에 있었는데, 이 3일간을 마치 천국의 한 모퉁이인 양 감미롭게 지냈어. 동굴 앞에서 너를 많이 생각했어. 아! 얼마나 좋은 시간을 여기서 보냈고 얼마나 감동을 받았는지 너도 안다면……. 순례객들이 많지 않아서 동굴 앞에서 영성체를 모실 수 있었어. 조용한 루르드가 너무 맘에 들어……. 그 전날 우리는 코트레에 있었는데 피에르 피트에서 자동차로 가는 동안 내다본 경치는 장관이었어. 그 아름다운 산들을 바라보면서 황홀하여 할 말을 잃고 그만 넋이 빠져버렸어. 너무나 좋아 떠나고 싶지 않았지. 그런데 뤼숑엔 훨씬 더 아름다운 곳이 있었어. 여기는 어느 곳과 비교할 수 없을 만큼 아름다워. 이틀을 여기서 지내면서 리스에 있는 계곡으로 소풍도 갔어"(편지 15).

　13세에서 15세 때 쓴 편지들을 통해 엘리사벳이 '매력적인 젊은 아가씨'로 성장했음을 엿볼 수 있다. 그녀는 매사를 즐겁게 받아들이며 명랑하게 지낸다. 또한 다정하여 친구들과의 우정도 매우 돈독함을 보여준다. 가르멜에 들어가서도 이들과의 우정은 계속 이어져 그녀가 깨달은 은총을 그들에게 전해주기도 한다. 이 시기의 편지들을 보면 산과 바다, 모든 자연은 하느님을 반영하고 있음을 묘사하고 있고 자연에 대한 그녀의 열정을 담고 있다. 또한 친구들과의 우정을 나누고 테니스를 치면서 느끼는 기쁨이 잘 나타나 있다.[10] 특히 음악적 재능이 두드러지게 돋보이고 있으며 빛나는 것을 엿볼 수 있다.
　다음의 글은 그녀의 가정교사였던 포레이 양이 내준 작문 숙제로, 엘리사벳 자신이 바라본 자신의 모습에 대해 쓴 것이다.

"육체적, 정신적인 내 본래의 고유한 모습을 묘사하기란 쉬운 일이 아니다. 그렇지만 용기를 내어 이 과제를 시작하고자 한다. 솔직히 표현하자면 '나'는 전체적으로 보아 불쾌한 인물은 아닌 것 같다. 내 머리카락은 갈색이고 사람들은 내 나이에 비해 매우 성숙한 편이라고 말한다. 검고 생기 있는 눈을 지녔고 짙은 눈썹은 엄격한 인상을 풍긴다. 그 외는 별다른 특징이 없다. 그러나 내 예쁜 두 발은 베르트의 여왕처럼, 긴 발의 엘리사벳이라는 별명을 붙일 수 있을 것이다. 이것이 나의 신체적 초상화이다. 마음의 초상화를 그리자면 나는 상당히 좋은 성격을 지닌 편이라고 말할 수 있겠다. 명랑하지만 약간 덜렁거리는 점은 고백해야겠다. 내 마음은 선량하다. 자연적으로는 요염하게 생겼는데 사람들은 '그래야 된다'고 한다. 게으르지는 않다. 일은 사람을 행복하게 해준다는 것을 알고 있다. 참는 것을 어려워하지만 대체로 자제할 줄 안다. 앙심은 품지 않는다. 이것이 내 마음의 초상화이다. 유감스럽게도 좋지 않은 결점도 있다. 그리고 많은 재주를 지니고 있지 않다. 그러나 이겨 나가기를 바라고 있다. 마침내 매우 골치 아픈 숙제가 끝나서 무척 기쁘다."

14세 때엔 이미 자신의 결점들이 고루어져 평온한 상태임을 볼 수 있다. 자기 자신에 대한 평가를 보면 매우 긍정적이고 자신감이 있어 보인다. 그녀는 첫영성체 후 예수님에 대한 사랑으로 줄곧 자기 자신의 결점과 싸워왔다고 볼 수 있다.

5년 전 여덟 살 6개월이 되었을 때 새해 인사 편지에서 어머니에게 한 약속을 보면 그동안 성장하였음을 쉽게 비교해볼 수 있다.

"사랑하는 엄마! 새해 한 해 동안 행복하시길 기원하면서 엄마에게 약속 드려요. 새해부터는 매우 신중하게 행동하고 말도 아주 잘 들을게요. 그리고 엄마를 화나지 않게 해드리겠어요. 더 이상 울지도 않을게요. 엄마를 기쁘게 해드리기 위해 착한 아이가 될게요. 아마도 이 약속이 믿어지지 않으시겠지만 두고보세요. 저는 제 약속을 지키기 위해 최선을 다할 거예요. 거짓말쟁이가 되지 않기 위해서예요. 전에는 이 약속을 몇 번 어긴 일이 있었지만요. 편지를 아주 길게 많이 쓰려고 생각했었는데 도무지 잘 떠오르지 않네요. 하여튼 엄마는 제가 착한 사람이 되는 것을 보게 되실 거예요. 사랑하는 엄마를 포옹하면서……"(편지 4).

아마도 이때의 굳은 결심이 계속 이어간 것으로 보인다. 엘리사벳은 아주 어릴 때부터 자기 자신과 싸웠기 때문에 열네 살 때쯤에는 이미 자신을 통제할 수 있을 만큼 여유로워진 것을 볼 수 있다. 수도원에 들어갔을 때 자신의 결점 중 가장 싫어하는 것이 무엇인지에 대한 물음에 엘리사벳은 '이기주의'라고 대답했다. 이처럼 그녀는 어릴 때부터 자신 안에 있는 이기심과도 싸웠음을 알 수 있다.

만일 누가 엘리사벳처럼 원하는 것은 다 해야 직성이 풀리는 만큼 막무가내로 고집불통이라면, 또 누가 스치는 바람결에도 괴로워할 만큼 감성이 예민하다면 엘리사벳의 뒤를 따라가 보라. 엘리사벳의 인도로 그녀가 도달한 복된 곳에 이 지상에서부터 자신도 있게 됨을 보게 되리라.

3) 불굴의 의지와 기도

아주 어릴 때부터 원하는 것은 꼭 하고야마는 성격을 지닌 엘리사벳은 또한 자신이 원하는 바가 무엇인지 잘 알고 있었다. 엘리사벳이 여섯 살 때부터 아홉 살 때까지를 주의 깊게 지켜본 그녀의 첫 번째 불어 선생은 그녀의 두 가지 모습을 기억하고 있다. '강철 같은 의지를 지닌 아이'로 꺾일 줄 모르는 굳센 의지와 기도에 대한 소질을 지니고 있음을 말하고 있다.

"그녀는 자신이 원하는 것은 꼭 얻었다."

또한 그녀가 여섯 살 때 성당에서 깊이 잠심에 빠져 기도하는 모습을 보고 놀라웠다고 한다. 그녀의 할머니도 '엘리사벳은 혼자 기도했을 뿐 아니라 자기 인형에게도 기도를 가르쳤으며 인형의 무릎도 꿇여 놓았다'고 증언한다.

시간이 흐르면서 기도에 깊이 이끌리게 된 엘리사벳은 자기의 격한 성격을 불굴의 의지로 극복하면서 자신이 원하고 이끌리는 하느님 현존에 온 에너지를 쏟게 된다. 하느님께서도 이러한 엘리사벳에게 신비적인 은총으로 당신의 현존을 드러내신다.

첫영성체 때였다. 미사 도중 감사의 기도를 바치던 엘리사벳의 얼굴에 기쁨의 눈물이 흘렀다. 그녀는 성 미카엘 성당을 나오면서 가장 친한 친구 마리 루이즈 알로에게 다음과 같이 말했다고 한다.

"나 배 안 고파, 예수님이 먹여주셨어."

이 친구는 엘리사벳을 지켜본 자기의 느낌을 다음과 같이 말한다.

"엘리사벳은 성당에 들어가면 전혀 다른 사람 같았다. 이것은 항상 내게 감동을 주었다. 난 엘리사벳처럼 기도하는 사람을 결코 본 적이 없다."[11]

첫영성체 때 받은 신비적 은총이 얼마나 강했는지 첫영성체 7주년 되던 날에 쓴 그녀의 시를 보면 잘 알 수 있다.

내 안에 예수님이
나를 당신 거처로 삼으신 하느님이
내 마음을 취해 소유하시던 이 기념일에

그 시간 이후
감미롭고 숭고한
신비적인 대화 이후

다만
그 크신 사랑에 약간이나마 보답하고자
성체 안의 정배님께
내 생명 모두를 바치고픈 열망뿐

내 약한 마음에 쉬시며
당신의 온갖 은혜로 채우실 수 있도록……

그러던 어느 날, 엘리사벳이 열네 살이 되었을 때, 그녀는 영성체를 한 뒤 온 생애를 하느님께 바치고 싶은 열망이 저항할 수 없이 밀려옴을 느끼고 평생 정결 서원을 하게 된다. 그 후 조금 뒤 그녀의 마음속에서 '가르멜'이라는 말을 듣고 수도 생활에 대한 계획이 분명해진다.[12]

첫영성체 후 하느님 현존을 깊이 맛본 그녀는 하느님 현존에 대한 갈망이 더욱 커져만 가고 깊어지게 된다. 이에 따라 그분을 위로하고 싶은 열망과 예수님께 다른 영혼들을 데리고 가고 싶은 열망도 더 커져 간다. 그녀는 한 영혼이라도 구하기 위해서라면 고통받는 것까지도 갈망하게 된다.

"방금 지나간 3일 동안을 얼마나 감미롭게 보냈는가! 지상에 있는 것 같지 않고 하느님 외의 것은 듣지도 보지도 않고 하느님과 친밀하게 지내는 그 감미로움을 그 누가 표현할 수 있을까? 영혼에게 지극히 감미로운 것을 일러주시는 하느님께서 고통받기를 요구하신다. 예수님은 위로받으시기 위해 우리에게 약간의 사랑만을 바라신다. 이 신비적인 대화 안에서, 이 숭고한 탈혼 안에서, 나는 예수님께 당신의 십자가를 힘 있게 청한다. 이 십자가는 나의 희망, 내 의지처"(영적 일기 8).

"오! 나의 하느님, 제가 고통을, 더구나 많은 고통을 받기를 원하는 것은 제 영생을 생각해서가 아니라 오로지 당신을 위로하고 당신께 영혼들을 이끌어오고 당신을 사랑한다는 것을 나타내 보이기 위해서라는 것을 당신은 아십니다. 제 마음을 이미 당신께 드렸습니다. 유일하게 당신만을 생각하는 마음, 오로지 당신만을 위해 사는 마음, 사랑으로 죽기까지 당신을 사랑할 마음을……"(영적 일기 32).

성녀 데레사도 하느님께서 이 세상에서부터 막중한 은혜를 내리시는 것은 우리의 약한 힘을 붙들어주시어 당신 아드님한테서 고통을 잘 참는 법을 배우라는 것임을 확신한다고 『영혼의 성』 7궁방에서 말하고 있다. 성녀 데레사의 딸답게 엘리사벳도 하느님과의 친밀한 대화 이후에 자기 혼자의 만족으로 끝나지 않고 영혼들을 예수님께 이끌기 위해 고통을 청하고 있는 것이다. 모든 크고 작은 은총들은 앞서 가신 주님을 닮도록 더욱 힘껏 밀어주기 때문에 영혼 구원에 애타는 예수님의 마음과 소원이 전해져서 같은 소망을 갖게 되는 것이다.

"오! 얼마나 제가 예수님께 영혼들을 데리고 갈 수 있기를 원하는지요! 예수님이 그토록 사랑하신 영혼들을 하나만이라도 구하는 데 기여할 수 있다면 내 생명도 바치리라. 온 세상으로 하여금 그분을 알게 하고 그분을 사랑하게 할 수 있다면! 내가 그분의 것이기에 얼마나 행복한지!"(영적 일기 3).[13]

엘리사벳의 하느님 현존에 대한 밀도는 점점 깊어가고 강해져 간다. 자신이 사랑하는 분 안에서 자신을 잃어버리고 하느님이 자신의 전부가 되어가는 것이다. 은총에 충실히 응답하는 영혼 안에서 성령께서 얼마나 오묘하고 은밀하게 한 영혼을 변모시켜 하느님과 닮은 자 되게 이끌어가시는지 볼 수 있다.

"그분은 나와 함께 계시고, 그분과 함께 모든 것을 할 수 있습니다. 그분 안에 자신을 잃고 사라져버리는 것이 얼마나 좋은지요! 그러노라면 나 자신은 한낱 기계에 불과함을 느낍니다. 또한 모든 것이 되시는 그분이 활동하심을 얼마나 분명하게 느껴지는지요. 그래서 나를 내어드리고 내 사랑하는 하느님 팔에 나를 내어맡기고는 평온하게 있습니다. 자신을 누구에게 내맡기는지 저는 잘 압니다. 그분은 전능하신 분, 당신이 원하시는 대로 모든 것을 배치하시는 분, 단지 그분이 원하시는 것만을 원하고 그분이 바라시는 것만을 바라고 있습니다. 다만 한 가지 그분께 청하는 것은 온 마음으로 그분을 사랑하는 것입니다. 관대하고 강하고 진정한 사랑으로 사랑하는 것뿐입니다"(편지 38).

위의 편지가 1900년 12월에 쓴 것이라면 다음의 편지는 1901년 6월에 보낸 편지이다. 반년 동안 얼마나 깊고 진한 밀도로 하느님을 만나고 있는지 보여준다. 온 힘을 다해 하느님 사랑에 몰두하는 한 영혼의 진보를 볼 수 있다. 성당에 갈 수 없고 성체를 모실 수 없을 때도 하느님은 얼마나 영혼의 깊은 곳에서 우리를 기다리며 당신과 하나 되기를 갈망하시는지 잘 보여준다. 이처럼 어떤 필연적인 사정에 의해 간절히 원하던 성체를 모시지 못 할 때 어디서 하느님을 찾아야 하는지 모르고 애만 태우는 영혼에게 하느님은 성체를 모실 때와 똑같이 친밀하고 그윽한 방법으로 당신을 채워주신다.

"성당에 갈 수도 없고 성체를 모실 수도 없습니다. 그러나 똑같이 하느님을 모시고 있다고 봅니다. 이 하느님의 현존은 얼마나 기막히게 아름다운지요! 제가 그분을 즐겨 만나는 곳은 내 마음 깊은 곳, 내 영혼의 천국에서입니다. 그분은 결코 나를 멀리하시지 않습니다. '하느님은 내 안에, 나는 그분 안에'. 그렇습니다. 이것이 저의 삶입니다. 이것을 생각하는 것이 얼마나 좋은지요! 지복 직관은 아니지만 우리가 그분을 떠날 수 없고, 결코 그분에게서 우리를 떼어놓을 수 없는 천국에서처럼, 복된 분들이 하느님을 소유하는 만큼이나 우리도 벌써 그분을 모시고 있습니다. 그렇지 않은가요? 제가 그분께 온전히 잡히도록, 온전히 그분 것이 되도록 기도 많이 해주세요"(편지 62).

엘리사벳 자신이 맛보며 살고 있는 하느님과의 친밀한 교류를 자신과 가까운 이들에게 나누어주고 있다. 이와 똑같은 내용이지만 1년 뒤인 1902년 7월의 편지를 보면 1년 동안 얼마나 자신의 신앙을 더 깊이 농축시켜 갔는지 놀랍기만 하다. 마치 벌이 따온 꿀을 날개로 부채질하여 농밀하게 만들듯이, 엘리사벳은 일상생활 안에서 끊임없이 하늘을 향해 날갯짓을 계속한 것이다.

엘리사벳이 말하는 하늘은 자신의 영혼 안에 더 깊이 들어가는 것이다. 1년 전의 편지가 심오한 진리에 대한 신앙의 눈으로 보고 쓴 서술이라면 다음의 편지는 밝은 깨달음으로 믿음의 베일이 찢어져 영혼의 눈으로 환히 보고 기뻐 손뼉 치며 탄성을 올리는 것이다. 누가 만일 작은 깨달음을 얻었을 때 하늘을 날 것 같은 심정을 경험한 사람이라면, 이렇게 큰 신비를 깨달았을 때의 기쁨 또한 짐작할 수 있으리라. 깨달은 자의 특징은 기뻐 외치는 것이다. 너무나 크고 벅찬 것을 공짜로 얻었기에 거저 주고 싶은 것이다. 이를 보면 믿는 바를 깨닫지 않고서는 참사도가 될 수 없음을 알 수 있다. 바오로 사도도 예수님을 만나 뵙고 너무나 기쁘고 벅차서 이 복음을 전하지 않을 수 없었던 것이다. 바오로 사도가 당한 그 숱한 고생도 자신이 맛보고 체험한 이 복된 진리를 단 한 사람에게라도 전할 수 있다면 그 어떠한 고생도 다 갚아진다고 여겼을 정도였던 것이다. 엘리사벳도 이 깨달음을 얻은 뒤 이 기쁨을 모든 사람에게 다 말해주고 싶었던 것이다. 다만 가르멜 수녀였기 때문에 영혼 하나하나를 방문하여 자신의 영혼의 밀실로 더욱 잘 인도할 수 있었고 이 기쁨을 맛보게 해줄 수 있었던 것이다.

"나는 이 세상에서 천국을 찾았습니다. 천국이란 하느님이고 하느님은 내 영혼 안에 계시기 때문입니다. 이것을 깨달은 날부터 모든 것이 나에게 환하게 빛났습니다. 나는 이 비밀을 내가 사랑하는 모든 분들에게 속삭여주고 싶습니다"(편지 122).

엘리사벳은 자신이 살아 있을 때부터 이 깨달은 바를 편지로 써서 자신의 사랑하는 이들에게도 같은 기쁨, 같은 행복을 맛볼 수 있도록 이끌어주고 있다. 사실 엘리사벳의 소원인 '이 세상에서 천국을 사는 것'은 엘리사벳이 지극히 사랑하던 임, 예수님의 소원이기도 하셨다.
"아버지의 뜻이 하늘에서와 같이 땅에서도 이루어지소서."
아버지의 뜻은 우리 모두가 하느님 아버지께서 주시는 사랑을 알고 그 사랑 안에 사는 것, 이 사랑 안에서 더욱 예수님과 닮은 자로 변모되어 가는 것이 아니고 무엇이겠는가? 엘리사벳은 혼신의 힘을 다해 그 길을 갔고 하느님께서 주시는 그 영광을 맛본 뒤, 이제 그 행복에로, 그 영광에로 우리를 초대하고 있는 것이다. 하느님 현존에로!

제2장_하느님의 현존

하느님 현존에 대한 나의 믿음을 당신께 맡깁니다.
온통 사랑이신 하느님은 우리 영혼 안에 사십니다.
여러분에게 터놓고 숨김없이 이것을 말씀드립니다.
내 안에서 그분과의 친밀한 사귐은
내 삶을 빛나는 아름다운 태양이 되게 하였습니다.
마치 앞당겨 천국을 사는 것처럼…….

1. 하느님 현존이란?

    사랑은 시간과 공간을 초월하여 영원하다. 사랑하는 자녀가 멀리 떠나 있을 때 부모는 함께 있는 자녀보다 멀리 있는 자녀에게 더 마음이 쓰인다. 그래서 함께 있었을 때보다 부모의 마음을 더 차지하게 되고 그 자녀의 현존을 더 느끼게 된다. 자녀의 부재는 그 현존을 더 깊이 심화시켜 준다. 한편 떠나 있는 자녀 또한 더한층 마음 깊은 곳에서 부모님의 사랑과 배려를 느낀다. 자신이 하는 일에 부모님이 함께하심을 체험하는 것이다. 잠깐 떨어져 있는 사랑하는 연인끼리 느끼는 현존은 더 말할 것도 없으리라.
    사랑하는 사람이 어느 날 홀연히 세상을 떠났을 때 혼자 버려져 남겨졌다는 생각에 슬픈 눈물을 흘리는 사람들이 장례식 미사 때 갑자기 그의 사랑이 자신을 감싸는 듯한, 하느님의 사랑 속에 자신들의 사랑이 하나가 되어 있음을, 그리고 그 사랑은 죽지 않는다는 것을 체험하는 것을 종종 볼 수 있다. 살아 있을 때보다 더 가까이 자기 곁에 있음을 느끼는 것에 놀라움을 금치 못하는 것이다. 뜻밖의 이 은총에 하느님은 정말 살아 계시고 우리 모두도 하느님 안에서 영원히 사는 존재임을 – 이론적으로 어렴풋하게 믿는 신앙이 아닌 – 체험을 통한 믿음으로 깨달아가게 된다. 이와 같이 사랑하는 사람이 죽었어도 그 사람의 현존을 느낄 만큼 인간의 사랑도 죽음을 넘어 영원한데 하물며 인간을 창조하시고 사랑 자체이신 하느님은 우리가 느끼든 느끼지 않든, 인정하든 인정하지 않든 분명히 우리 안에 현존하신다. 더구나 하느님은 사랑 자체이시기에, 그 사랑 때문에 영원히 현존하시는 것이다.

여기서 말하고자 하는 현존은 상대와 관계없이 존재하는 일방적인 현존이 아니다. 그러면 '하느님 현존이란 무엇일까?'[14] 그것은 두 생명이 끈끈하게 결합된 상호 간의 내적인 흐름으로서 마음에서 마음으로 끊임없이 흐르는 심령의 흐름이다. 그러면 하느님이 현존하신지 아닌지를 어떻게 알 수 있을까?

다음의 한 가지 테스트를 해보면 알 수 있다. 만일 하느님이 현존하신다면 거기에는 관계가 있다. 아주 깊은 교류, 누군가와의 깊은 교류가 있는 것이다. 이 현존은 또 다른 한 사람과 생기 있게 함께 있는 것이다. 어떻게 이를 알 수 있을까?[15] 그것은 내가 너의 부재를 캐묻고 있을 때 네가 내 안에 살고 있었다는 것을 깨달았을 때이다.

신학적으로 설명하는 하느님 현존으로 되돌아가 보면, 무(無)에서 우리를 창조하신 하느님은 당신의 현존으로 손수 만든 피조물을 존재케 하시고 지속시켜 주신다. 전능하신 하느님의 손이 떠받쳐 주지 않으면 아무것도 계속 존재할 수 없다. 만일 하느님의 활동적 현존이 사라진다면 모든 피조물은 즉시 무로 돌아갈 것이다. 이것을 바오로 사도는 "우리는 그분 안에서 살고 움직이며 존재합니다"(사도 17,28)라고 표현하고 있다. 또한 '이리하여 사람들이 하느님을 더듬어 찾기만 하면 만날 수 있게 해주셨습니다. 사실 하느님께서는 누구에게나 가까이 계십니다'(사도 17,27)라고 말한다.

이렇듯 모든 피조물이 하느님의 현존을 반영하고 있으나, 하느님은 숨어 계신다(이사 45,15). 그래서 피조물 안에서 하느님을 찾다가 감질만 난 영혼은 탄식하며 '신랑'에게 말한다. 하느님의 밝은 현존을 못 보게 가리는 피조물을 통해 오시지 말고 직접 그 얼굴을 보고 즐기게 해달라고 간청하는 것이다.

아아! 누가 날 낫우어 줄 수 있을런가?
그대여, 이젠 참으로 통째로 그대를 주옵소서.
나에게 사환일랑
다시는 보내려 마옵소서.
그들은 내가 원하는 것을 내게 말해줄 줄 모릅니다.
(십자가의 성 요한의 『영혼의 노래』 6장)

모든 피조물들이 저마다
당신의 은혜를 이야기하며 다니지만
그럴수록 나에게는 상처가 되어
나는 죽어가며 던져져 있습니다.
저들이 더듬어 대는 것이 무엇인지 모르는 채
(십자가의 성 요한의 『영혼의 노래』 7장)

피조물들이 하느님을 반영하긴 하지만 그들이 말하는 것으로는 영혼은 이를 만족하지 못하기 때문에 '저들이 더듬어 대는 것이 무엇인지 모른다' 라고 말하고 있다. 모든 피조물 안에 현존하시는 하느님의 객관적인 현존만으로는 영혼은 만족할 수 없기 때문이다. 모든 피조물 안에 현존하는 이런 객관적 현존은 죄인이든 의인이든 존재하는 모든 피조물 안에 하느님이 현존해 계신다. 하느님은 우리 안에서 우리 자신의 육체나 우리의 영혼보다 더 가깝게 현존하신다.

하느님은 우리 안에 친밀하게 현존하시는 것을 그만두실 수 없다. 하느님은 전능하신 창조주의 눈으로 우리의 가장 깊은 곳까지 꿰뚫어 바라보신다. 이 충만한 하느님의 현존은 인간을 망연자실케 하거나 혹은 두려워 떨게 만들거나 혹은 하느님을 끝없이 예배하게 만든다. 이 친밀한 하느님의 현존이 영혼 안에 가득하면 피조물과 창조주 사이에 가장 깊은 중심에서 친밀한 교류가 이루어진다.

하느님은 이 배타적인 친밀한 사랑만으로 만족하지 않으시고 영혼 속에 침투하여 꿰뚫고 들어가 온전히 개별적인 방법으로 우리를 당신과 동일하게 만들 때까지 그 사랑을 멈추지 않으신다. 이를 십자가의 성 요한은 하느님 아버지께서 우리가 당신 외아드님 예수 그리스도와 같은 모습이 되도록 각자가 지닌 사랑의 정도에 따라 변용시켜 간다고 말하고 있다.

앞에서 하느님은 모든 피조물 안에 현존하신다고 언급했다. 그러므로 모든 피조물은 하느님의 현존을 드러낸다. 크고 작은 것, 강하고 약한 것 등. 무한한 하늘은 감탄할 만한 작품으로 우리에게 하느님의 안부 인사를 전해주고 신비롭고 신적인 구조의 조화를 노래한다. 성인들은 이것을 하느님 현존의 계시처럼 이해하고 받아들였다. 이들에게는 소리 없는 사물들도 목소리를 지닌 것처럼 대화할 수 있는 능력이 있는 것처럼 보였던 것이다. 성인들의 깨끗한 시선이 창조주의 메시지(편지)를 읽을 수 있고 직감할 수 있도록 하였기 때문이다. 모든 피조물은 제각기 '한마디씩 자신을 표현'하는데 성인들은 이것이 그분의 사랑과 구원임을 읽어냈다.

성인들은 우주의 아름다움의 신비 속에 잠기는 것을 좋아하는데 그것은 이 피조물 안에서 하느님께로 향하도록 밀어주는 수단을 발견했기 때문이다. 피조물들을 향하여 형제라 부른 것은 그것들이 우리처럼 하느님의 손에서 나왔기 때문이기도 하지만 그보다는 우리를 하느님께로 인도해주고 하느님을 향해 높여주기 때문이다.

그러나 신앙의 눈으로 정화되지 않고 지상적인 눈으로만 보거나 은총으로 씻겨지지 않은 눈으로만 볼 때는 자연은 감각적 매력으로 우리 영혼을 유혹할 수 있고 영혼을 피조물의 노예로 만들 수 있다.

이렇게 해서 하느님께로 인도할 다리이고 계단이어야 할 지상적인 아름다움과 피조물들은 현실적으로 우리가 길을 잃게 되는 울창한 밀림처럼 모호하고 불투명하게 변해버리고 만다. 이런 이유로 십자가의 성 요한은 감각적인 욕구에 대하여 질서 잡기를 가르치고 있다.

"마음이 깨끗한 사람에게는 높은 것 낮은 것이 그저 한결 좋을 뿐이어서 보다 더한 깨끗함에 쓰이지만, 더러운 사람에게는 높은 것도 낮은 것도 그 더러움을 거치므로 악이 생기기가 일쑤이다. 마음이 깨끗한 사람은 어떠한 일에 있어서든 하느님께 대한 기쁘고 흐뭇하고 맑고 순수하고 영스럽고 즐

깊고 사랑겨운 지견을 얻을 것이다"[16]

왜냐하면 순수한 영혼은 사물과 사람들 속에서 하느님 현존을 투명하게 보는 능력을 지니고 있기 때문이다. 하느님은 지극히 단순하시다. 극도로 단순하시기에 투명할 수밖에 없고 투명하시니까 모든 것을 적나라하게 보실 수 있는 것이다. 단순한 사람 역시 투명하고 순수하기 때문에 하느님의 현존을 쉽게 발견하는 것이다. 다음은 예수의 성녀 데레사가 본 천주성에 대한 환시이다.

"어느 날 기도 중에, 아주 짧은 시간에 구체적인 것은 아무것도 보이지 않는데도 어떻게 하느님 안에서 모든 것을 볼 수 있고, 또한 어떻게 하느님은 당신 안에서 모든 것을 포함하고 계시는가를 아주 똑똑히 보여주셨습니다. 그것을 글로 표현할 수 없을 만큼 영혼 안에 깊은 인상을 남겼습니다. 이것은 주님께서 내게 베푸신 은혜 중에서도 가장 큰 것 가운데 하나, 내가 저지른 죄를 되새겨 더없이 부끄럽게 느끼게 하고 깊이 겸손케 한 은혜입니다. 만약 주님께서 이 은혜를 좀 더 일찍 내게 주셨더라면, 그리고 주님을 배반한 사람들에게도 주셨더라면, 나도 그들도 감히 주님의 뜻을 거역하는 따위의 대담 불손한 짓은 결코 하지 않았으리라 단언할 수 있습니다.

나는 천주성(天主性)이 전 세계보다 훨씬 크고 아주 밝은 다이아몬드나 또는 내가 앞서 본 환시 때 영혼에 견준 저 거울과 같다고 말씀드릴 수 있습니다. 이 다이아몬드 혹은 거울은 너무도 탁월한 것이어서 도저히 표현할 길이 없습니다. 우리의 모든 행실이 다 이 다이아몬드 속에 보입니다. 이 다이

아몬드는 온갖 것을 그 안에 포함하고 있으며 그 무한 밖에 존재하는 것이라고는 아무것도 없습니다. 이렇게 짧은 순간에, 아주 맑은 다이아몬드 속에, 이렇게 많은 것이 나타나는 것을 보고 나는 경탄해 마지않았습니다. 그래서 나는 너무 부끄러워 몸 둘 바를 몰랐습니다. 오! 이 사정을 저렇듯 절조 없이 추악한 죄를 짓는 사람들에게 일깨워줄 수 있다면! 그들은 자기네들의 죄가 조금도 비밀에 붙여진 것이 아니며 또한 하느님은 당연히 그런 것을 무척 미워하신다는 것을 알 것입니다. 그들은 온전히 하느님 대전에서 그 현존에 대해 이렇듯이 무엄한 짓을 저지르고 있으니 말입니다."[17]

데레사 성녀는 우리들이 듣고 믿고 있는 '우리는 하느님 안에서 숨 쉬고 살아간다'는 진리를 막연하게가 아니라 뚜렷하게 본 것이다. 성녀의 체험은 하느님은 전능하셔서 아니 계신 데 없이 다 계시기에 모든 것을 다 아시고 다 보시고 계신다는 이 진리를 요약해놓은 것같다. 바오로 사도 역시 하느님의 투명함을 체험하고 나서 다음과 같이 말한다.

"하느님의 말씀은 살아 있고 힘이 있으며 어떤 쌍날칼보다도 날카롭습니다. 그래서 사람 속을 꿰찔러 혼과 영을 가르고 관절과 골수를 갈라, 마음의 생각과 속셈을 가려냅니다. 하느님 앞에서는 어떠한 피조물도 감추어져 있을 수 없습니다. 그분 눈에는 모든 것이 벌거숭이로 드러나 있습니다. 이러한 하느님께 우리는 셈을 해드려야 하는 것입니다"(히브 4,12-13).

하느님께서 바라보시는 이 시선은 사랑의 시선임에 분명하지만 나약한 인간에게는, 더구나 죄와 허물이 있는 사람에게는 두려움과 슬픔을 자아내게 한다. 그러나 정화되고 사랑이 불붙은 영혼에게는 이 시선이 그지없이 감미롭고 부드러운 눈길로 인식된다. 주님의 사랑겨운 시선을 느낄수록 그 영혼은 사랑으로 더욱 불타오르게 된다. 이는 신비인 것이다. 하느님의 똑같은 사랑의 불이(시선이) 자기의 영혼 상태에 따라 어떤 영혼에게는 정화로 인한 고통의 원인이 되기도 하고 또 어떤 이에게는 기쁨의 원천이 되기도 하는 것이다. 이렇듯 '하느님 현존'을 수련하는 것은 살아 계신 하느님께 정신과 마음을 집중시키는 것이다.

2. 하느님 현존의 여러 양식

주님께서 이스라엘 백성을 이집트에서 빼내어 약속의 땅으로 인도하실 때 낮에는 '구름 기둥'으로 앞서 가시며 밤에는 '불기둥'으로 앞길을 비추어주셨다(탈출 13,21). 솔로몬이 성전을 새로 건축하여 계약 궤를 성전에 모실 때 '주님의 영광이 주님의 집에 가득 차 있어'(1열왕 8,11) 사제들은 그 구름이 너무 짙었으므로 서서 일을 볼 수가 없었다. 이처럼 구약성경에서는 자주 주님의 영광과 현존을 구름과 불로 묘사하고 있음을 볼 수 있다. 또한 우주의 위대함 앞에서 인간은 구경꾼이 되어 말한다.

"주님의 소리가 불꽃을 내뿜으며 주님의 소리가 사막을 뒤흔드네. 주님께서 카데스 사막을 뒤흔드시네. 주님의 소리가 암사슴들을 몸서리치게 하고 숲들을 벌거숭이로 만드니 그분 궁전에서 모두 외치네. '영광이여!' 주님께서 큰 물 위에 좌정하셨네. 주님께서 영원하신 임금님으로 좌정하셨네"(시편 29,8-10).

또한 주님께서는 당신이 택하신 백성 앞에서 현존하는 구원자로 나타나신다.

"너희는 내가 이집트인들에게 무엇을 하고 어떻게 너희를 독수리 날개에 태워 나에게 데려왔는지 보았다. 이제 너희가 내 말을 듣고 내 계약을 지키면, 너희는 모든 민족들 가운데에서 나의 소유가 될 것이다. 온 세상이 나의 것이다"(탈출 19,4-5).

구약에서 하느님 현존은 두 가지 양식으로 나타나는데 그것은 계약과 성전이다. 신적인 현존과 백성들의 관심은 계약 안에서 하나가 된다. 모세는 주님의 계약 궤를 앞세우고 사흘 길을 가면서 진을 칠 곳을 찾았다. 낮이 되어 진지를 떠나면 주님의 구름이 언제나 그들 위를 덮어주었다. 법궤가 떠날 때마다 모세가 외쳤다.

"주님, 일어나소서. 당신의 원수들은 흩어지고 당신을 미워하는 자들은 당신 앞에서 도망치게 하소서"(민수 10,35).

성전 안에서 백성들은 현존하시는 하느님과 만나고 예배를 드린다.

"나는 높이 솟아오른 어좌에 앉아 계시는 주님을 뵈었는데, 그분의 옷자락이 성전을 가득 채우고 있었다. 그분 위로는 사람들이 있는데, 저마다 날개를 여섯씩 가지고서, 둘로는 얼굴을 가리고 둘로는 발을 가리고 둘로는 날아다녔다. 그리고 그들은 서로 주고받으며 외쳤다. '거룩하시다, 거룩하

시다, 거룩하시다, 거룩하시다, 만군의 주님! 온 땅에 그분의 영광이 가득하다.' 그 외치는 소리에 문지방 바닥이 뒤흔들리고 성전은 연기로 가득 찼다"(이사 6,1-4).

신약에서는 구약의 성전과 계약이 그리스도 안에서 하나가 된다. 그리스도는 지상에서 하느님이 거주하시는 새로운 성전이고 인간과 천상 아버지 사이에 당신의 희생으로 새로운 계약을 약속하신다. 그리스도의 인성 안에는 하느님의 완전한 신성이 깃들어 있어 우리도 그리스도와 하나가 됨으로써 완전에 이르게 된다(콜로 2,9). 우리는 세례로써 그리스도와 접목되었고 성령 안에서 새 계약의 백성으로 바뀌었다.

"여러분은 분명히 우리의 봉사직으로 마련된 그리스도의 추천서입니다. 그것은 먹물이 아니라 살아 계신 하느님의 영으로 새겨지고, 돌판이 아니라 살로 된 마음이라는 판에 새겨졌습니다. 우리는 그리스도를 통하여 하느님께 이러한 확신을 가지고 있습니다. 그렇다고 우리가 무슨 자격이 있어서 스스로 무엇인가 해냈다고 여긴다는 말은 아닙니다. 우리의 자격은 하느님에게서 옵니다. 하느님께서 우리에게 새 계약의 일꾼이 되는 자격을 주셨습니다. 이 계약은 문자가 아니라 성령으로 된 것입니다. 문자는 사람을 죽이고 성령은 사람을 살립니다"(2코린 3,3-6).

그리스도께서 사람으로 이 세상에 오심으로써 '하느님께서 우리와 함께' 계시게 되었다(마태 1,23). 예수님께서 사람들과 하나 되심으로써 우리는 예수 그리스도의 현존을 사람들 속에서 만날 수 있다.

1) 형제들 안에서

그리스도인들에게 또 다른 양식의 하느님 현존은 바로 형제들 안에서 하느님을 만나는 것이다. 하느님을 향해 우리가 갈 수 있는 유일한 길은 하느님을 사랑하고 이웃을 사랑하는 길 외에는 다른 길이 없다. 하느님은 사랑이시기에 우리가 이 사랑 안에 있을 때 사랑으로 하느님과 하나 되고, 사랑으로 형제들을 섬길 때 형제들 안에 계신 예수 그리스도를 섬기고 사랑하게 된다.

신앙의 빛 아래서 볼 때 이웃을 섬기는 것이 하느님을 사랑하고 흠숭하는 것이 된다. 고통당하시고 병들고 궁핍한 형제들의 얼굴 안에는 항상 우리와 함께 살고 고통당하시는 하느님의 아드님의 현존이 있다. 형제들을 돕고 섬기는 모든 행동은 그 안에 숨어 계신 예수님께 드리는 예배와 같고 이는 하느님과의 확실한 만남을 이루게 한다.

은총의 측면에서, 또 신앙의 빛 안에서 볼 때 인간과 인간끼리의 관계는 하느님과 사랑의 모험 속에 들어가도록 해준다.

"내 아버지께 복을 받은 이들아, 와서, 세상 창조 때부터 너희를 위하여 준비된 나라를 차지하여라. 너희는 내가 굶주렸을 때에 먹을 것을 주었고, 내가 목말랐을 때에 마실 것을 주었으며, 내가 나그네였을 때에 따뜻이 맞아들였다. …… 너희가 내 형제들인 이 가장 작은 이들 가운데 한 사람에게 해준 것이 바로 나에게 해준 것이다"(마태 25,34-40).

앞의 복음 말씀처럼 도움이 필요한 사람에게 사랑과 자비를, 또 관심과 배려를 베풀 때, 도움을 받는 자와 베푸는 자 양쪽 모두가 사랑 어린 하느님의 현존을 체험하게 되는 것이다.

2) 성체 조배할 때

신자라면 누구나 성체 안에 예수님이 현존하신다는 것을 잘 알고 있다. 마음이 무겁거나 피곤하여 별로 마음이 내키지 않지만 그래도 발길이 성당으로 향하게 되어 감실 앞에 그냥 앉아 있었을 뿐인데, 차츰 마음이 맑아지고 머리가 가벼워져 무겁게 감긴 눈이 떠지는 것을 보고 주님께서 새 힘을 주셨음을 깨닫곤 한다. 잠을 갔다 해도 이만큼 개운할 것 같지 않을 만큼 산뜻해진 마음이 된다. 그리고 성당을 나오면서 깨닫는 것은 하느님께서 친히 일해주시겠다고 하시는데도 그동안 하느님께 맡기지 않았다는 것이다. 그러고서는 기진맥진할 때까지 혼자 붙들고서 내 힘에 과한 일을 주셨다고 투덜거리기만 한 나 자신을 보게 된다. 그러나 사실 피곤할 때, 마음이 무겁고 짓눌려 있을 때 성당에 갈 마음이 안 든다. 수없이 도움을 받고 주님의 힘을 깨달은 지금에야 마음이 무겁고 피곤하면 만사를 젖히고 성당으로 가지만 초심자 때는 마음이 더 무거워질 것 같아서 다른 데서 기분 전환할 것만 찾았다.

주님께서 성체 안에 계시기로 정하신 것은 피곤하여 지치고, 아무 데서도 도움을 못 받고 방황하는 불쌍한 우리의 모습을 보시고 우리와 동행해주시기 위해서였다. 문제가 생길 때마다 어린아이처럼 쪼르르 달려가 누구에게 말하기도 창피한 소소하고 자질구레한 것 때문에 마음이 초조하고 찢기듯 아프다고 고백하노라면 어느 틈에 이런 잡다한 사슬에서 벗어나 흔쾌하고 활달한 마음이 되어 돌아온 것을 보게 된다.[18] 작고 소소한 것에 즉각 응답해주시는 주님의 모습에, 새삼스럽게 정말 주님은 살아 계셔서 내 마음속의 은밀한 고충들을 다 아시고 격려해주심을 느끼고 감사로 넘친다.

잠잘 시간이 되었는데도 하느님의 이 사랑스럽고 감미로운 현존을 두고 자러 가기가 아쉬워 자리를 뜨기가 매우 힘든 자신을 보고 놀라게 된다.

'조금 전까지는 성당에 들어가는 것을 힘들어하더니 이젠 성당을 떠나는 것이 힘들다니······.'

참으로 크나큰 신비이다! 성당을 나오면서 감실 안에 계시는 주님께서 전능한 힘을 나타내 보이심을 깨닫는다. 비슷비슷한 많은 체험을 하면서 '성체의 위대한 신비'에 대해 놀라고 감탄하는 것은 나 혼자만이 아닐 것이다. 다른 이들도 이와 비슷한 체험을 했을 것이다. 이것은 어떤 불가항력적인 힘이 자신을 부르는 것을 인지하는 것이다.

어떤 개신교 신자가 우연한 기회에 가톨릭으로 개종을 했다. 뜻밖의 놀라운 소식을 듣고 별 생각 없이 개신교와 가톨릭의 차이가 뭐라고 생각하는지 요약해서 말해달라고 청했다. 그러자 놀랍게도 그는 이렇게 대답하는 것이었다. '거의 15년간 교회에 다닐 때는 아무 생각 없이 예배만 드리고 그냥 왔는데, 지금은 집을 나설 때부터 이미 감실 안에 주님이 나를 기다리고 계신다는 생각에 마음이 설레고 발걸음도 가볍게 성당으로 향하는 자신을 본다'는 것이었다. '성체 안의 예수님'이 가톨릭과 개신교의 다른 점이라고 말하는 것을 보고 이걸 누가 가르쳐주었는지 묻자 그는 아무도 이것을 가르쳐주지는 않았다는 것이다. 성체 안에 계신 예수님이 친히 아무 말 없이 가르쳐주시고 나에게 드러내 보이신 것처럼 당신 현존을 우리 각자에게 드러내 보이신다는 것을 깨닫고 정말 주님은 소리 없이 만민을 가르치시고 격려하시고 사랑하시는 분이심을 재차 깨닫게 되는 계기가 되었다.

특히 영성체할 때 주님은 당신 현존을, 당신의 사랑을 더 애정 깊게 드러내 보이신다. 일상사의 사소한 걱정을 주님께 온전히 맡겨드리고 주님과 함께 머물도록 힘쓰면, 주님이 내 안에 살아 계심을, 내 온 존재를 당신 것으로 동화시켜 당신과 하나 되게 만들어주신다. 그럼으로써 우리는 사람의 양식이 되어 사랑하는 사람의 먹이가 됨을 기뻐하시는 주님의 사랑을 느끼게 되는 것이다.

그러나 영성체하고도 주님이 오시는지 가시는지 도통 마음이 없고 자신의 문제를 주님과 나눌 마음 없이 혼자서 걱정만 하고 자신의 계획에만 골몰하고 있으면, 성모님께서는 전능한 힘을 가지고도 도울 수 없어 안타까워하시는 주님 때문에 안타깝고, 혼자서 걱정 근심에 시달리는 사람 때문에 - 해결의 열쇠를 가지고도 불안과 초조로 극도로 번민하는 인류를 보는 것 - 도 답답해하실 것이다. 더군다나 수도자, 성직자까지 주님을 감실 앞에 모셔 두고도, 주님을 외면한 채 혼자 외로워하고 방황하고 번민하는 모습을 볼 때 성모님은 어머니의 마음으로, 외면당하는 당신의 아드님 때문에 마음이 아프고, 빛을 코앞에 두고도 어둠 속을 더듬거리며 빛이 안 보인다고 좌절하고 실망하는 양아들인 인류 때문에 마음이 찢겨 아프실 것이다.

3) 말씀을 들을 때

성경 말씀을 혼자 읽을 때 혹은 미사 중 독서를 들을 때 문득 빛을 받거나 깨달음을 얻고 마음이 밝고 환해져서 주님께서 친히 빛을 비추어주셨음을 알게 될 때가 많다. 거의 모든 이가 이런 체험을 했으리라 본다. 특히 인생 문제에서 갈피를 못 잡고 고민하고 있을 때나, 혹은 성경 말씀의 의미를 몰라 답답해하고 고민하고 있을 때 어느 순간 '아하! 이것이었구나!'라는 깨달음이 올 때가 있을 것이다. 이때는 순식간에 마음이 정리가 되고 하늘을 날듯한 기쁜 마음이 되어 누군가에게 이 기쁨을 외쳐 대며 말하고 싶을 것이다. 만일 진정으로 주님의 응답을 기다려 본 사람이라면 이 기쁨이 무얼 뜻하는지 알아듣고 이해해주지만 세상 시각에서 보면 어리석어 보이기 때문에 종종 입을 다물 때가 있다.

보통 마음이 메마를 때 주님의 말씀을 들으면 가슴이 뜨거워지고 감동이 일면서 새롭게 시작하고 싶은 열망이 솟는다. 이러한 일이 엠마오로 가는 두 제자에게도 일어났다. 마음이 무겁고 - 참혹하게 주님이 돌아가신 것이 아직도 이해도 안 가고, 그들의 기대가 빗나가 - 맥이 풀려 침통한 채로 걸어가는 제자들에게 주님이 나타나신다. 예수님은 그들과 함께 동행하시며 율법서와 성경 전체에서 주님에 관한 기사를 들어 설명해주신다.

"그리스도는 영광을 차지하기 전에 그런 고난을 겪어야 하는 것이 아니냐?" "예언자들이 말한 모든 것을 그렇게도 믿기가 어려우냐?" 하시자 그들은 마음이 뜨거워짐을 느낀다. 예수님이 말씀하실 때는 항상 사랑과 열의가 마음속에서 솟아난다. 그런데도 이 두 제자는 아직도 이분이 주님이신지 알아채지 못하고 있다. 식탁에서 주님이 감사의 기도를 드리신 다음 빵을 떼어 나누어주실 때, 비로소 그들의 눈이 열려 주님을 알아본다. 앞서 말한 대로 우리 모두는 성체 안에서 주님의 현존을 더 뚜렷이 느낀다.

성체 안에서뿐 아니라 주님은 말씀을 통해서도 현존하신다. 마리아 막달레나도 부활하신 주님이 자신의 이름을 부르실 때 비로소 주님을 알아보는 것도 흥미롭다. 그전까지는 주님과 이야기하면서도 그분이 정원지기인 줄만 알고 있었던 것이다. 엠마오의 제자나 마리아 막달레나는 피상적인 이야기에서 주님께서 친히 그들을 자신의 내면으로 더 깊이 이끌고 들어가 그들이 마음 깊은 곳에 이르렀을 때, 그때서야 그들이 주님의 현존을 알아보고 감동을 느끼는 것을 볼 수 있다.

마리아 막달레나는 열심히 주님의 시신을 찾고 있었다. 어쩌면 이 지나친 열심이 주님의 음성을 듣고도 못 알아듣게 할 수도 있다. 사실 우리에게도 이러한 경우가 있을 것이다. 열심히 정말 열심히—주님의 시신을 잘 모시기 위해서든, 성당 꽃꽂이를 잘하기 위해서든, 성당 신축을 하기 위해서든—그 일에 골몰하고 있을 때, 또는 그 일을 하면서 생기는 문제로 골치 아파할 때, 주님이 친히 도우러 오셔도 못 알아보는 경우가 많다. 그렇지만 주님은 항상 우리를 더 깊이 그 자신만이 아는 내밀한 곳으로 인도하여 그만이 아는 용어와 음성으로 "마리아야!" 하고 부르시며 당신의 현존을 나타내 보이신다.

성경의 어느 구절이나 인생 문제에 대해 질문하고 그 답을 찾기 위해 끙끙거리며 노력하는 사람에게 주님께서는 빛과 은총을 주시며 당신 현존을 드러내 보이신다. 이들이 답을 찾느라 점점 더 자신의 내면으로 깊이 들어갔기에, 자신의 내면으로 가장 깊이 내려간 순간 주님이 함께 계심을 포착하게 된 것은 아닐까. 물론 주님은 그 전에도 이 사람과 함께 동행하면서 그 질문이 더 깊어지도록 부추기고 인도해주셨을 것이다. 그러나 그는 이를 알아보지 못했을 것이다.

사마리아 여인과의 대화에서도 보면 주님은 대화를 통해서 사마리아 여인을 점점 더 깊은 곳으로 이끄신다. 그리고 그 여인만이 아는 내밀한 곳을 건드리시면서 그녀의 가장 깊은 갈망인 하느님을 참으로 예배하고 싶은 바람을 드러나게 하고 채워주신다. 이 여인이 궁금해한 것은 바로 이것이었다. 자기네들은 이 산에서 하느님께 예배드리는데, 유다인들은 예배를 드려야 하는 곳이 예루살렘에 있다는 말에 대해 그녀는 과연 어느 산에서 예배드리는 것이 참예배인지 알고 싶었던 것이다. 그러나 예수님은 이렇게 대답하신다. "너희가 이 산도 아니고 예루살렘도 아닌 곳에서 아버지께 예배를 드릴 때가 온다. 너희는 알지도 못하는 분께 예배를 드리지만, 우리는 우리가 아는 분께 예배를 드린다. 구원은 유다인들에게서 오기 때문이다. 그러나 진실한 예배자들이 영과 진리 안에서 아버지께 예배를 드릴 때가 온다. 지금이 바로 그때다. 사실 아버지께서는 이렇게 예배를 드리는 이들을 찾으신다. 하느님은 영이시다. 그러므로 그분께 예배를 드리는 이는 영과 진리 안에서 예배를 드려야 한다"(요한 4,21-24).

이 여인은 이 말씀에 빛살을 맞은 양 마음의 궁금증이 다 풀리고 하느님을 제대로 섬기고 싶은 열성과 더 잘 알고 싶은 마음에 더 깊은 질문을 던진다.

"저는 그리스도라고도 하는 메시아께서 오신다는 것을 압니다. 그분께서 오시면 우리에게 모든 것을 알려주시겠지요"(요한 4,25).

사실 예수님은 이 질문이 나오도록 유도하신 듯하다. 이 여인을 포함하여 모든 이가 갈망하며 기다리던 메시아에 대한 희망을 드러내게 하신 후 "너와 말하고 있는 내가 바로 그 사람이다" 하고 당신이 그 메시아이심을 드러내신다. 그 여인은 너무도 신나고 행복하여 물동이를 버려두고 동네에 돌아가 사람들에게 이 사실을 알린다. 그 기쁨이 너무 커서 혼자 간직할 수 없었던 것이다. 그래서 즉시 사도로 변신하여 예수님을 전하고 예수님께 사람들을 데려온 것이다.

물론 조금 전에 주님이 그녀에게 남편을 데려오라 할 때 남편이 없다고 대답하자 예수님은 "'저는 남편이 없습니다'한 것은 맞는 말이다. 너는 남편이 다섯이나 있었지만 지금 함께 사는 남자도 남편이 아니니, 너는 바른대로 말하였다"(요한 4,17)라고 말씀하셨다. 이 말씀에서 그녀는 이미 자신의 깊은 내면까지 알고 계신 이분이 혹시 그리스도이신지도 모르겠다고 생각했던 것이다. 그 와중에 예수님으로부터 하느님께 드리는 참된 예배는 영과 진리로 드리는 것이라는 설명을 듣고 가슴이 뭉클해지고 뜨거워져 하느님께 참된 예배를 드리고 싶은 열의로 가득 차 오르게 된 것이다. 그런데 자신의 눈앞에서 이야기한 분이 바로 메시아라고 하신다. 이게 꿈인지 생시인지, 자신이 이런 행운을 붙잡을 만한 총아인지, 그녀는 이런 생각들이 한꺼번에 몰려옴을 느끼면서 저항할 수 없는 세찬 힘에 사로잡혀 모두가 이 행복을 누릴 수 있도록 하기 위해 마을로 달려간 것이다.

정오에 먼 길에 지친 예수님이 우물가에 앉아 계셨고, 그때 마침 한 여인이 물 길러 나온 것을 보시고 예수님께서 자연스럽게 마실 물을 청하시면서 이야기가 시작된 것이다. 이렇게 대화는 일상적인 내용에서 시작되었다가 비약에 비약을 거듭하면서 더 깊은 내면으로 파고들어 간다. 메시아를 알아볼 때까지……. 예수님의 질문에 처음 이 여인은 낯선 유다인에게 상식 수준에서 대답한다.

"선생님은 어떻게 유다 사람이시면서 사마리아 여자인 저에게 마실 물을 청하십니까?"(요한 4,9). 그 당시에는 유다인과 사마리아인은 서로 상종하는 일이 없었기 때문이다. 그러나 대화를 통해서 예수님은 마실 물에서 이젠 영적인 생명의 물로 비약하여 좀 더 깊은 내면으로 그 여인을 인도하신다.

예수님은 "네가 하느님의 선물을 알고 또 '나에게 마실 물을 좀 다오' 하고 너에게 말하는 이가 누구인지 알았더라면, 오히려 네가 그에게 청하고 그는 너에게 생수를 주었을 것이다"(요한 4,10)라고 말씀하신다.

그 여자는 이 말씀의 참뜻을 못 알아듣고 여전히 상식적인 수준에서 질문한다. "선생님, 두레박도 가지고 계시지 않고 우물도 깊은데, 어디에서 그 생수를 마련하시렵니까? 선생님이 저희 조상 야곱보다 더 훌륭한 분이시라는 말씀입니까?"(요한 4,11-12). 아직도 이해가 안 간다는 눈치다. 예수님은 당신이 주실 물이 어떤 것인지 명확히 드러내시며 더 깊이 심화시켜 가신다.

"이 물을 마시는 자는 누구나 다시 목마를 것이다. 그러나 내가 주는 물을 마시는 사람은 영원히 목마르지 않을 것이다. 내가 주는 물은 그 사람 안에서 물이 솟는 샘이 되어 영원한 생명을 누리게 할 것이다"(요한 4,13-14).

구미를 당기는 이 말씀에 솔깃해져서 그 여인은 재빨리 대답한다. 그러나 아직도 이 말뜻을 제대로 이해하지 못한다. "선생님, 그 물을 저에게 주십시오. 그러면 제가 목마르지도 않고, 또 물을 길으러 이리 나오지 않아도 되겠습니다"(요한 4,15).

우리도 사마리아 여인처럼 비슷한 청을 할 때가 많다. 더 이상 수고하지 않아도 되는 은혜를 청하는 것이다. 우리는 예수님이 영적인 선물을 주셔서 기뻐하기보다는 육체적인 수고를 면하기 때문에 더 좋아하며 영적인 말씀을 육적으로 알아듣는 것이다. 그럼에도 예수님은 "네가 아직 내 말의 참뜻을 못 알아들었구나" 하시지 않으신다. 예수님은 그 여인에게 남편을 불러오라고 하신다. 이 질문은 피상적인 것처럼 보이나 실은 그 여인의 가장 내밀한 부끄러운 부분을 건드리고 있다. 이 여인은 솔직하게 남편이 없다고 대답한다. 남편이 다섯이나 있었다는 예수님의 말씀에 이분은 모든 것을 알고 계시는구나 하고 신뢰하고 이젠 정말 내심의 궁금한 것을 묻는다. 보기와는 다르게 놀랍게도 영적인 질문을 한다. 하느님을 어디서 예배하는 것이 하느님 마음에 드는지 묻는 내용이다.

　말씀 안에서 주님을 쉽게 만날 수 있는 방법 하나는 주님께서 복음 안에서 명하신 것을 하나씩 실천해보는 것이다. 그러면 의외로 이런 상황에서는 이 말씀을 어떻게 해석하고 적용해야 하는지 자기가 살아온 과정에서 어쩔 수 없이 부딪치는 문제가 대두되어 의문이 일어난다. 이때 어떻게 해야 주님의 뜻에 가장 부합할 수 있는지 계속 주님께 묻고 이를 깨닫게 해달라고 청하고 찾는 것이다.

　'샘솟는 물을 주겠다'는 말씀에 사마리아 여인처럼 우리도 처음엔 인간적으로만 알아듣는다. 그러는 사이에 빛이 비치면 자신이 어디서 혼란스러워하고 있었는지를 깨닫게 되고 자신의 약한 모습을 좀 더 정확히 구체적으로 보게 된다. 그럼으로써 주님께서 도와주신다는 것도 알게 된다. 이런 작은 깨달음들을 수백 번 해나가노라면 주님의 마음과 주님이 가르치시는 방법들을 알아가게 되고, 나중에는 인간 구원을 위해 쓴 성경 전체가 한눈에 쭉 들어오면서 우리를 구원하시기 위해, 나에게 이 말씀 하나를 하시기 위해 주님은 여러 가지 표현을 통해 말씀하셨음을 깨닫고 더없는 행복과 기쁨에 잠기게 된다.

4) 영혼 안에서

하느님의 현존 수련을 하는 많은 사람들이 의외로 자기 영혼 안에 하느님이 현존하신다는 사실을 모르는 경우가 많다. 하느님과 친밀하게 기도하는 사람들은 영혼 안에 계신 하느님 안에 잠겨, 성당에 있을 때뿐만 아니라 언제 어디서나 자신과 가장 가까이 계신 주님께 이야기한다. 어느 때는 자신보다 더 가깝게 계신 주님이심을 깨닫고 가슴 벅찬 기쁨을 느끼게 된다.

사실 주님과 함께 있을 때 처음에는 자신이 낯설고 멀리 있는 것처럼 느껴지는 경험을 한다. 지금까지 알아온 자기와 하느님과 함께 있으면서 본 참자기가 다르기 때문이다. 그래서 가까운 이에게 말하기를, 요즘 자신이 이상하다며 내가 누군지 모르겠고 내가 그런 사람이었는지 표현할 수 없을 정도로 내 자신이 낯설다는 것이다. 다행히 이런 말이 어떤 마음 상태를 표현하는지 이해하기 때문에 나는 이런 말을 들으면 더 깊이 기도하도록 권유한다. 자신 안에 계신 하느님과 친밀하게 이야기하는 것을 배우고 익히면 자신이 누구인지, 자신의 미약함에도 얼마나 주님께 사랑받고 있는 자인지 잘 알게 되어 더 이상 이런 이야기를 하지 않는다.

영혼 안에 계신 하느님의 현존에 대해 좀 더 자세한 것은 제3장 '영혼 안에 현존하시는 성삼위'에서 다루기로 한다.

3. 하느님의 현존으로 드리는 참된 예배

앞서 예수님은 사마리아 여인에게 하느님은 영과 진리로[19] 예배드리는 사람을 찾고 있다고 하셨다. '영과 진리로 하느님을 흠숭하라'는 뜻을 엘리사벳은 이렇게 설명한다.

"'영으로 그분을 흠숭한다'는 것은 정신은 신앙의 빛 아래 주님을 아는 인식으로 가득 차 있고 마음과 생각은 그분께 머물러 고정되어 있는 것이다."

'진리로써 그분을 흠숭한다'는 것은 우리의 행실로써 흠숭한다는 것이다. 왜냐하면 우리의 행실로써만 자신의 있는 그대로의 참된 모습을 드러내기 때문이다. 그런즉 우리는 하느님의 자녀로서 항상 아버지께서 기뻐하실 것만 행하는 것이다.

끝으로 '영과 진리 안에서 흠숭한다'는 것은 예수 그리스도로 인하여, 예수 그리스도와 함께 흠숭하는 것이다. 왜냐하면 그분 홀로 영과 진리 안에서 진정한 예배(흠숭)를 드린 분이시기 때문이다.[20]

부활의 로랑 수사 역시 하느님의 현존이란 우리 정신을 하느님께 집중시키는 것, 혹은 현존하시는 하느님을 생각하는 것이라고 설명하고 있다. 영과 진리 안에서 하느님을 흠숭한다는 것은 우리 영혼의 가장 깊은 곳에서, 그리고 영혼의 가장 중심에서 겸손하고 영적인 흠숭을 드리는 것이다. 이 흠숭은 유일하게 하느님만이 보실 수 있다. 우리는 자주 이 현존을 되풀이함으로써 마침내는 자연스럽게 될 것이다. 그러면 마치 하느님이 우리 영혼과 하나이듯, 또 우리 영혼이 하느님과 하나인 것같이 된다.[21]

진리 안에서 하느님을 흠숭한다는 것은 하느님을 하느님이신 그대로 인정하고 우리 자신도 있는 그대로 인정하는 것이다.

이 현존 수련은 "일을 하는 동안이나 다른 활동을 하는 동안에도, 또 독서나 글을 쓰고 있는 동안에도, -비록 그것이 독서나 영적인 글일지라도- 그리고 우리의 외적 신심이나 구송 기도를 하는 동안이라도 가장 마음 깊은 곳에서 하느님을 흠숭하기 위하여 할 수 있다면 잠깐씩 멈출 필요가 있다. 설령 한순간일지라도 살짝 스쳐가면서 하느님을 맛보기 위해서이다. 하느님께서 여러분의 영혼 중심 안에, 그리고 가장 깊은 곳에 계신다는 사실을 안 이상 아무리 일하는 도중이라도 하느님이 여러분 앞에 계시기에 감사를 드리고, 마음을 봉헌하기 위해, 또 청원하고 그분께 찬미드리기 위해 구송기도나 외적인 활동을 하루에 수천 번이라도 멈추어야 한다."[22]

하느님께 마음과 정신을 집중시키는 것이 중요한 요점이다.

엘리사벳은 할 수 있는 한, 자신의 온 마음과 영혼을 다하여 하느님 현존에 매료되었고 이 사랑의 현존에 응답하였다. 마음과 정신을 하느님께 고정하는 것이 우리가 영적으로 하느님을 흠숭하는 것이라 한다면, 하느님은 당신께 마음이 고정된 영혼을 어떻게 하시는가? 하느님께서는 당신 사랑의 불로 그 영혼을 정화시키고 순수하게 하여 당신과 똑같은 하느님이 되게 하신다.

어렸을 때 했던 실험이 생각난다. 돋보기(볼록 렌즈)를 고정시켜 한참 동안 햇빛을 받으면 돋보기 아래에 있던 종이가 볼록 렌즈의 초점 부분에서 점점 검게 타 들어가면서 연기가 나고 불이 일어나는 것이다. 정말 신기하고 희한했다. 돋보기와 종이와 불이 서로 무슨 연관이 있는가? 그런데 여기에 태양이 작용였던 것이다. 그래서 이 태양이 돋보기를 통과하면 종이가 타게 되는 것이다. 물리적인 법칙도 이렇게 신비로운 힘을 지녔는데 영신적인 법칙은 그보다 더 큰 위력을 발휘할 것이다.

하느님이신 사랑의 태양 아래 자신의 주의력과 마음을 집중시키면(돋보기) 허무 자체인 인간에게(종이) 사랑의 불이 붙어 인간은 하느님 사랑의 불로 변화되는 것이다. 믿을 수 없을 만큼 엄청난 이 진리 앞에 입이 저절로 다물어진다. 그러나 이는 진실이다. 달걀에서 병아리가 나오는 것을 직접 보지 않으면 믿기지 않듯이, 병아리가 알을 깨고 나오는 것을 실제로 보고 있어도 신기하기만 하다.

부활의 로랑 수사나 복녀 엘리사벳은 이 영신적 실험을 했고 성공하였다. 그러고는 마침내 하느님 사랑의 불로 변화되어 증언하고 있다.

엘리사벳은 "이 세상에서 천국을 찾았다"라고 기뻐 손뼉치고, 로랑 수사는 "하느님과 영혼이 하나가 된다"라고 했으며, 또 영혼이 이 길에서 진보하면 그의 믿음은 더욱 열렬해져서 "나는 더 이상 믿고 있는 것이 아니라 보고 체험하고 있다"라고 말할 수 있게 된다. 성녀 데레사도 "묵상하는 자는 특별한 양식으로 하느님이 그들을 보고 있다는 것을 인식한다"(자서전 8,2)라고 설명하고 있다. 처음에는 믿음으로 시작하지만 이 현존 수련에 몰입하면 자신이 믿고 있는 분을 어떤 식으로든 체험하고 만나고 보게 된다.

만일 이것이 사실이라면 물리적인 핵 폭발이 무서운 힘을 지니듯이 영신적인 사랑과 기도의 연쇄 폭발은 얼마나 큰 힘을 지닐까? 한번쯤 실험해볼 만하지 않을까? 모험심과 탐구심이 강한 사람이라면 한번쯤 이 실험에 전력을 기울여 본다면, 어쩌면 새로운 성인이 또 하나 탄생할 것이고 적어도 손해는 없을 것이다.

핵 하나하나의 원자는 지극히 작지만 연쇄 반응을 통해 큰 힘을 낸다. 그렇다면 영적인 사랑의 핵 실험을 위해서도 같은 논리가 된다. 우리 하나하나는 아주 작고 미미한 존재 같지만 함께 연대하여 연결된 고리처럼 각자가 하느님께 자신을 고정시켜 사랑의 불로 변화되면, 이렇게 한 번 일어난 이 불은 아직 불붙지 않은 다른 사람에게로 쉽게 불붙어 순식간에 번져가 사막 같은 이 세상을 사랑의 불로 타오르게 할 것이다. 예수님의 소원도 바로 이것이었다. "나는 세상에 불을 놓으러 왔다."

우리는 핵폭탄과 전쟁, 테러의 위협 앞에 기가 죽어 점점 얼어붙어 가고 있다. 그런데 사랑이 폭력보다 더 큰 힘을 가지고 있음을 안다면 먼저 자신과 가까운 이들에게 사랑의 불을 당기기 위한 이 실험(현존 수련)을 당장 실천해봐야 하지 않을까? 이렇게 하여 자기의 삭막한 마음 안에 사랑의 불이 당겨지고 불모지 같은 사막에서 꽃이 피는 것을 목격하게 되면, 성경의 다음 말씀을 읽을 때 자기를 두고 쓴 것임을 알고 감격하리라. 이렇게 하느님은 우리 자신이 변화되도록 부르셨다. 그리고 이 부르심에 우리가 응답할 때 참으로 하느님께 영광과 찬미를 드리는 것이 된다.

"광야와 메마른 땅은 기뻐하여라. 사막은 즐거워하며 꽃을 피워라. 수선화처럼 활짝 피고 즐거워 뛰며 환성을 올려라. 레바논의 영광과 카르멜과 사론의 영화가 그곳에 내려 그들이 주님의 영광을, 우리 하느님의 영화를 보리라"(이사 35,1-2).

이 대목은 가르멜 산의 복되신 동정 마리아의 대축일 아침 기도에 나오는 성경 소구이다. 이 구절을 대할 때마다 이 거룩한 대축일 하루 동안 하느님께서 친히 메마른 땅과 같은 나 자신에게, 또 온 인류에게 장차 이루시고자 계획하신 꿈을 그려 보게 된다. 그러면 모든 아픔과 걱정이 사라지고 자신도 모르게 마음이 촉촉히 적셔 옴을 느끼고 가슴은 벅차올라 환희의 기쁨에 젖곤 한다. 그러나 어느 때는 이 영광이 너무 커서 믿기지 않는 이 영광에, 그러나 꼭 그렇게 되기를 간절히 바라는 두 마음이 교차됨을 보면서 '하느님의 전능하심과 자비하심'을 믿지 않는 자신의 작은 신앙에 직면하게 되고 당황해한다. 이럴 때 엘리사벳과 로랑 수사는 나 자신의 우유부단함과 소심함을 떨쳐 버리게끔 부추겨준다. '단순히 바라보면 된다'고, 복잡하거나 어떤 형식에 구애 되지 않는 '순수하고 단순한 마음에서 우러나오는 기도'를 드리면 된다고, '자신이 좋아하는 화살 기도를 가끔씩 반복하라'고 귀띔해 준다. 이런 정도라면 꾸준한 기도가 두렵거나 겁나지 않으니 일단 안심이 된다. 더구나 이렇게 계속해 나가노라면 작은 기적을 보게 되리라는 꿈을 안고 입맛부터 다셔본다.

"광야에서는 물이 터져 나오고 사막에서는 냇물이 흐르리라. 뜨겁게 타오르던 땅은 늪이 되고 바싹 마른 땅은 샘터가 되며……"(이사 35,6-7).

하느님께서 이런 기적을 각 영혼 안에서 이루시고 싶어하시는데 이 기적을 하기 쉽게 하는 것이 바로 하느님께 내 마음의 눈을 고정하는 것이다.

'정신과 마음의 눈을 고정시켜라'는 이 말에 부담스러워하거나 어려워할 필요는 없다. 누군가를 사랑해본 경험이 있다면 사랑하는 사람을 생각한다는 것은 어려운 일이 아닐 것이다. 생각하지말라고 해도 저절로 마음이 가고 그 사람의 현존 속에 살아간다. 더구나 내가 그를 사랑하는 것보다 그가 더 나를 사랑한다고 할 때, 그를 사랑하는 마음에 기름을 붓는 것처럼 그에 대한 사랑은 더 활활 타오르게 된다. 아무리 마음을 딴 데로 돌리려 해도 저절로 마음이 그 사람에게 가 있는 자신을 보는 것이다.

다음은 뜨거운 마음을 가진 한 여성의 성소 체험담이다.

자신이 사랑에 빠졌을 때 땅을 보고 길을 걸어도 땅에 그 사람의 얼굴이 박혀 있고 하늘을 보아도 하늘엔 그 사람의 얼굴이 커다랗게 그려져 있고 책을 펼쳐도 책 속에 그 사람의 얼굴이 새겨져 있었다고 한다. 식사를 할 때도 반찬 그릇마다에 그 사람의 얼굴이 보이고 온 세상 어디를 가나 앉으나 서나 그 사람의 얼굴이 보였다고 한다. 사랑하는 마음이 이런 건지 사랑할 때 이런 놀라운 위력이 자신 안에 있는 것을 보고 스스로도 놀랐다고 한다. 이처럼 한창 사랑에 빠져 있는 그녀에게 하느님은 더 큰 사랑으로 그녀의 이름을 부르셨다고 한다.

"○○아, 너 어디 있느냐?" 그러자 모든 것을 다 놓고 사랑하는 사람과 그 마음마저 다 내려놓고 부르심을 따라갔다고 한다. 하느님께서는 이런 열렬한 사랑을 지닌 사람은 인간의 한계적인 사랑 앞에서 만족하지 못할 것을 미리 아시고 부르신 것이 아닐까 싶다.

사랑하면 모든 것이 쉽다. 그리고 저절로 된다. 하느님께서 우리를 영원한 사랑으로 무한히 사랑하기에 24시간 내내 우리 곁에 현존하시는 것이다. 이 사랑을 발견하고 여기에 눈뜨게 되면 엘리사벳처럼 모든 것이 바뀌어 사랑으로 빛나는 현실을 보게 되고, 이 사랑 안에 머물려고 더 깊이 잠심하게 된다. 이렇게 됨으로써 하느님의 위대한 사랑의 물결이 더 자신을 감싸고 자신을 신화(神化)시켜 가는 것을 체험하게 되는 것이다. '하느님께 눈을 고정시켜라'는 것은 '하느님 사랑 안에 의식하고 머물러라'는 뜻이다. 자신이 하느님 사랑에 빠지기 전까지는 의식적으로 하느님 안에 머무는 연습(수련)이 필요하다.

로랑 수사는 이를 '하느님께 마음과 정신을 집중시킨다'라고 표현하고 있는 것이다. 만일 이 현존 수련으로 인해 '우리를 사랑하시는 하느님 사랑'을 체험하고 깨닫게 되면 이 수련은 의지적이지 않고 자발적으로 사랑에 빠진 사람처럼 저절로 된다. 사랑은 사랑을 부르기 때문이다. 이를 체험할 때까지는 약간의 의지적인 노력을 신앙의 빛 아래에서 지속할 필요가 있다. 누구든지 이 하느님 사랑의 현존을 체험하게 되면 인생이 바뀐다.

다음은 어느 목사님이 성모님에 대한 사랑에 매료된 이야기이다.

수도원에 입회하여 2~3년쯤 지난 어느 날 문득 목사님이 면회를 오셨다. 너무 뜻밖이라 깜짝 놀랐다. 그분이 나를 보시며 대뜸 "수녀님이 봉쇄 수도원에 살고 있다는 것은 하느님이 계신다는 분명한 증거입니다"라고 말했다 "아니 저라고 왜 봉쇄 수녀가 못 됩니까?" 하고 반박을 했더니 거듭 하시는 말씀이 "하느님의 기적 없이는 수녀님은 봉쇄 수도원 안에서 살 수 있는 분이 아닙니다" 하는 것이었다. "도대체 저를 어떻게 보셨기에 그런 섭섭한 말씀을 하십니까?"라고 했더니, 이 질문에 목사님은 자신의 집에서 우리 집 마당이 다 보였기 때문에 중·고등학교 때부터 들락날락하는 나의 모습을 자연스럽게 지켜 보았다는 것이었다. 그렇게 어릴 때부터 다 봤다면 할 말이 없었다. 두 달에 한 켤레씩 오리발 운동화를 새로 살 만큼 돌아다니기를 좋아했으니 말이다. 이런 사람이 봉쇄 수녀원에 들어간다는 소식을 들었을 때 몹시 놀라웠다고 하면서 정말 잘 지내는지 궁금해서 보러 왔다는 것이었다. 이왕 오신 김에 뭔가 하나 선물하고 싶었는데 마침 그때 가지고 있던 성모님에 관한 책 한 권을 드렸다.

그때 왜 하필 목사님께 성모님에 관한 책을 드렸는지 모르겠다. 아마도 그때는 성모님에 대한 신심이 열렬했던지라 그 기쁨을 함께 나누고 싶어서였을 것이다. 일상생활 안에서 일어나는 자질구레한, 그러나 나에게는 중요하고 힘든 순간에 성모님께서 함께 동행해주심을 느끼고 체험하는 것은 말로 표현 못할 기쁨이었다. 마치 아기자기한 꽃밭 속을 둘이 장난치며 함께 거니는 기분이라고나 할까? 예수님께 홀려서 무수한 반대를 무릅쓰고 엉겁결에 수도원에 들어오긴 했지만 일상생활 속에서 하나하나를 배워간다는 것은 여간 힘든 것이 아니었다. 항상 깨고 부수고, 덤벙거리는 나의 성격이 하루아침에 바뀔 리는 없고 가난한 수도원 물건 다 깨뜨려서는 안 되겠다 싶어 어느 날부터 성모님께 열심히 도움을 청했다. 그리고 사실 이토록 덤벙거리는 나를 예수님께서 수도원으로 불러주셨으니까 시어머니 되시는 성모님께서도 잘 보살펴주십사 하고 매일 기도를 드렸던 것이다.

주방 조리대 위에 잔뜩 늘어놓은 그릇들이, 지나가는 나의 소매에 스쳐 얇은 유리잔이 콘크리트 바닥에 뚝 떨어져 떼구루루 굴러갈 때는 간이 철렁 했다가, 아직 깨지지 않은 채 굴러가고 있는 유리잔을 잡으러 갈 때의 기쁨과 감격이란!⋯⋯.

또 한번은 뚜껑 있는 밥통 네 개를 휘청거리는 알루미늄 쟁반 위에 올려놓고, 밖에서 안으로 들어가려고 문 손잡이를 돌리는 순간, 쟁반이 휘청거리며 균형을 잃어 밥통 두 개가 땅으로 떨어졌다. '오늘 점심은 다 먹었구나 이 일을 어쩌누?' 울상을 하며 바닥에 떨어진 밥통을 보니, 다행스럽게 밥통은 뚜껑이 닫힌 채로 뒤집어 떨어져 있었다. '아이고! 이런 묘기는 하려 해도 힘든데 어찌 이렇게 잘 떨어졌을까?' 이처럼 성모님께서 항상 나의 뒤를 따라다니시며, 나의 실수를 돌보아주신다는 생각이 들었다.

또 어느 날은 가득 채워진 참기름병이 도마에 밀려서 주방 조리대 위에서 뚝 떨어졌는데 병이 깨지기는커녕 병마개가 닫힌 채 굴러가는 것을 본 수녀님들은 병이 떨어졌는데도 깨지지 않는 비결과 기술이 부럽다며 한마디씩 하셨다. 이 모든 실수는 성모님께 도움을 청한 기도 후에 일어난 사건들이라 나의 놀라움은 참으로 컸다.

이런 일상의 이야기들을 목사님께 들려드리며 성모님과 함께 사는 기쁨이 연인들과 사귀는 기쁨보다 큰 것이라고 덧붙이며 책을 드렸던 것 같다. 그리고 목사님도 이와 같은 기쁜 체험을 할 수 있도록 성모님께 기도드렸다. 그러고는 별다르게 생각하지 않고 지나갔다. 하지만 목사님은 이 말을 귀담아 듣고 내가 준 책도 읽으면서 성모님과 함께하는 생활을 실천한 모양이다. 얼마 지나서 목사님은 체험한 감동을 혼자 간직할 수 없어 함께 나누려고 또다시 찾아오신 것이다. 오셔서 하시는 첫 말씀이 "지금까지 우리는 (개신교) 예수님 어머니도 못 알아보는 못된 자식처럼 살아왔습니다. 어떻게 이럴 수가 있는지 믿어지지 않습니다"라고 하셨다. 그러면서 '신부나 목사의 부모도 신자들이 공경하는데, 어떻게 구세주의 어머니를 그렇게 홀대하고 살아왔는지 모르겠다며 이것은 있을 수 없는 일'이라고 하면서 그것도 모르고 지금까지 살아온 자신이 참으로 부끄럽다며 몹시 탄식하셨다.

목사님은 다음 날 새벽 기도 설교에서 당신이 느낀 심정을 솔직하게 신자들에게 털어놓으며 "지금까지 우리는 불효 자식으로 지내 왔습니다. 구세주의 어머니도 못 알아보는 못된 자식이었습니다"라고 하신 이후 자신의 마음이 뻥 뚫린 듯 시원하고 좋았다고 하셨다. 그런데 목사님은 나보다 훨씬 더 진지하고 더 알콩달콩하게 성모님과 하루 일상사를 지내시는 것이었다. 수도자보다 더 성모님과 친밀하게 사시니 내심 부럽고 부끄럽기도 했지만 가슴은 뿌듯했다. 성모님은 종파를 초월해서 온 마음으로 섬기는 자들을 친자식처럼 돌봐주신다는 사실을 목사님을 통해서 알게 되었다.

목사님은 자신의 체험을 혼자 간직할 수 없어서 그 이후에도 가끔씩 찾아오셨는데 다음은 그때 들은 이야기이다.

언젠가 한번은 외출할 일이 생겼는데 무심코 집을 나서서 얼마를 가다 보니 성모님께 인사를 안 드리고 온 것을 깨달았다. 그래서 다시 집에 돌아가니 무엇을 놓고 나왔느냐며 물어보는 부인에게 목사님은 잊은 것이 있다고 얼버무리면서 방으로 들어가 "어머니! 제가 다녀오겠다고 인사도 안 하고 나갔습니다. 잘 다녀오겠습니다" 하고 성모님께 인사를 하고 나왔는데 그렇게 행복하고 기쁠 수가 없었다고 털어놓았다. "수녀님, 이 기쁨을 누구에게 말할 수 있겠습니까?"

　목사님이 모시고 있는 성모상은 아기 예수를 안고 계신 성모님의 모습을 한 돌로, 우연히 수석을 채집하다가 이를 발견하고 너무 기뻐서 성모님께서 당신에게 선물하신 것처럼 생각하고 성모상으로 모시게 되었다는 것이다. 사진으로 본 그 수석은 웬만한 조각상보다 더 품위 있어 보이는 근사한 성모상이었다.

　한번은 목사님이 시골 교회로 전임하셔서 그동안 신자들의 숙원이었던 종탑을 세우게 되었다. 1980년대 시골 교회에서는 종탑이 높고 종소리가 크고 아름다우면 신자들의 기가 사는 시절이었다. 다른 모든 교회에는 종소리가 '뗑그렁' 하고 울리는데 이 교회는 아직 그 종이 없었던 터라 신자들은 모두 쌈짓돈을 털어 종탑을 세우게 된 것이다. 그런데 그날 밤 뉴스에서 태풍 쥬디가 온다는 소식을 듣게 되었다. 목사님은 크게 걱정이 되었다. 콘크리트 쳐놓은 종탑이 아직 덜 마른 상태였기 때문에 종탑이 무너지면 신자들이 그동안 온갖 정성을 다 들여 모은 공이 허사가 될 것이고 신자들의 낙심은 이루 말할 수 없이 클 것이기 때문이다. 종탑이야 또 세울 수 있지만 낙담하게 될 신자들을 어떻게 위로해야 할지 몰랐기 때문이다. 다급한 마음에 수석 성모상에게 달려가 자신의 이 심정을 토로하고 제발 신자들의 정성을 보아서라도 쥬디 태풍에 종탑이 무너지지 않게 해달라고 기도했다. 그래도 안심이 안 되어 사랑하는 수석 성모상을 종탑 아래 세워놓고 지켜달라고 기도했다.

　아침에 일어나 보니 두 아름이 넘는 백 년 넘은 아카시아 나무가 뚝 부러져 쓰러져 있었다. 간담이 서늘하여 종탑을 바라보니 바로 곁에 있던 종탑은 조금도 손상 되지 않았다. 이때의 기쁨을 혼자 간직할 수 없었다고 하면서 "글쎄, 이런 얘기를 누구와 나눌 수 있겠습니까? 다른 사람들은 절 보면 목사가 미쳤다고 하겠지요!"라고 했다. 목사님은 일상이 작은 기적의 연속이라며, 성모님 때문에 당신의 인생이 바뀌었다고 감동해하셨다. 그러면서 '누구든 만일 성모님만 제대로 알고 사랑하면 틀림없이 구원받을 수 있다'고 말씀하셨다. 이런 교리를 누가 알려드렸을까 싶다. 나는 내 체험 외에는 교의적인 문제는 한 번도 꺼낸 적이 없었으니 말이다.

목사님은 성모님과 하루하루 대화하고 살아가는 것이 너무 아기자기하고 행복하다고 하면서 이런 삶이 있을 수 있는지를 전혀 생각 못했다고 했다. 성모님과 이렇게 친밀하게 살아가는 모습이 정말 아름답고 부러웠다. 내가 성모님에 대해 알려드리긴 했지만 목사님의 성모님에 대한 진실한 사랑은 나보다도 훨씬 앞서가고 있음을 보면서 부끄러웠다.

이분이 이렇게 친밀하게 성모님과 지내는 것은 진리로써, 그분의 참된 행실로써 온 마음으로 성모님을 공경하기 때문이라 여겨진다. 사실 내 주위에 성모님께 열심한 분들을 많이 보긴 했지만 이 목사님처럼 단순하고 순박하게 온 마음으로 마치 어린아이처럼 크나큰 신뢰와 애정으로 섬기는 분은 보지 못했다. 연세가 많으신데도 이렇듯 단순한 마음을 지니신 것에 놀라웠다. 하루 종일 성모님에 대한 생각과 마음으로 가득 차 있으니 행동도 자연스럽게 따르게 되는 것이다.

엘리사벳이 풀이한 대로 '영과 진리로 하느님을 흠숭하라'는 뜻은 자신의 행실로 하느님을 섬기는 것이다. 이 말대로라면 이 목사님은 성모님을 영과 진리로 올바로 공경하고 있는 것이다. 그래서 가톨릭 신자들보다 더 성모님의 사랑을 체험하고 친밀하게 사는 것이 아닐까?

4. 하느님 현존을 위한 방법

변화가 심한 이 세상에 살면서 우리들 마음 깊은 곳에서, 또 이웃 안에서 하느님을 만난다는 것은 결코 쉬운 일은 아니다. 오랜 시간을 거쳐 꾸준한 수련이 필요하다. 하지만 세상의 끝없는 유혹과 자신의 욕구에 귀 기울이면서 하느님의 현존을 지속한다는 것은 대단히 어렵다. 이 때문에 자신의 변하기 쉬운 욕망을 줄이고 하느님의 말씀을 잘 듣기 위해서는 내외적인 침묵을 지키는 것은 필수적이다. 하느님 현존이 자신 안에 커져가기 위해서는 이런 준비와 함께 일상의 모든 걱정과 근심에서 떠나 하느님만을 만나기 위한 기도 시간을 별도로 가지는 것이 필요하다.[23]

1) 일반적인 방법

① 기도

기도 안에서 가장 깊게 하느님을 직접적으로 만날 수 있다. 기도를 통하여 인간은 하느님 면전에 서게 되고, 하느님을 향하여 자신의 양심을 열기 때문에 하느님이 그 사람 안에 꿰뚫고 들어가실 수 있게 된다. 하느님과의 교류는 심리적으로 균형, 일치, 진리를 얻어 만나게 해준다. 이로 인해 자신이 정화되고 평화롭게 평정을 되찾는 모습을 발견하게 된다. 이 만남을 실현시키기 위해서는 자신을 잊고, 하느님을 향하여 마음을 열고 자신의 내면 깊이 내려가 기도의 핵이라 할 수 있는 하느님과의 마음과 마음의 친밀한 사귐이 필요하다. 습관적인 기도만으로는 하느님을 만나기 어렵기 때문이다. 따라서 신앙 안에서 영혼이 하느님을 만나는 자리, 즉 영혼의 내면 성전까지 내려가는 것이 중요하다. 이런 것을 기도 안에서 하게 되는 것이다.

② 잠심(거둠 기도)

우리가 잊어서 안 되는 것 중의 하나는 하느님은 고요하지 않은 영혼 안에서는 말을 건네지 않으신다는 점이다. 이 내적 고요는 우리들이 현재 처한 상황과 분위기나 정신 상태에 따라 좌우된다. 혼란하고 분산되기 쉬운 현 세상에서 몸과 마음의 평화를 지속시켜 가는 것이 쉬운 일은 아니다. 현 시대를 사는 우리에게는 기도할 수 있는 장소, 침묵할 수 있는 공간은 심리적으로나 육체적으로나 내적 안정을 찾기 위하여 필수적인 조건이다. 우리는 이 침묵의 시간 안에서 힘을 되찾고 정화되고 더 집중할 수 있는 능력을 얻게 된다.

거둠(잠심)은 '나아간다, 떠난다'는 뜻으로, 가끔씩 이 소용돌이 세상 속에서 떠나 평화를 얻기 위하여, 하느님 면전에 있기 위하여 자기 자신 앞에 머무는 것이다. 이는 마치 만유인력처럼 자기 안으로 주의를 집중하는 것이다. 이 주의 집중은 살아 계신 하느님이 우리의 존재 가장 깊은 내밀한 곳, 즉 자신의 허무와 경계를 접하고 있는 곳에서 이루어지는 살아 있는 만남이다. 우리는 이를 '자신을 그분 곁에 머물게 한다'고 표현한다. **관상한다는 것은 자기 자신에게서 떠나는 것이다.** 참된 기도 안에서 친밀하게 하느님과 하나가 되기 위해서는 세상의 물질적인 것이나 자기 자신과 자기 주위의 감각적인 것을 포기하는 것만으로는 충분하지 않다. 사랑하는 분을 만나러 가기 위해서는 자기 자신에게서 나와야 한다. 하느님을 찾는다(탐구)는 것은 모든 것 안에서 하느님께서 원하시는 것을 찾는 것이다. 현존하시면서 숨어 계시는 하느님의 초월성 앞에서 인간적인 모든 것과 지상적인 모든 것을 넘어서기 위해서는 고독과 침묵 안에서 살 수 있도록 변화되어야 한다. 이 고독과 침묵 안에서 하느님을 만나고 하느님의 말씀을 귀담아듣고 하느님을 흠숭하기 위해서이다.

③ 여러 가지 수련

매일의 일상생활 속에서 하느님의 현존을 지속시키려면 다음과 같은 노력이 필요하다. (하느님 현존에 잠길 수 있는 습관이 되어 몸에 배일 때까지 그때그때의 상황에 따라 적합한 방법을 선택하여 기도해보면 참 작은 노력이지만 풍성한 열매를 맺는 것을 체험하게 될 것이다)

* 화살기도 – 하루의 긴 일과를 지내면서 하느님의 현존을 유지하기 위해 가장 많이 쓰이는 것이 화살기도이다. 짧지만 사랑을 담고 있는 화살기도는 누군가의 이름을 부르며, 짧지만 강하게 기도하기 때문에 마음 안에 큰 효과를 지니게 한다. 우리들이 마음속에서 어떤 이름이나 누군가를 부를 때 즉각적으로 그의 모습이나 그를 기억하게 되어 정신적으로 그의 면전에 있게 된다. 이처럼 하느님이나 그리스도의 이름을 부를 때 우리는 심리적으로 하느님의 면전에 있게 되고 하느님과의 관계를 지속시킬 수 있다. 자발적으로 자주 반복하는 동안 하느님의 현존 안에 머물 수 있게 되는 것이다.

그러나 이 수련은 자칫 잘못하면 계속 반복하는 동안 기계적이고 형식적이 되어 자신이 무엇을 빌고 있는지조차 모르는 텅 빈 공허함 속에서 중얼거림으로 끝날 수가 있다. 이 때문에 화살기도는 의식이 깨어 있는 상태에서 새로운 지향을 가지고 할 필요가 있다.

*신령성체 – 우리는 영성체를 통해서 예수님의 말씀만 기억하는 것이 아니라 구세주의 피 흘림을 새롭고 강하게 기억하는 것이다. 영성체는 매일의 삶 안에서 우리를 아버지께 인도하기 위하여, 성령을 통하여 예수 그리스도가 우리 안에 오시는 것이다. 신령성체는 우리의 정신과 삶을 그리스도와 하나가 되도록 해준다. "만일 네가 그리스도의 것이 되어 산다면 너의 눈길은 그리스도의 눈길이 될 것이고 너의 미소는 그리스도의 미소가 되고, 너의 얼굴은 그리스도의 얼굴이 될 것이다"(Quoist).

*봉헌 – 우리의 모든 행위를 하느님의 거룩한 뜻에 예속시켜, 피할 수 없

는 어려움 가운데서도 하느님의 영광을 위하여 그분의 축복과 도움을 청하면서 하느님께 봉헌하는 것이다. 이러할 때 하느님의 현존을 깊고 강하게 체험하게 된다.

*이웃을 섬김 – 하루를 지내면서 만나는 이웃들 안에서, 그 영혼 안에 살아 계시는 그리스도를 보도록 습관 들이는 것이다. 내적인 삶을 부요하게 가꾸기 위해 쉬운 일은 없다고 해도 과언은 아니다. 신앙의 빛 아래에서 이웃 안에 숨어 계신 그리스도를 섬김으로써 하느님의 현존은 일상생활을 통해 지속되고 증진된다. "너희가 내 형제들인 이 가장 작은 이들 가운데 한 사람에게 해준 것이 바로 나에게 해준 것이다"(마태 25,40)라는 예수님의 말씀대로 이웃을 사랑하다 보면 자신이 하느님의 사랑의 현존 안에 푹 잠겨 있음을 보게 될 것이다.

2) 부활의 로랑 수사의 방법[24]

『하느님의 현존 연습』으로 잘 알려져 있는 부활의 로랑 가르멜 수사는 우리에게 다음과 같이 권고한다. 영성 생활에서 가장 거룩하고 가장 보편적이며 가장 필요한 수련은 '하느님의 현존'이라 말하고 있다. 그것은 언제 어느 때나, 특히 유혹이나 고통, 무미건조와 싫증을 느낄 때, 혹은 불충실하거나 죄에 떨어졌을 때조차도 어떤 격식에 매이지 않고 그분께 겸손하게 말씀드리고 그분과 다정스럽게 이야기하는 것이다. 그럼으로써 점차 하느님과

이야기하는 것이 습관이 되어 하느님과의 사귐을 즐기게 되는 것이다. 이를 위해서는 우리의 모든 행위가 하느님과 나누는 작은 담화가 되도록 노력하는 것이 필요하다. 그러나 꾸며내거나 미리 준비한 것이 아닌 순수하고 단순한 마음에서 우러나오는 대로 이야기하는 것이다. 모든 행동 안에서 지속적으로 하느님과 대화를 하기 위해서는 우리 행동을 정신의 산란함을 나타내는 성급함이나 서두름을 피해서 온화하고 침착하게 사랑을 다해 일해야 한다.

로랑 수사는 구송 기도나 외적 신심을 단련하는 동안에도 살짝 지나치는 아주 짧은 순간만이라도 우리 마음 깊은 곳에서 하느님을 흠숭하고 맛보기 위해 잠깐 멈출 필요가 있다고 말한다. 이와 같이 하루에도 수천 번 자신 안에 현존하시는 하느님을 흠숭하기 위해 피조물을 떠나 자기 안에 들어가는 것보다 하느님을 더 기쁘게 해드리는 것은 없기 때문이다. 이것은 자애심을 없애주기도 한다. 자애심이란 피조물 사이에만 존속하기 때문에 내적으로 하느님께 자주 향하는 것은 자신도 모르는 사이에 이 자애심에서 해방되는 것이다. 또한 창조주를 즐기기 위해 피조물을 포기하고 하느님께 향하는 것은 우리의 충실성을 증명하는 것이 된다. 그렇다고 자신의 의무를 소홀히 하거나 떠나라는 것은 아니다. 여기서 모든 덕의 으뜸인 신중함이 우리의 길잡이가 되어야 한다. 그렇다 해도 자기 안에 계신 하느님을 흠숭하고 잠깐 동안 평화 중에 하느님의 현존을 즐기기 위해 가끔씩 외적인 일들에서 떠나야 하는데도 그렇지 않은 경우가 있는데 이는 영성인들 가운데서도 흔히 볼 수 있는 잘못이라 말한다.

이런 모든 흠숭은 전부 신앙으로 행해져야 한다. 즉, 하느님께서 참으로 우리 마음에 계시다는 것, 그러기에 우리는 하느님을 영과 진리로 흠숭하고 사랑하며 봉사해야 하는 것이다. '영과 진리로 하느님을 흠숭한다'는 것은 우리가 마땅히 하느님을 흠숭해야 하듯이 흠숭하는 것이다. 하느님께서는 영이시기 때문에 영과 진리로써, 우리 영혼 가장 깊은 중심에서 참되고 겸손되게 하느님을 흠숭하는 것이다. 이 흠숭을 보실 수 있는 분은 오직 홀로 하느님뿐이시다. 우리가 이 흠숭을 자주 하느님께 드림으로써 자연스럽게 되어 마치 하느님께서 우리 영혼과 하나이고 또한 우리 영혼도 하느님과 하나이듯이 된다. 실천해보면 이것을 알 수 있을 것이다.

'진리로써 하느님을 흠숭한다'는 것은 하느님을 계시는 그대로 인정하고 우리 자신도 또한 있는 그대로 인정하는 것이다. 또한 진리로써 흠숭한다는 것은 하느님은 무한히 완전하시고 무한히 흠숭받으실 분이시며 모든 악에서 무한히 멀리 떨어져 계시는 분이심을, 하느님의 속성에 대해 있는 그대로 받아들이는 것이다. 그리고 우리 인간이 하느님과는 완전히 정반대의 존재라는 것, 그럼에도 하느님은 우리가 원하기만 하면 우리를 당신과 닮은 자가 되도록 이끄신다는 것을 받아들이는 것이다. 이렇게 되기 위하여 로랑 수사가 첫 번째로 강조하는 것은 순결한 생활이다. 십자가의 성 요한도 똑같은 말을 하고 있다.

"나는 은혜를 받는 데에 제일 도움이 되는 것이 영혼의 순결이라고 대답한다. 순결이란 피조물과 덧없는 것에 아무런 애착이 없고 그에 정신이 쏠리지 않음에 있다."[25]

두 번째는, 이 현존을 수련할 때 자신 안에 계시는 하느님께 향한 내적인 시선에 충실해야 하는 것이다. 이 수련은 언제나 부드럽고 평온하게 겸손되이 사랑스럽게 해야 할 것이다. 결코 마음을 산란케 하거나 불안하게 해서는 안 된다.

세 번째로는, 모든 일을 시작하기 전에 먼저 하느님께 내적인 시선을 향하고 난 뒤 일을 시작하고 일을 끝마칠 때도 하느님과 내적으로 담화한 뒤 끝마치도록 마음을 써야 하는 것이다. 이 수련을 습득하려면 많은 시간과 노력이 필요하므로 이를 잊어버렸을 때라도 낙담해서는 안 된다. 습관은 노력과 함께 얻어지므로 일단 습관이 되면 모든 것에서 만족하게 될 것이다. 전에도 말했듯이 애를 써서 준비하는 일은 없도록 해야 할 것이다.

네 번째로는, 이 수련을 처음 시작하는 이들은 내적으로 자신이 좋아하는, 사랑에 담긴 간단한 말을 하는 것이 좋다. 예를 들면 '내 하느님, 나는 당신의 것입니다.' '사랑이신 하느님, 이 마음 다해 당신을 사랑합니다.' '주님, 당신 뜻대로 저에게 이루어주소서.' 혹은 자연스럽게 마음에서 솟아나는 사랑의 말을 아뢰면 된다. 이때 주의해야 할 것은 마음이 빗나가 길을 잃어 피조물에로 되돌아가지 않도록 경계해야 한다. 마음은 오직 하느님께만 고정되어 있어야 하기 때문이다.

마지막으로, 이런 상태에 이르기 위해 감각의 억제가 필요하다. 그 이유는 아직도 피조물 안에서 무슨 즐거움을 찾고 있는 영혼이 하느님의 현존을 온전히 즐긴다는 것은 불가능하기 때문이다. 하느님과 함께 있기 위해서는 반드시 피조물을 떠나야 한다.

"다른 무엇을 하느님과 한꺼번에 사랑하고 싶어하는 자는, 의심할 여지

없이 하느님을 가볍게 보는 자다. 하느님에게서 지극히 먼 것을 하느님과 함께 저울에 달기 때문이다. 한 가지 것에 마음의 정이 들면, 다른 무엇보다도 끔찍이 여겨지는 법이다. 하느님과 똑같은 것은 아무것도 없는데도, 하느님 아닌 다른 것을 당신과 함께 사랑하거나 그에 집착하는 사람은, 하느님을 여간 욕되게 하는 것이 아니다."[26]

모든 피조물은 하느님의 손에서 나왔기에 하느님의 아름다움을 나름대로 반영하고 있다. 하지만 자기 욕심이 가득 차 있으면 그 피조물이 지닌 매력에 사로잡혀 하느님에게 이르지 못한다. 하느님을 향해 오라고 주신 선물들에게 묶여 하느님께로 가지 못하는 것이다. 그래서 작은 조각의 아름다움에 매여 있지 말고 온전한 아름다움이신 하느님께만 눈길을 돌리라는 뜻이다. 하찮은 아름다움에 매이면 진짜 아름다움을 맛볼 능력이 감소된다는 것이다.

그 이유는 이렇다. 마음은 하나인데 동시에 두세 가지를 사랑한다면 반이나 1/3정도의 나누어진 사랑을 각각 사랑하는 대상에게 주게 된다. 그러나 한마음으로 하느님 한 분을 사랑할 때는 자기 마음 전체를 드리게 된다. 피조물을 사용하면서도 즉시 징검다리처럼 그 대상을 거쳐 하느님께로 간다면 하느님께서 피조물을 만드신 목적에 합당하게 사용한 것이다. 문제는 하느님 대신 그 피조물 자체를 궁극적인 목적으로 여기고 거기에 눌어붙고 애착하는 것이다. 앞에서 언급했듯이 마음은 하나이기에 이 피조물에 애정을 다 쏟아 붓고 나면 하느님을 향할 힘이 없어지기 때문에 감각의 억제를 하라는 뜻도 바로 이런 이유 때문이다. 피조물의 외적인 매력에 이끌려 즐거워하고 좋아하면서 마음의 정을 다 쓰고 나면 정말 아름답고 매력 자체이신 하느님께 향할 에너지가 없기 때문이다. 이것을 쉽게 이해하게 해준 체험이 생각난다.

　어린 시절 시골에 갔을 때 밤하늘을 보면 별들이 총총하게 빛나고 나에게 정답게 얘기하는 듯 느껴졌다. 그러다가 방학이 끝나서 집으로 돌아오면 여전히 별들은 하늘에 떠 있는데도 시골에 비해 그 수가 반 정도 줄어든 듯했고 정겹게 느껴지지도 않았다. 왜 그런지 어린 마음에 항상 궁금했었다. 그러다가 조금 더 커서 서울에 간 적이 있었다. 그런데 별들은 거의 보이지 않았고 어쩌다 간혹 듬성듬성 보일 뿐이었다. 별이 보이지 않는 밤하늘 밑을 걷는 마음이 서글프고 처량해졌다. 별들을 못 보고 산다는 것이 얼마나 마음을 삭막하게 하고 메마르게 하는지, 모든 것을 다 가지고 있을 것 같은 서울 사람들이 진짜는 다 잃어버리고 산다는 생각이 들어 측은한 마음이 들었다.

　그런데 어느 날이었다. 그날은 등화관제 훈련이 있는 날이었다. 그래서 일부러 일찍 귀가를 서둘렀다. 그러나 교통 체증으로 길이 막혀서 결국 집 근처에 다다랐을 때 민방위 등화관제 훈련을 알리는 사이렌 소리를 듣게 되었다. 어쩔 수 없이 버스에서 내려 대피소로 갔다. 경보 소리와 함께 서울의 온 시가지에 불이 꺼졌다. 그런데 웬일인가? 예전과 달리 하늘에 별들이 가득히 빛나는 것이었다. 시골에서나 해변에서 보듯이 깨알처럼 무수히 쏟아지지는 않았지만 넓고 광활한 벌에서 혼자 서서 별을 구경하는 마음이었다. 이로 인해 크게 깨달은 바는 인간이 켜놓은 불빛이나 네온사인이 밤하늘의 별들을 안 보이게 가로 막았다는 사실이었다. 별이 안 보이는 것은 공기가 탁해서라고 들었는데 그 원인만은 아님을 알았다.

　이때 체험한 충격은 지금도 잊혀지지 않는다. 감각적인 것만 좋아하고 쫓아다니다 보면, 네온사인들이 사람들의 눈길을 현혹하고 마음을 빼앗아 밤

하늘의 별들을 못 보게 만드는 것처럼 하느님의 사랑스런 현존을 못 보게 해살 놓고 가로막는다. 이 때문에 하느님을 온 마음으로 가까이에서 섬기려는 사람들이 감각적인 것이 아무것도 없는 사막으로 들어갔는지 이해할 수 있게 되었다.

하느님의 은혜를 받는 데, 또 하느님의 현존을 잘하기 위해 가장 우선적으로 필요한 것은 마음의 순결이라고 했다. 마음이 순결한 사람은 감각적인 것에 이끌리거나 거기에 쏠려서 애정이나 마음을 두지 않기 때문에 인간적인 모든 것에 대해 깜깜한 밤하늘에 비길 수 있다. 이때 꺼지지 않는 하느님의 사랑만이 그 영혼 안에서 찬란하게 빛나며 비춰준다. 그러기에 그 영혼은 하느님과 함께 대화하며 하느님만으로도 이 지상에서부터 천국을 앞당겨 사는 것처럼 행복한 것이다.

5. 하느님 현존에 대한 친밀함의 단계

영혼 안에 하느님에 대한 사랑의 불이 얼마나 크고 강한 정도에 따라 하느님과의 결합의 깊이도 달라진다. 사랑이 크고 강할수록 하느님과 깊이 결합되고 하느님에 대한 사랑이 작고 얕으면 그만큼의 수준에서 하느님과 결합한다. 사랑이 무엇인지 몰라 아리송해하는 우리에게 성녀 데레사는 속 시원히 이렇게 말한다.

"하느님에 대한 사랑의 정도는 십자가를 지는 정도에 비례한다."

우리는 자신들이 남들보다 더 일하고 고달프게 사는 것 같으면 쉽게 실망하고 기가 움츠러든다. 뭔가 세상이 불공평하게 돌아가고 자기만 억울하게 당하고 사나 하는 생각이 들기 때문이다. "하느님도 무심하시지, 고생하는 나를 이렇게 내버려두시다니……" 하고 혼자 중얼거리기 일쑤이다. 하느님은 우리처럼 값싼 사랑을 하지 않으신다. 더 큰 영광을 위해 더 큰 사랑으로 이 고생을 뛰어넘으라는 뜻을 맨 나중에서야 깨닫긴 하지만 쉽고 안일함을 즐겨찾는 우리는 하느님의 이런 초월적인 사랑이 무언지 알아듣기 어려워하거나 혹 알아들어도 꿍얼꿍얼 못마땅해한다. 특히 정의에 대해 관심이 있고 예민한 사람은 누군가가 이유 없이 고생하는 것을 보는 것을 힘들어한다. 더군다나 이러한 일이 자신에게 닥치면 이때는 더 견디기 힘들어한다. 다음은 이런 사람에 대한 하느님 체험 이야기이다.

모든 것이 공평하고 정의롭게 돌아가기를 간절히 바라는 수도자가 있었다. 그래서 자신의 모든 에너지를 공평하고 정당하게 사용하는 데 마음을 쓰곤 했다. 누군가를 배려할 때도 똑같이 균등하게 하려고 애를 썼다. 수도 생활도 예외 없이 누군가는 좀 더 힘든 일을 담당하게 되고 항상 궂은 일만 도맡아 하는 사람이 있기 마련인데 그는 이런 일들을 보면서 의문을 갖게 된 것이다. 하느님은 공평하신데 왜 누구는 밖에서나 수도원에서나 일생 동안 힘든 몫을 맡아야 하는지 납득이 가지 않았기 때문에 자신만 편안히 사는 것도 한편으로는 마음이 불편했다. 부당하게 자신만 쉬는 것 같았기 때문이었다.

그러던 어느 날, 그는 여러 소임을 한꺼번에 맡게 되었다. 일이 많아지니 자연히 힘들고 피곤하게 되었다. 자신의 소임이 다른 사람보다 3배 정도 많다고 생각하니 불공평하다고 여기게 되어 그 일이 더욱 힘들어졌다.

어느 날 끝 기도를 마친 뒤 도저히 일어설 기력이 없어 그냥 성당에 쭈그리고 앉아 있었는데 자기 영혼이 몸속에서 빠져나가 하늘 높이 올라가는 것 같았다. 하늘 끝에 자신이 닿았다고 생각되는 순간 갑자기 아치형으로 된 문이 우아하게 자동으로 열리더니 계속 올라갔다. 그런데 놀라운 건 하늘

위에 또 새로운 하늘이 나타나는 것이었다. 훨씬 더 높고 넓으며, 더 아름답고 더 고요하고 평화로운 하늘이었다. 아무 흔적이나 표시도 없이 문이 스르르 열리듯 하늘이 우아하게 열리는 것도 희한하지만 하늘 위에 또 아름다운 하늘이 있다는 것도 전혀 생각하지 못했기에 어리둥절해졌다. 그러면서도 계속 올라가는데 이번에도 이 하늘 꼭대기에 머리가 닿았다고 생각하는 순간 저번보다 더 우아하고 유쾌하게 아치형으로 된 문이 열리고 또 새로운 하늘이 나타나는 것이었다. 금방 지나온 하늘과는 비길 수 없이 더 높고 그윽하고 사랑과 기쁨이 넘치는, 감미로움이 감도는 하늘이었다. 놀라움과 감탄에 싸여 줄곧 올라가면서 이제 하늘에 닿으면 또 문이 열리겠지 하고 기대하고 있는데 그 하늘에 자신이 막 닿았다고 생각되는 순간, 하늘 문이 열리는 대신 자기 자신으로 돌아온 것을 느꼈다. 그다음 하늘은 어떻게 생겼을까? 궁금하긴 했지만 지금 본 것만으로도 자신에겐 과분하다고 느꼈다. 그런데 그토록 피곤하던 몸과 마음이 가볍고 개운해져 '언제 힘들어했던가?' 하는 생각이 들 정도로 생기가 돌았다. 다음날 똑같은 일을 하는데도 죽도록 피곤하게 느껴지던 마음이 없어졌다. 피곤해도 감당할 만하고 오히려 고생할 자격도 가치도 없는 자신에게 주어진 이 작은 고생이 영광스럽게 느껴졌다.

그 뒤부터 그는 누가 더 억울하게 고생하는가에 마음을 쓰거나 인간적으로 비교하고 따지는 버릇이 없어졌다. 예수님 때문에 고생할수록 십자가를 지는 사람일수록 더 높고 아름다운 하늘에 갈 것이고 여기서 고생한 것에 비교할 수 없는 상급이 주어질 것임을 잘 알기 때문이었다.

이 이야기를 듣고 나서 하느님의 정의와 우리의 정의가 어떻게 다른지 알 수 있을 것 같았다. 성경에서도 이를 암시하는 구절이 있다. 시편에서는 "하늘 위의 하늘들……"이라는 구절이 있고 또 바오로 사도는 "셋째 하늘까지 들어 올려진" 것에 대해 말하고 있는데 나는 이 구절을 별 생각 없이 읽곤 했다. 바오로 사도는 "몸째 올라갔는지 몸을 떠나서 올라갔는지 나는 모릅니다. 그러나 하느님께서는 알고 계십니다"(2코린 12,2)라고 말하고 있다.

셋째 하늘이 있으면 첫째 하늘, 둘째 하늘도 있을 것이고 그 위에 얼마나 많은 하늘들이 있을까 하고 궁금해한 적도 없고, 그 차이는 어떤 건지, 또 어떻게 해야 이 하늘의 가장 깊은 곳에 갈 수 있는지도 생각해본 적이 없다. 예수님께서 "내 아버지 집에는 거처할 곳이 많다"(요한 14,2)라고 하신 말씀도 천국에는 방이 많으니 '나 하나쯤이야 어딘가에 끼어 들어갈 곳이 있겠지, 그래 다행이다. 어떻든 문간방이라도 천국에 내 자리 하나쯤은 차지할 수 있겠지. 아무튼 천국에만 가면 됐지, 윗목 아랫목 따질 것이 뭐 있나' 하고 생각했었다.

그런데 하늘이라고 해서 다 똑같은 하늘이 아니라 하늘마다 무척 다르고, 고요함과 기쁨도 차이가 많이 난다면, 거기다가 천국에서 그렇게 지내는 것이 50~60년이 아니라 영원히 지내는 것이라면 문제는 달라진다. 사실 지상에서 사는 사람들의 삶의 모습도 하늘과 땅 차이 만큼 각각 다르다. 또한 하느님의 영광과 기쁨을 위해 일하는 것도 평범한 사람에서부터 죽도록 고생 많이 한 사람, 그리고 순교자에 이르기까지 그 차이가 큰 만큼 이에 대한 보상도 달라질 수밖에 없으리라 생각된다.

그렇다면 이 세상에서 가장 중요한 것은 영원히 있을 자리를 잘 마련하는 것이 아니겠는가? 고작 60~80년 사는 나그네 같은 지상의 삶도 내 집 마련하기 위해 일생을 투자하다시피 하는데, '영원히 있을 자리'를 마련한다는 것은 지상의 집 한 칸 마련하는 것보다 더욱 중요한 일인데도 시간과 정성을 들이거나 중요하게 여기지 않는다는 것이 얼마나 어리석고 짧은 생각인가? 그런데도 이 문제에 대해 별로 생각하지 않고 건성으로 시편과 성경을 본다. "하늘 위의 하늘들." 어떻게 하늘 위에 또 하늘이 있을까? 그 하늘이 다르다는 것은 아마도 『영혼의 성』에서 성녀 데레사가 묘사하고 있는 것과 같은 맥락일 수 있다.

"이 궁성은 여러 궁실을 가지고 있습니다. 높은 데에 있는 것, 낮은 데에 있는 것, 또 한 옆으로 자리잡은 것들도 있는데 그 모든 궁실 맨 한가운데에 있는 것이 가장 으뜸가는 왕실로, 하느님과 영혼 사이의 그윽한 비밀이 거기에서 이루어집니다. 여러분은 이 비유를 잘 알아둘 필요가 있습니다. 하느님은 이 비유를 가지고, 당신께서 영혼들에게 베푸시는 은혜들이며, 그 은혜들 가운데는 등차가 있다는 것을 조금이나마 여러분이 알아들을 수 있도록 해주실 것입니다."[27]

영혼이 일곱 궁방 사이를 오가며 점차 더 하느님께 깊이 들어가 일치할수록 그 궁방의 기쁨과 아기자기한 진미도 더 그윽해진다. 하느님이 계신 가장 깊은 7궁방에 들어간 영혼이 하느님을 누리는 것과 1궁방과 4궁방에 있는 영혼이 하느님과 사귀고 누리는 기쁨이 다르다면, 그리고 이 세상에서 하느님과 일치한 정도에 따라, 즉 이 세상에서 하느님과 함께한 정도의 사귐이 영원에서 그대로 이어진다면 3궁방 영혼은 거기에 해당하는 하늘에 있을 것이고 5궁방 영혼은 지상에서 하느님과 일치한 정도, 즉 5궁방에 해당하는 하늘에 있게 될 것이다. 데레사 성녀는 『영혼의 성』을 7궁방으로 묘사했는데 과연 천국 하늘도 일곱 하늘일까? 아직 가보지 않았고 또 하늘이 얼마나 있는지 공식적으로 들은 바는 없지만 하늘이 다르다는 것만은 확실하다. 바오로 사도가 묘사한 '셋째 하늘'을 보면 적어도 하늘이 첫째, 둘째, 셋째가 있다는 이야기일 것이다. 각 하늘마다 맑음과 높이가 그리도 차이가 많다면 더 높은 차원의 하늘로 들어가기 위해서는 어떻게 해야 하는가?

그것은 자기 영혼에 깊이 들어가는 것이다. 그러면 하늘들 위의 하늘도 가장 깊은 하늘까지 들어갈 수 있을 것이다. 영혼의 가장 깊은 곳에 하느님이 계시고 하느님을 깊이 사랑하는 영혼이 하느님이 계신 그곳의 깊이까지 들어갈 수 있다면, 영혼 안으로 가장 깊이 들어갈 수 있는 열쇠는 하느님에 대한 사랑에 달려 있다. 그러나 '사랑'은 사랑하는 상대를 사랑으로 상처 입힌다. 사랑의 불화살을 맞은 사람은 상대방의 사랑 때문에, 자신도 그에 대한 사랑으로 상처 입고 타오르게 된다. 십자가의 성 요한은 하느님의 사랑을 받아 상처 입은 영혼의 타는 마음을 이렇게 노래하고 있다.

> 오, 사랑의 산 불꽃이여
> 다정스러이 상처 입히시는 분
> 내 영혼 가장 깊은 곳에서
> (『사랑의 산 불꽃』 1장 1절)

십자가의 성 요한은 불꽃이 영혼의 가장 깊은 중심에 상처를 입힌다고 말함으로써 영혼에는 덜 깊은 중심들도 있음을 알 수 있게 해준다. 그러면서도 이해를 돕기 위해 설명을 계속하고 있다.

"모든 것에 앞서 알아야 할 것은 영혼은 순수한 영이기 때문에 높고 낮음도 없으며 분량을 가진 육체처럼 더하거나 덜한 깊이도 없다. 영혼 안에는 부분이 없고 안팎의 차이도 없으며 하나이기 때문에 더 깊거나 덜 깊거나 한 것이 없다. 마치 공기처럼 모두가 조명되거나 모두가 어두운 것처럼 균일하게 밝혀지거나 어둡게 되는 것이다. 사물들 안에서는 어느 한 실체가 다다를 수 있는 데까지 갈 수 있는 가장 깊은 중심, 역량과 작용, 움직임의 힘이 더 이상 갈 수 없을 때를 가장 깊은 중심이라 부른다. 예를 들면 불과 돌은 본성적인 활동과 움직임을 소유하고 있으며, 그들 영역의 중심을 향해 장애물만 방해하지 않으면 자연적으로 중심을 향해 가는 힘을 가지고 있다. 그러므로 땅속에 있는 돌은 땅의 가장 깊은 곳에 있지 않아도 그 중심에 있다고 말할 수 있다. 그러나 그 돌을 붙들고 있는 방해물을 치우게 되면 실제적으로 도달하게 될 가장 깊은 중심, 마지막 중심에 도달하기 위해 더 깊이 내려가기 위한 활동과 힘, 경향이 남아 있다. 그 돌이 그 중심에 도달하면 더 이상 움직이려는 힘과 활동이 없어지게 된다. 그리고 이것을 가장 깊은 중심에 있다고 말할 수 있다.

영혼의 중심은 하느님이시다. 영혼이 자기 존재의 온 능력에 따라 자신의 활동의 모든 힘에 따라 일단 마지막 영혼의 가장 깊은 중심에 도달한다면 영혼은 온 힘으로 하느님을 사랑하고 하느님을 알고 하느님을 즐기게 될 것이다. 그러나 그곳에 도달하지 못했다면 영혼은 하느님의 은총과 교류 때문에 자기의 중심인 하느님 안에 있다 하더라도 아직 뭔가 만족하지 못하여 좀 더 움직이려는 경향과 힘이 남아 있다. 영혼은 자기중심에 있지만 가장 깊은 중심은 아닌 것이다. 아직도 더욱 깊이 들어갈 수 있기 때문이다. 사랑은 영혼을 하느님과 결합시킨다. 그러므로 더 많은 등급의 사랑을 가질수록 더 깊이 하느님 안에 들어가며 그분 안에 집중되는 것이다. 이같이 영혼이 하느님에 대한 사랑의 더욱 많은 등급을 얻을수록 하느님 안에 있는 다른 중심들보다 더 깊은 중심에 도달했다고 말할 수 있다.

'내 아버지의 집에는 거처할 곳이 많다'(요한 14,2)라고 하신 말씀을 이런 의미로 알아들을 수 있다. 영혼이 만일 한 등급의 사랑을 가지고 있으면 이미 이것으로 하느님이 계신 자기중심 안에 있는 것이다. 영혼이 은총으로 하느님 안에 있기 위해서는 한 등급의 사랑만으로도 족하기 때문이다. 영혼이 사랑의 등급을 두 개 가졌다면 좀 더 깊은 중심에서 하느님께 집중될 것이다. 만일 세 등급의 사랑을 얻었다면 세 곱으로 더욱 하느님 안으로 들어갈 것이다. 마지막 등급을 얻는다면 하느님 사랑은 가장 깊은 곳에서 영혼에게 상처를 입히실 것이다. 하느님께서는 영혼이 마침내 하느님처럼 보이게 될 때까지 영혼의 실체와 힘, 그리고 그 가능성에 따라 영혼을 변모시키고 환하게 비추어주실 것이다. 그래서 마치 맑고 투명한 수정처럼 된다. 수정은 빛을 많이 받으면 받을수록 빛을 자기 안에 모으면서 그 안으로 들어가 없어져 더욱 빛나게 된다. 수정이 빛으로 보일 만큼 빛을 가장 많이 받게 되면 수정은 빛과 수정을 구별하지 못할 정도로 빛나게 된다. 마치 수정은 빛과 같아지는 것이다. 이처럼 가장 깊은 중심에서 불꽃이 영혼에게 상처 입힌다고 말하는 것은 영혼의 힘과 덕이 그 실체가 더 깊이 들어가 닿을수록 더 상처를 받는다는 것이다. 다시 말해 영광과 유열(愉悅)이 더 많아지고 풍성해진다고 말할 수 있다. 불꽃이 클수록 더 상냥하고 애정 깊고 불꽃이 더 세찰수록 본질적으로 변모되고 하느님 안에 더 집중된다."[28]

결국 하느님에 대한 친밀함의 등급은 사랑이 크고 깊을수록 영혼을 하느님으로 변모시키면서 커져간다. 데레사 성녀는 하느님과 가장 깊은 친밀을 7궁방에서 영적 결혼으로 비유하고 있다. 영혼이 하느님처럼 되고 하느님과 똑같이 된다는 이야기를 나와는 거리가 먼 것으로 생각하지 말아야 한다. 다음의 이야기를 들어보자. 이를 체험한 사람 역시 신비 신학이라는 용어는커녕 기초 신학도 모르며 십자가의 성 요한이란 이름도 들어본 적도 없는 사람으로, 바로 그에게 일어났던 일이다.

한 대학원생이 도서실에서 제출할 논문을 구상하면서 이책저책 뒤적이다가 앉아서 턱을 고이고 궁리 중이었다. 그러다 어찌된 영문인지 모른 채 깨어보니 1시간 반 이상이 흐른 뒤였다. 도대체 그동안 무엇을 했는지 알 수가 없었다. 잠을 잔 것 같지는 않았고 완전히 무념무상에 잠겨 있었다. 사실 무념무상이란 뜻이 무엇인지도 몰랐는데 그 경험으로 그 말뜻을 깨닫게 되었다. 잠을 잤으면 턱을 괸 팔이 저리고 뻐근할 텐데 온몸이 가뿐하고 날아갈 듯이 가벼웠다. 이미 점심때가 되었지만 너무 행복하고 기뻐서 배가 고프지 않았다. 인적이 없는 학교의 뒷동산을 오르며 자신도 모르게 튀어나오는 소리는 "내가 하느님 같아. 내가 하느님이 된 것 같아"였다. 자신의 말을 들은 순간, '이는 하느님을 모독하는 소리지, 무슨 불경스런 말을 하고 있는 거야' 하며 속으로 나무랐지만 마음에서 계속 터져 나오는 소리는 '나는 하느님이다. 하느님이 바로 나야' 였다. 머리는 이 말을 듣고 '미친 소리 그만해. 누가 들을까 싶다'라고 나무랐지만 이상하게도 마음은 여전히 행복하고 천하를 얻은 것보다 더 위대한 것을 간직한 양 부러울 것이 하나도 없었다. 자신이 온 세상의 제왕들보다 더 높고 위대해보였고 이 세상 모든 것이 정말 시시하고 하찮게 보였다. 전에는 천국에서 '영원히 산다'는 말에 어떻게 영원히 참고 살지? 영원히 산다면 천국이 아무리 좋다 해도 계속 이런 생활을 하면 지루해질 텐데 하고 생각하기도 했었다. 그러나 이 체험 후에는 생각이 바뀌어 만일 지금처럼 이렇게 영원히 산다면 이건 그야말로 정말로 굉장한 것이고 자신이 '영원'에 대해 잘못 생각한 것임을 깨달았다. '영원히 산다'는 것을 자신도 모르게 지상의 삶이 계속 영원히 이어지는 것으로 생각했던 것이다. 자신이 체험하고 본 것은 '영광과 환희' 그 자체였다. 그는 이 경험 덕분에 두 낱말의 참다운 의미를 올바로 파악하게 되었다고 한다. 만일 그가 그때 십자가의 성 요한이 묘사한 "하느님은 마치 하인처럼 영혼을 시중 들어주고 영혼이 하느님처럼 높여주신다"는 내용을 읽었더라면 "내가 체험한 것이 이거였다"라고 했을 것이다.

하느님은 왜 이런 큰 은총을 아무것도 모르는 사람에게 베푸실까? 자신이 받은 은총이 얼마나 큰 은총인지 모르는, 아니 아예 이것이 은총인지조차 모르는 자에게 왜 베푸실까? 참으로 신비이다. 만일 신비 신학에 대한 지식이 있는 사람이 이런 은혜를 받는다면 어떻게 될까? 아마도 더 교만해질까? 이런 비슷한 큰 은혜를 하느님은 심심치 않게 지금도 우리 주위 사람들에게 베풀고 계신다.

한번은 어떤 부인이 "수녀님, 이런 것은 뭐예요?" 하고 질문했다.

"언젠가 한번은 예수님이 나를 번쩍 안아 올려주셨어요. 왜 그렇게 된 거예요? 수녀님은 기도를 많이 하시니까 예수님이 더 많이 번쩍 안아서 공중에 올려주시지요?"

"난 그런 일이 한 번도 없었는데요."

"그러면 왜 저에게 그랬을까요? 어쩌다 이 생각이 나면 참 이상한 일도 다 있네 하고 나 자신이 이상한 것이 아닌가 생각돼요."

"본당 신부님이나 수녀님은 이것을 뭐라고 하셨는데요?"

"아이구! 수녀님 이런 추잡스런 이야기를 어떻게 감히 본당 신부님께 해요? 수녀님께는 허물이 없으니까 창피해도 한번 물어보는 거지요. 왜 이런 일이 일어났는지 가끔씩 궁금해지거든요. 내가 이상한 것 같기도 하고……."

"그런 일이 일어났을 때가 혹시 자매님이 힘들고 어려운 때가 아니었는지 싶은데요?"

"맞아요. 시아버님이 치매에 걸려 8년 동안 대소변 받아내느라, 하루 종일 빨래하다가 시간 다 보냈지요. 추운 겨울에는 꽁꽁 얼은 냇가의 얼음을 깨고 빨래를 했지요. 손이 시려 빨갛게 되어 돌아오면 바로 새 빨래가 또 나오고, 시아버님은 배고프다고 밥 달라 소리 지르고, 남편은 빨리 밥상 안 차린다고 성화를 부리며 나무라고, 몸이 둘이라도 모자랄 지경이었으니까요."

"바로 그렇게 자매님이 힘든 것을 보시고 예수님께서 힘내라고 격려해주신 것 같네요."

"위로해주는 것은 이해가 가는데요. 그게 암만해도 이상해요. 창피해서 누구에게 물어볼 수도 없고……."

"아니, 왜 그게 이상한 거예요? 예수님이 아이를 들어 올리듯 번쩍 들었다면서요. 예수님은 전능하셔서 물 위에도 걸어 다니시고 공중으로도 날아 다니시니까 더구나 예수님이 자매님을 붙들고 있었다면서요. 그러니까 예수님이 가는 곳에 함께 붙들어 올라간 거지요."

"그러고 보니까 그 말이 맞겠네. 예수님은 전능한 분이시잖아요. 예수님이 올라가니 나도 붙들어 올라간 거지. 하하……. 이렇게 쉬운 것을 가지고 괜히 혼자서 고민하고 생각했네요. 이젠 속 시원하고먼요. 이젠 의심도 싹 없어졌어요."

이분은 자신이 경험한 것이 '탈혼'인지 그 낱말조차 모른다. 나 역시 이것이 탈혼이고 영적으로 높이 올라간 사람에게 일어나는 초자연 현상이라든지, 그리고 그것이 『영혼의 성』 6궁방에 설명이 되어 있다고 말씀드리지 않았다. 이분의 삶은 고난과 역경으로 가득 차 있었고 매일 묵주기도로 말로 표현할 수도 없는 고통들을 이겨냈다. 자신이 하루에 묵주기도를 수십 단 바치면서도 몇 단을 바쳤는지 셈하지도 않는다. 그 시간에 기도 한 번을 더 한다고 한다. 삶의 역경과 고난을 이겨내기 위해 자신도 모르게 성모님께 달려들어 기도하는 바람에 하느님과 친밀하게 살게 된 것이다.

이분은 하느님이 바로 곁에서 듣고 계시듯 아주 친밀하게 자신의 기도를 꼭 들어주신다는 확신을 가지고 기도하신다. 기도가 살아 있고 힘이 있고 신뢰에 가득 차 있음을 보면서 이분이 받은 은총이 실제로 큰 은총이었음을 알게 되었다. 하느님은 각 사람마다 그 환경에 알맞게 그 사람도 모르는 은총을 베푸시면서 당신과 친밀함의 등급을 높여 가신다. 하느님 자신으로 변화될 때까지 멈추지 않으시고 깨어 계시며 영혼 안에서 일하신다.

왜 하느님께서는 자신이 받은 것이 은총인지조차 모르는 사람에게 큰 보물을 맡기실까? 이런 것에 대해 의아해하는 사람에게 아마도 예수님은 이렇게 대답하실 것이다. "아버지, 하늘과 땅의 주님, 지혜롭다는 자들과 슬기롭다는 자들에게는 이것을 감추시고 철부지들에게는 드러내 보이시니, 아버지께 감사드립니다. 그렇습니다, 아버지! 아버지의 선하신 뜻이 이렇게 이루어졌습니다"(마태 11,25-26).

대체적으로 이런 사람들은 자신이 받은 것이 은총인지도 알아차리지 못하지만 그 영혼 안에서 열매를 맺는 것을 볼 수 있다. 자신도 모르는 사이에 그 은총의 효과로 하느님께 더 가까이 다가가고 더 깊은 친밀한 사귐을 하느님과 나누는 것이다. 예수님께서는 "너희가 많은 열매를 맺고 내 제자가 되면 그것으로 내 아버지께서 영광스럽게 되실 것이다"(요한 15,8)라고 말씀하신다.

열매를 보고 그 사람이 하는 일이 하느님의 일인지 아닌지 알 수 있다는 얘기다. 수정이 빛을 반사하듯 우리가 하느님의 은총을 더 많이 받아들여 하느님의 영광을 더 잘 반사하는 영혼이 하느님께 더 큰 영광을 돌려드린다. 하느님이 계시는 가장 깊은 곳까지 들어가는 영혼이 하느님의 빛을 가장 많이 받기에 하느님과 똑같이 되어 하느님의 영광과 은총과 유열을 가장 많이 반사한다. 결국 이 영혼이 하느님께 가장 많은 영광을 드리는 것이다. 쉽게 말해 우리가 가장 행복하고 영광스럽게 될 때 하느님께 같은 영광을 돌려드리는 것이다. 그래서 예수님께서 말씀하신다.

"아버지께서 저에게 주신 영광을 저도 그들에게 주었습니다"(요한 17,22).

사실 사람들이 이 세상에서부터 이런 영광을 체험하는 것은 그들이 받을 만해서가 아니라 예수님께서 하신 약속을 예수님께서 실천하셨기 때문이다. 우리를 위해 아버지께 드리는 예수님의 간청은 간절하다. 만일 우리들이 천국에서 예수님 곁에 있게 된다면 그건 순전히 우리에 대한 예수님의 간절한 사랑 때문일 것이다.

"아버지, 아버지께서 저에게 주신 이들도 제가 있는 곳에 저와 함께 있게 되기를 바랍니다. 세상 창조 이전부터 아버지께서 저를 사랑하시어 저에게 주신 영광을 그들도 보게 되기를 바랍니다"(요한 17,24).

예수님이 이렇듯 간절히 바라시는 소원-그 영광을 우리가 보는 것-을 이루어드리기 위해 영혼의 가장 깊은 곳에 들어갈 필요가 있다. 가장 깊이 들어간 만큼 하느님과 나누는 친밀함의 농도가 크고 높기 때문이다. 우리 자신의 영광을 위해서가 아니라 예수님의 간절한 바람인 우리가 예수님과 똑같이 영광스럽게 되는 것을 이루어드리기 위해 나날이 하느님이 계시는 영혼의 가장 깊숙한 곳까지 들어가는 것이다. 이것이 하느님에 대한 참된 효경이고 나날이 깊이 회개한다는 뜻이 아닐까? 그러나 자기 힘으로 자기 영혼의 깊숙한 곳까지 들어갈 수 있다고 생각하지 말아야 한다. 하느님의 은총 없이는 불가능하기 때문이다.

앞서 '하느님의 현존을 위한 방법'에서 은혜를 받는 데 가장 도움이 되는 것이 영혼의 순결이라고 십자가의 성 요한이 가르쳐주는 것을 들었다. 피조물과 덧없는 것에 애착이 없으면 자기 영혼의 내부로 쉽게 들어갈 수 있고,

이러한 애착이 없기 때문에 은혜를 베푸시면 쉽게 포착할 수 있는 것이다. 다른 곳에 매여 있는 영혼은 예수님이 나타나 아무리 말씀해도 들리지 않는다. 발현을 목격하는 사람들이 여럿 있어도 똑같이 듣고 보지 못하는 것은 이 때문이다.

파티마에서 루치아에게 성모님이 나타나셨을 때 많은 군중이 몰려 있었지만 세 목동만 성모님이 오시는 것을 보았고, 성모님의 말씀도 루치아와 히야친타만 들을 수 있었다. 사람들은 루치아의 모습을 보고 그대로 따라했다. 그래서 우리가 영혼의 깊숙한 곳에 들어가기 위해서는 덧없는 피조물에 매이거나 애착하지 말고 마음을 자유롭고 순결하게 간직해야 하는 것이다. 그러면 하느님께서는 좋은 때에 당신의 하실 일 – 영혼에게 은혜를 베푸시며 더 깊이 안으로 끌어들이시는 일 – 을 하실 것이다. 하느님께서 즐겨 은혜를 베푸시는 영혼들은 단순하고 순박하다. 루르드의 성모님 발현을 목격한 베르나테트를 보아도 그렇고 파티마의 루치아 수녀를 보아도 그렇다. 말년의 루치아 수녀의 얼굴은 순박함을 넘어 투박하게까지 느껴진다.

예수님은 이런 단순하고 순박한 영혼들을 통해 당신의 소원인 "양들이 생명을 얻고 또 얻어 넘치게 하려고"(요한 10,10) 오신 목적을 한 발자국 더 온 인류를 위해 이루어가신다.

제3장_영혼 안에 현존하시는 성삼위

삼위일체: 우리의 거처,

우리 본연의 집,

결코 떠나서는 안 되는 아버지의 집입니다.

여기에 제가 있습니다.

1. 성삼위의 내주(內住)²⁹

인간의 성소가 하느님과의 통교라 한다면 이 신적인 인격과의 사귐을 실현하기 위해서는, 그리스도교의 다른 어떤 신비보다 '영혼 안에 하느님이 내주'하신다는 이 신비가 가장 영적 완전함에로 이끌어준다고 본다.

제2차 바티칸 공의회는 다음과 같이 말하고 있다.

"하느님께서는 당신 자신과 인류 구원에 대한 당신 의지의 항구한 결정들을 계시로써 드러내 보이시고 전달하기를 원하셨다. 곧 하느님께서는 인간 지성의 이해를 온전히 초월하는 신적 부요에 인간을 참여하게 하셨다(「하느님의 계시에 관한 교의 헌장」 1장 6항). 그래서 눈에 보이지 않는 하느님께서는(콜로 1,15; 티모 1,17 참조) 이 계시로써 당신의 넘치는 사랑으로 마치 친구를 대하시듯이 인간에게 말씀하시고(탈출 33,11; 요한 15,14-15 참조) 인간과 사귀시며 당신과 친교를 이루도록 인간을 부르시고 받아들이신다"(「하느님의 계시에 관한 교의 헌장」 1장 2항).

여기에 우리와 함께 친밀한 친교 안에서 구원의 역사를 실현하시는 성부와 성자와 성령의 개별적인 관계가 있다. 그러면 영혼 안에 성삼위는 어떻게 내주하시는지 그에 관한 간단한 고찰을 하기로 한다.

1) 성경 안에서

주님께서 아브라함에게 나타나시어 말씀하신다.

"나는 전능한 하느님이다. 너는 내 앞에서 살아가며 흠 없는 이가 되어라. 나는 나와 너 사이에 계약을 세우고, 너를 크게 번성하게 하겠다"(창세 17,1-2).

하느님과 아브라함의 내밀한 대화는 소돔과 고모라의 멸망을 눈앞에 두고 일어난다.

"주님께서는 속으로 이런 생각을 하셨다. '내가 앞으로 하려는 일을 어찌 아브라함에게 숨기랴?' 그러자 아브라함이 말했다. '저는 비록 먼지와 재에 지나지 않는 몸이지만, 주님께 감히 아룁니다'"(창세 18,17.27).

성경에서는 주님께서 마치 친구끼리 말을 주고받듯이 얼굴을 마주 대고 모세와 말씀을 나누셨다는 것을 강조하고 있다(탈출 33,11). 모세는 주님의 총애와 신뢰를 담보 삼아 대담하게 주님께 여쭌다. 자신이 가는 곳에 함께 동행해주시기를 청하는 것이다.

"당신께서는 '나는 너를 이름까지도 잘 알뿐더러, 너는 내 눈에 든다'고 하셨습니다. …… 당신께서 몸소 함께 가시지 않으려거든, 저희도 이곳을 떠나 올라가지 않게 해주십시오. 이제 저와 당신 백성이 당신 눈에 들었는지 무엇으로 알 수 있겠습니까? 저희와 함께 가시는 것이 아닙니까? 그래야만 저와 당신 백성이 땅 위에 있는 다른 모든 주민과 구분되는 것이 아닙니까?"(탈출 33,12.16).

계속해서 모세는 주님의 존엄한 모습을 뵙게 해달라고 간청하자 그 청을 들어주시어 바위 굴에 모세를 집어넣고 주님께서 지나가시면서 주님의 뒷모습을 보여주신다(탈출 33,18-23).

이와 유사한 일이 하느님의 사람 엘리야에게도 일어난다. 엘리야가 이제벨의 추적을 피해 도망치다가 호렙 산에 있는 한 동굴에 이르러 그날 밤을 지내는데 주님의 말씀을 들은 것이다. 호렙 산에서 나타나 보이신 주님의 모습은 강한 바람 속이나 지진, 불 속에서가 아니라 조용하고 부드러운 미풍 속에서였다(1열왕 19,9-12).

하느님께서는 '만남의 천막'에서 이스라엘 백성을 만나주시고 당신의 영광을 나타내어 거룩한 곳이 되게 하겠다고 약속하셨다(탈출 29,43).

"나는 만남의 천막과 제단을 성별하고, 나는 이스라엘 자손들 가운데에 머물면서 그들의 하느님이 되어주겠다"(탈출 29,45). 모든 것이 끝나 당신 영광을 위하여 하느님이 성막을 당신 소유로 취하셨을 때 "구름이 만남의 천막을 덮고 주님의 영광이 성막에 가득 찼다"(탈출 40,34).

이 하느님 현존의 은총은 그분 얼굴의 빛을 뵈올 때 각자의 마음 안에서 안전함, 신뢰, 자비심, 하느님과의 우정을 더욱 심화시켜 준다. 그분의 시선은 행복을 가져다주고 그러기에 이 마음 이 넋이 기쁘고 즐거워 육신마저 걱정 없이 살게 된다(시편 16,9).

"행복합니다, 축제의 환호를 아는 백성! 주님, 그들은 당신 얼굴의 빛 속을 걷습니다"(시편 89,15).

그래서 이들의 기도는 "하느님께서는 저희에게 자비를 베푸시고 강복하시리라. 당신 얼굴을 저희에게 비추시리라"(시편 67,2) 하고 간청하는 것이다. 성전에서 주님의 얼굴을 뵙기를 갈망하는 이들은 "암사슴이 시냇물을 그리워하듯 하느님, 제 영혼이 당신을 이토록 그리워합니다. 제 영혼이 하느님을, 제 생명의 하느님을 목말라합니다. 그 하느님의 얼굴을 언제나 가서 뵈올 수 있겠습니까?"(시편 42,1-2)라고 노래한다.

사도 요한은 "누구든지 예수님께서 하느님의 아드님이심을 고백하면, 하느님께서 그 사람 안에 머무르시고 그 사람도 하느님 안에 머무릅니다. 하느님께서는 우리에게 당신의 영을 나누어주셨습니다. 우리는 이 사실로 우리가 그분 안에 머무르고 그분께서 우리 안에 머무르신다는 것을 압니다"(1요한 4,13)라고 말한다. 예수님은 아버지 안에 계시고 아버지는 예수님 안에 계신다. 이것이 우리 신앙의 본질적인 것이다.

"그날, 너희는 내가 아버지 안에 있고 또 너희가 내 안에 있으며 내가 너희 안에 있음을 깨닫게 될 것이다"(요한 14,20).

위의 내용들은 모두 삼위일체의 내주의 신비를 우리에게 계시하고 있다.

"내 계명을 받아 지키는 이야말로 나를 사랑하는 사람이다. 나를 사랑하는 사람은 내 아버지께 사랑을 받을 것이다. 그리고 나도 그를 사랑하고 그에게 나 자신을 드러내 보일 것이다"(요한 14,21).
"누구든지 나를 사랑하면 내 말을 지킬 것이다. 그러면 내 아버지께서 그를 사랑하시고, 우리가 그에게 가서 그와 함께 살 것이다"(요한 14,23).

아버지와 아드님이 우리들 가운데 오시고 거주하신다는 이 진리는 신비적 경험을 하는 특별한 사람들만의 것이 아니다. 이는 그리스도 안에서 실현된 아버지의 구원 계획을 사랑과 신앙으로 진지하고 온전하게 받아들여야만 하는 진리인 것이다.

그리스도께서 영광을 받으신 뒤에는 신자들에게 성령을 쏟아주시어 영원한 생명을 주는 샘솟는 물이 솟아나게 된다. 성령을 통하여 하느님과 나누는 친교의 기쁨을 갈망하는 자에게 하느님은 "나는 목마른 사람에게 생명의 샘에서 솟는 물을 거저 주겠다. 승리하는 사람은 이것들을 받을 것이며, 나는 그의 하느님이 되고 그는 나의 아들이 될 것이다"(묵시 21,6-7)라고 말씀하신다. 이렇게 성령을 통하여 하느님과 함께 사귀며 사는 사람들에게는 이제 지상의 사소한 일상사의 삶도 단순한 일상이 아닌 천상의 색채를 띠게 되는 것이다. 하느님이 그와 함께 계시기 때문이다(묵시 21,3).

이렇듯 성서적 전망에서 인간과 하느님의 만남은 구약에서 시작하여 신약에서 점점 더 커져가는 친밀한 사귐을 성삼위의 내주라는 말로 가장 완전한 표현을 하고 있다.

2) 교부들 안에서

1세기의 안티오키아의 이냐시오 성인은 자신의 이름을 테오포로(하느님을 모신 자)라고 부르며 말한다.

> "모든 것을 신앙으로 행합시다. 그분은 우리가 당신 성전이 되도록 하기 위하여 우리 안에 거처하십니다. 우리의 하느님이 우리 안에 계십니다."

2세기의 이레네오 성인은 영혼이 하느님의 모상으로 창조되었다는 신학을 발전시킨다.

> "성령께서 인간과 하나가 될 때 성령의 흘러넘침으로 인간은 영적이고

완전하게 된다. 이것을 위해 하느님의 모상과 유사함으로 인간을 만드신 것이다"(*Padre Greco* 7,1137).

그래서 모든 영적인 발전은 성삼위의 활동 아래 이루어진다. 생산력이 없던 인간은, 아버지의 뜻과 성령과 아드님의 활동 아래 점차적으로 완전을 향하여 진보하게 되어 생산력이 있게 되고 하느님의 모상과 유사함으로 조금씩 변화되어 가면서 하느님과 하나가 되어간다.

오리게네스는 성삼위의 거처에 좋은 표현을 발견한다. 그는 아가서에 대한 강론에서 말씀과 영혼의 결합을 마치 결혼하는 사람의 사랑으로 간주한다.

"하느님과 그리스도를 소유하지 않고 성령을 지니지 않은 영혼은 사막에 있는 것과 같다. 그러다 자신 안에 신적인 분이 충만히 계시고 거주하심을 알게 된다. 하느님은 땅에 거처하지 않으시고 인간의 마음 안에 거처하신다. 하느님이 사시는 곳을 찾고 있는가? 그분은 깨끗한 마음 안에 거처하신다. 생명수가 솟아나는 우물이 파져 있는 각자의 영혼 안에서……. 여기서 구체적으로 천상적 의미를 발견하고 여기에 하느님의 모상이 거처하신다"(*Padre Greco* 12,229-236).

아타나시오, 바실리오는 영혼과 성삼위의 결합 때문에 인간이 신화(神化)되는 신학을 가장 많이 발전시킨 분들이다. 성삼위께서 인간 안에 거주하신다는 사실이 얼마나 중요한지 영적 삶의 시각에서 부각시켜 놓고 있다. 이에 대해 바실리오는 다음과 같이 말한다.

"죄에서 깨끗해지고, 자신의 경향으로부터 자유로워진 영혼 안에서 마음이 순결하고 기도와 관상을 하는 영혼을 만나면 성령께서는 마치 태양처럼, 만일 너의 눈이 깨끗하다면 보이지 않는 '말씀'의 모상임을 너에게 나타내 보일 것이다. 이 모상의 복된 관상 안에서 아버지의 원형 그대로의 말할 수 없는 아름다움을 너는 보게 될 것이다. 하느님 때문에 마음은 일으켜 세워지고 약한 자들은 길 안내를 받게 되며 진보된 자들은 완전함에로 옮겨진다."

아타나시오 성인은 성삼위의 활동을 다음과 같이 단언한다.

"이렇게 우리는 우리 안에 계신 말씀 때문에 우리는 하느님이고 하느님의 자녀로 변화되었다. 이렇게 우리는 아버지와 아드님 안에 있을 것이고, 우리는 그분 안에 '하나'로 간주될 것이다. 이것은 우리 안에 계시는 성령의 현존 덕분이다. 우리 안에 계시는 성령께서는 말씀 안에 계시고 실제적으로 아버지 안에 계시기 때문이다."

알렉산드리아의 치릴로는 성화자이신 성령의 활동과 가장 깊은 곳으로 인도해주시는 아버지에 대해 비교를 통해 설명한다.

"성령께서는, 당신의 모습을 복사하기 위해서 화가가 그림을 그리는 것처럼 우리 안에서 활동하시지 않는다. 신적 본질과 아무 관련이 없는 그런 방식으로 하느님의 모상을 우리 안에 그리시지 않는다. 하느님으로부터 비롯되고 하느님이신 그분 자신이 눈에 보이지 않게, 그것을 받는 자의 영혼에게 마치 밀랍 위에 인장을 찍듯이 하신다. 이렇게 본래의 자신이 되게 하는 통교 때문에 예전의 아름다운 본성을 다시 돌려주고 인간을 하느님의 모상으로 재생시켜 간다"(*Padre Greco* 75,609).

쉐우도 마카리오는 성령이 거주하시는 곳으로 이미 변화된 인간 영혼의 위대함에 대해서 말하고 있다.

"진정으로 놀랍고 신적이고 위대한 업적은 영혼이다. 하느님은 영혼을 창조하시면서 나쁜 본성은 하나도 섞지 않으시고 성령 자신의 모습에 따라 만드셨다. 하느님은 인간을 당신의 거처로 삼으시기 위해 인간을 영혼과 육체로 만드셨다. 이 인간 안에 성령의 온갖 부요함을 넣어두셨다. 인간의 어떤 지성도 영혼의 위대함을 잴 수 없다. 그 비밀은 성령에 의해 계시되었다. 그래서 인간 자신의 탓으로 인해 하느님으로부터 무한히 멀리 떨어져 있다 해도 그분의 무한히 자애로운 사랑 때문에 하느님께서는 그 피조물 안에 거주하시며 그곳에 계심을 기뻐하신다. 당신의 지혜와 우정을 허용하시면서 우리를 당신의 순결한 배우자라고 부르시면서 영혼 안에 머물러 계신다. 성령으로 가득 차, 모든 더러움에서 순결해지고 완전해진 영혼은 모두 빛으로, 영으로, 기쁨으로, 사랑으로, 선함으로, 인자함으로 변화된다. 마치 돌멩이가 대양에 잠기듯 성령 안에 푹 잠겨 그리스도처럼 변화된다"(*Padre Greco* 34,640).

에바그리오 폰티코는 이렇게 말한다.

"영적인 영혼은 거룩한 삼위일체를 관상하는 것을 즐기는 자이다. 거룩한 삼위일체를 합당하게 관상할 때 영혼은 은총으로 인해 창조주의 모상대로 되고 하느님이라 불린다"(EA 1369,1374).

암브로시오는 말씀을 향한 주의 집중에 대해 탁월한 설명을 하고 있다.

"의로운 영혼은 말씀의 정배이다. 그것을 원하고 갈망하며 끊임없이 청할 때 뜨겁게 그분을 향해 기울어지고 즉각 그분의 목소리를 듣게 된다. 설령 그분을 발견하지 못한다 해도 신비로운 방법으로 신적인 향기를 인지하게 된다."

3) 신비 체험 안에서

신비적 전통의 영성 안에서 성삼위의 현존에 대한 체험의 증거를 우리에게 제공해주는 것은 결코 작은 일이 아니다. 신비가들 중 북유럽의 에크하르트나 루이스 부룩, 타울러 등은 위대한 영성가이며 신학자들이다. 이들의 영성적 바탕의 기본적인 관점은 삼위일체의 모상으로서의 영혼의 깊이에 관한 것이다. 하느님은 모든 창조물이 삼위일체의 빛 안에 감싸여 있음을 보도록 그들을 인도하셨다. 이것에 대해 그들은 비상하리 만큼 대담한 표현을 한다.

루이스 부룩은 신성 안에서 세 위격의 관계를, "모든 만물은 이 사랑의 유출 안에서 그 가능성에 따라 살아 계시고 풍요로운 삼위의 하느님을 포함하고 있고, 항상 하느님과의 일치 안에 새로운 포옹으로 사랑을 쏟아 붓고 기뻐하는 것"이라고 특징짓고 있다. 그래서 풍요로운 삼위일체의 삶 안에서 아드님은 아버지 안에 계시고 아버지는 아드님 안에, 그리고 성령님은 두 분 안에 계신다. 이 삶은 살아 있는 일치이며 풍요로움이고, 당신께서 만드신 모든 것과 살아 있는 모든 것의 시작이고 근원이다. 이 때문에 모든 피조물은 마치 영원한 근원으로서 삼위일체를 간직하고 있다. 결코 끝이 없을 사랑의 영원한 일치, 성삼의 위격의 관계에 의한 풍요로운 일치로서……. 이는 하느님과의 삶이고 본질이다.

하드 위치는 영혼의 중심에 대해 "하느님이 영혼을 위해 자유의 길이 되시는 곳, 여기에서 하느님은 영혼을 만나러 당신의 깊은 심연에서 뛰어나오시는 곳이며 영혼의 가장 중심이 되는 곳이 아니면 아무도 닿을 수 없는 신적 존재의 깊은 곳"이라 말하고 있다.

폴리뇨의 안젤라는 자기 자신이 신적 위격과의 친밀함 안에서 하느님 안에 잠수한 것 같은, 마치 삼위일체 안에 정착된 것 같은 체험을 말하고 있다.

"저 삼위일체 안에, 나는 깊은 어둠과 함께 삼위일체 한가운데 내가 잠겨 있는 것을 보았다."

하루는 주님이 그녀에게 말씀하셨다.

"신적 지혜의 딸, 즐거움의 성전, 흐뭇함 중의 흐뭇함, 평화의 딸아! 진리 전체, 삼위일체 전체가 네 안에 쉬고 있다. 이렇게 너는 나를 차지하고 있고 나는 너를 차지하고 있다."

4) 가르멜 영성 안에서

영혼 안에 하느님께서 현존하신다는 이 가르침은 가르멜 영성의 핵심이라 할 수 있다. 영혼 안에 숨어 계신 하느님을 만나기 위해 기도를 통해 하느님이 계신 영혼의 가장 중심으로 들어가라고 가르치고 있다.

필리퐁 신부는 "확신하건데 가르멜의 신비적인 교의 중에 가장 마음에 드는 진리가 있다면 '하느님께서 우리 안에 현존하신다'는 이 신비와 이에 대한 확신이다. 하느님을 만나기 위해 그 내면의 왕국에 더 깊이 들어가야 한다"라고 말하고 있다.

성녀 데레사는 『완덕의 길』에서 주님의 기도 가운데 '하늘에 계신'의 뜻을 설명하면서 하느님은 하늘에만 계시는 것이 아니라 우리 영혼의 가장 깊은 곳에 계시기에 하느님을 찾고 만나기 위하여 안으로 거두어들일 줄 알아야 한다고 가르치고 있다.[30] 하느님은 어디에나 계신다는 것은 우리가 잘 알고 있다.

"임금님이 계신 곳이 궁궐이라면 하느님 계신 곳은 하늘입니다."

하느님이 계신 곳은 온통 영광뿐이라는 것도 우리는 믿고 있다. 이 위대하신 영광의 하느님이 내 영혼 안에 계신다.

아우구스티노 성인은 여러 곳에서 하느님을 찾다가 결국에는 자신 안에서 하느님을 발견하고 기뻐하며 이렇게 말하였다.

"늦게야 임을 찾았습니다. 이렇듯 오랜, 이렇듯 새로운 아름다움이시여, 임은 내 안에 계셨건만 나는 밖에서 임을 찾았습니다."

삼위일체의 복녀 엘리사벳 역시 자신의 영혼 안에 계신 하느님의 현존을 깨닫고 기뻐하며 외친다.

"수도원 복도, 수방은 하느님으로 가득 차 있습니다. 만일 하느님이 당신의 현존으로 수도원의 복도와 수방을 가득 채워주시지 않는다면 그 얼마나 공허한 곳이 되겠습니까? 하느님은 내 마음 안에 계시고 내 마음이 바로 천국입니다. 이 진리를 깨달은 뒤부터 모든 것이 환하게 빛났습니다."

이처럼 우리가 그토록 갈망하는 하느님은 먼 곳이 아닌 바로 내 영혼 안에 계신다. 예수의 성녀 데레사 역시 이 진리를 뒤늦게 발견했다.

"나는 초기에 하느님이 모든 피조물 안에 실제로 계신다는 것을 몰랐습니다. 그래서 내 영혼이 이렇게 하느님과 그윽한 친밀감을, 하느님의 현존을 느낄 수 있으리라고는 생각도 못했습니다. 그런데 한편 그곳에 하느님이 계신다는 것을 믿지 않을 수도 없었습니다. 내가 뚜렷이 깨우친 바에 따르면 하느님은 진정, 당신이 친히 거기에 계셨기 때문입니다. 하느님에 대해 잘 모르시는 분들이 하느님은 은총으로써만 영혼 안에 계신다고 내게 일러주었습니다. 그런데 나는 그분들을 믿을 수 없었습니다. 거듭 말씀드리거니와 내겐 진정 하느님이 거기에 계신다고 생각되었기 때문입니다. 거기에 대해서 내가 고민하고 있을 무렵 영광스런 성 도미니코회의 깊은 학식을 구비한 한 분의 수사가 나를 이 의혹에서 건져주었습니다. 그분은 하느님은 참으로 우리 안에 계시다고 말씀하셨고, 또한 하느님께서 우리들과 어떻게 사귀시는지를 설명해주셔서 나는 크게 위안을 받았습니다."

이 진리를 깨닫는 것이 기도하는 영혼에게는 결코 작은 일이 아니다. 그래서 이를 깨달으면 묻힌 보물을 찾은 것처럼 기뻐 탄성을 올리는 것이다. "나는 천국을 찾았습니다" 하고 자신의 영혼이 외치는 말마디는 사람마다 다르나 이 보물을 찾은 기쁨을 노래하는 것은 모두 같다. 주님이 우리 곁에 계셔서 우리의 말소리를 다 들으시니 우리는 주님을 찾아 나서기 위해 날개도 필요 없다. 오직 고요 속에 '나'를 두고 '나 안에서 당신을 보면 그만'인 것이다.

만일 하느님을 찾으려고 애쓰는 사람들이 이 진리를 알게 된다면 데레사 성녀가 탄식한 것과 같은 탄식을 하게 될 것이다.

"그때 내가 지금의 나처럼 내 영혼의 작은 궁전 안에 하늘나라의 임금님이 계신다는 것을 알았던들, 그토록 당신을 혼자 버려두지 않고 다만 몇 번이라도 당신과 같이 있었을 것입니다. 그리고 그토록 자신의 궁전이 더러워지지 않도록 조심했을 것입니다."

그러나 많은 사람들이 주님의 현존을 체험하지 못하는 것도 사실이다. 그것은 처음부터 주님은 당신의 현존을 나타내 보이시지 않기 때문인데 그 이유를 성녀 데레사는 다음과 같이 말한다.

"영혼이 이 길에 처음 들어섰을 때는 그토록 작은 것이 그토록 크신 분을 자기 안에 지니는 것을 보고 그가 놀라서 자지러질까봐 하느님께서는 당신을 알려주시지 않으십니다. 차츰차츰 그 영혼을 키워가면서 당신이 그 안에 자리를 잡으실 만큼 키워 놓으신 다음에야 그에게 알려주십니다."[31]

기도의 초보자들이 자신 안에 계신 하느님의 현존을 뚜렷이 느끼지 못하는 것은 바로 이 때문이다. 그러나 하느님께서 영혼 안에서 당신의 현존을 뚜렷이 나타내 보여도 성녀 데레사가 위에서 고백한 것처럼 '하느님께서 영혼 안에 계신다'는 진리를 뚜렷이 알고 믿게 될 때까지는 은총에 응답하여 이 진리 안에 살지 못하고 은총 따로 자기 생활 따로 하면서 하느님이 혼자 계시도록 내버려두는 것이다.

현대인 역시 성녀 데레사처럼 하느님께서 자기 영혼 안에 뚜렷이 나타내 보이는 체험을 한 사람이 꽤 많을 것이다. 그럼에도 "이게 뭘까? 꽤 좋은데! ……" 하고 그냥 넘기는 사람들을 주위에서 많이 본다. 이 진리에 대한 확신이 없기에, 또 자기 영혼 안에서 체험한 것이 바로 이 같은 은총이라는 뚜렷한 자각이 없기 때문에 이 은총에 대한 응답 또한 제대로 할 수 없는 것이다. 우리 자신을 포함하여 주위에서 만난 많은 사람들이 하느님의 은총을 손에 잡힐 만큼 많이 받고 있으면서도, 그 은총이 얼마나 큰 선물인지, 이 은총의 선물에 어떻게 응답해야 하는지 몰라서 다 허비하고 있음을 많이 보게 되어 참으로 안타깝다.

그럼에도 하느님의 사랑과 은총은 얼마나 크고 놀라운지 땅에 다 쏟아 부어도 또다시 채워주심을 보면서 언제부터인가 나도 모르게 '자비하신 하느님'에서 '낭비하시기를 좋아하시는 하느님'으로 호칭 기도가 바뀌어가는 것을 본다. 그러나 완전히 순수한 사람들은 자신이 받은 은총이 얼마나 큰 은총인지도 모른 채 흔연스럽게 그 선물을 간직하고 그 은총에 잘 따르는 경우도 가끔 주위에서 보곤 한다. 자신이 그런 엄청난 초자연의 선물을 받았다는 것을 전혀 의식조차 하지 못하는 것이다.

가르멜회 복녀 십자가에 못 박히신 예수의 마리아는 탈혼의 은총을 많이 받았다. 그러나 그것이 은총인지 몰라서 어느 날 아는 분에게 자신을 위해 기도해달라고 간청한다. "저는 아주 몹쓸 병에 걸려 있어요. 이 병이 갑자기 나타나면 온몸이 마비되어 손발을 움직일 수 없게 돼요. 이 병이 나을 수 있도록 예수님께 청해주세요."

음식을 만들 때나 나무에 올라가 과일을 따다가 탈혼 상태가 되면 차츰차츰 움직여지지 않는 손발을 억지로 움직이려다 보니 진땀이 빠지기 때문이다.

데레사 성녀의 삼위일체 현존의 체험은 단지 아주 깊은 체험일 뿐 아니라 성녀의 신비적 삶의 절정을 분명히 나타내고 있다. 성녀는 『영혼의 성』에서 아주 생생하게 이를 묘사하고 있다. 이 신적 일치는 모든 일을 하면서도 영혼의 가장 깊은 곳에서는 깊은 침묵 안에서 신적 위격의 세 동반자가 끊임없이 신비적으로 함께 있음을 느끼고 기쁨을 맛본다. 놀라운 것은 기도가 잘될 때 이 은총을 체험한 것이 아니라 오히려 기도가 어려웠을 때 체험했다는 것이다.

"예수 승천 대축일이 지난 화요일, 나는 영성체를 한 다음 괴로움 속에 잠시 기도를 하고 있었습니다. 왜냐하면 한 가지에 정신을 고정할 수가 없어 마음이 심란했기 때문입니다. 나는 주님께 우리의 가련한 본성에 대해 한탄하였습니다. 그런데 갑자기 내 영혼이 불타오르기 시작하였고, 지극히 거룩한 삼위일체께서 현존하심을 지적 현시를 통해 아주 분명하게 깨닫게 해주었습니다. 어떻게 하느님이 한 분이시고 삼위이신지, 내 아둔함이 이해할 수 있도록, 마치 진리의 상징처럼 구체적인 표상으로 인해 내 영혼은 이를 이해할 수 있었습니다. 이렇게 성삼위 전부가 내 영혼 안에서 구별지어 나타나 보이시고 나에게 말씀하셨습니다. '이날부터 너는 우리 각자가 너에게 주는 특별한 은총으로 다음 세 가지 점에서 진보하는 것을 보게 될 것이다. 즉, 애덕, 고통당하면서 만족하는 것, 영혼 안에 불타오르는 사랑을 느끼는 것, 이 세 가지다.' 나는 '은총 상태에 있는 영혼 안에 세 위격이 함께 사신다'(요한 14,23)는 주님의 말씀을 깨달았습니다. 왜냐하면 방금 말한 양식으로 성삼위께서 내 안에 현존하심을 보았기 때문입니다."[32]

이렇게 한 달이 지난 어느 날 주님은 성녀의 잘못된 생각을 - 우리 모두의 잘못된 생각이기도 하지만 - 고쳐주신다. 우리 모두에게 삼위일체를 어떻게 알아들어야 하는지 알려주는 중요한 말씀이다.

"제가 전에 말한 삼위일체의 현존은 성 바오로의 기념일인 오늘까지[33] 매우 일상적으로 끊임없이 제 영혼 안에서 계속되고 있습니다. 그러나 오로지 예수 그리스도의 현존에만 익숙해 있었던 저에게는 - 물론 한 분이신 하느님이신 줄은 잘 알고 있으면서도 - 세 위격을 본다는 것이 뭔가 장애가 되는 것처럼 여겨졌습니다. 오늘 이것을 생각하고 있을 때 주님께서는 말씀하셨습니다. '영혼의 일을 육체의 일처럼 표상하여 상상하는 것은 잘못된 것이다. 그것은 아주 다른 것이고, 영혼에게는 무한히 즐길 능력이 있다는 것을 알아들어야 한다.' 마치 해면이 온통 물을 빨아들여 물 안에 잠겨 있는 듯이 내 영혼은 신성으로 충만해져 그분 안에서 즐기고 세 위격을 소유하고 있다고 여겨졌습니다. 또한 '나를 네 안에 가두려 하지 말고 도리어 내 안에 너를 가두도록 하라'는 말씀을 알아들었습니다. 내 영혼 안에 - 계셨고 보았던 이 세 위격이 - 조금도 부족함 없이 나와 함께 계시면서 모든 피조물에게도 조금도 부족함 없이 당신을 내주고 그들과 통교하시는 것처럼 여겨졌습니다."[34]

이로부터 6년 뒤 성녀 데레사는 순명으로 『영혼의 성』을 쓰게 될 때 7궁방의 영혼을 묘사하면서 이를 더 뚜렷하게 표현하고 있다.

"이 궁실에 들어서게 된 영혼은 지성을 통해 보이는(지적 현시) 그 어떤 진리의 표상을 통하여, 지극히 거룩하신 삼위일체가, 그 세 위 전부가 번쩍이는 구름처럼 먼저 그 정신을 불태우면서 나타나 보이십니다. 세 위가 다 하나의 실체, 하나의 힘, 하나의 앎, 오직 한 분이신 하느님이심을 더 참될 수 없이 깨치게 됩니다. 그리하여 우리가 신앙으로 믿는 바를 여기서는 영혼이 깨쳐서, 어쩌면 본다고까지 말할 수 있습니다. 물론 상상을 통해 보이는 것(상상적 현시)이 아니므로 육안이나 영안으로 보는 것은 아닙니다만 여기에서야말로 세 위께서 다 함께 영혼과 사귀시고 그에게 말씀하시고, 주님께서 말씀하신 저 복음의 말씀을 깊이 깨치게 하십니다. '누구든지 나를 사랑하면 내 말을 지킬 것입니다. 그러면 내 아버지께서도 그를 사랑하시겠고 우리는 그에게로 가서 그와 함께 살 것입니다'(요한 14,23). 아! 하느님, 이 말씀을 듣고 믿는 것은, 이 말씀의 참된 깊이를 이런 식으로 깨치는 것과 얼마나 서로 다르오리까? 이 영혼은 나날이 놀라움이 더 커갈 것입니다. 이제부터 성삼위는 자기를 떠나시지 않고, 자기의 가장 안쪽인 가장 깊고 깊은 그 속에 계신다는 사실을 앞에서 말한 식으로 또렷이 보기 때문입니다."[35]

십자가의 성 요한 역시 성삼위와의 친밀한 신비 체험의 절정을 묘사하고 있다. 『영혼의 노래』는 성삼위의 생명의 전망 안에서 영혼들에게 지극히 높은 신비 체험으로 영광을 줄 것이라고 끝맺고 있다. 특히 성 요한은 영혼이 하느님을 사랑하는 것에 대해 영혼은 하느님이 그를 사랑하는 것과 같은 똑같은 깊이로 사랑하는 지극히 숭고한 성령의 통교에 대해 말하고 있다. 그는 이런 것을 믿기 어려워하는 사람들에게 다음과 같이 말한다.

"하느님께서 영혼들에게 이토록 숭고하고 기묘한 은혜를 베푸시는 것에 대해 놀라지 말아야 합니다. 그분은 하느님이시고 하느님답게 무한한 사랑과 선을 베푸신다는 것을 고려한다면 이유 없는 것으로 보이지 않을 것입니다. 그분은 말씀하셨습니다. '누구든지 나를 사랑하면 성부와 성자와 성령께서는 그에게 오실 것이고 그 안에 거처를 마련하실 것이다.' 이와 같이 성부와 성자와 성령 안에서 거처하게 하시고 하느님의 생명을 살게 하시는 것을 영혼은 깨닫고 이 노래들 안에서 표현합니다."[36]

그러면서 성부와 성자와 성령이신 지극히 거룩한 삼위께서 어떻게 영혼 안에 일치의 신적인 작업을 하시는지 설명한다.[37]

십자가의 성 요한은 부요와 영광이 넘치는 하느님을 체험한 뒤 하느님의 그지없이 미묘한 사랑에 대해 표현하고 싶어하지 않는다. 그것은 그 무엇으로도 표현할 수 없기 때문이다. 그럼에도 만일 표현해본다면 사람들은 그것을 표현할 수 있는 것이라 생각할 것이기 때문이다. 그럼에도 그는 이에 대해 간략히 쓰고 있다.

"당신 감미로운 숨결로,
　부요와 영광 넘치는 숨결로,
　얼마나 미묘히 날 사랑에 불타게 하시는가!"

이 싯귀를 다음과 같이 풀이한다.

"사실 이것은 하느님이 영혼에게 베푸시는 숨결로서, 들이마신 이 숨결로 영혼은 높은 신적 인식이 깨어나고 성령께서 영혼에게 통교해준 저 신성의 숭고한 인식 안에서 하느님의 숨결을 들이마신다. 즉, 자신의 지성과 하느님의 지식에 대한 비례대로 성령을 마신 정도에 따라, 영혼이 성령 안에서 깊이 흡수되고 신적으로 섬세하고 정교하게 (성령께서) 영혼을 사랑하신 정도에 따라, 하느님 안에서 이러한 것들을 본 정도에 비례해서 영혼은 성령을 들이마신다."[38]

이렇게 하느님의 감미로운 사랑을 들이마시고 영혼은 하느님의 사랑의 미묘함을 노래한다.

"오! 부드러운 손, 오 섬세한 손길!"

이 표현할 수 없는 사랑은 하느님이 모든 크기나 형태, 형상과 우연성에 매이지 않고 당신 자신을 우리에게 건네주시기 때문이다. 그래서 여기서 말하고 있는 이 손길은 무한히 섬세한 만큼 영혼의 실체를 한층 더 섬세하게 하고 정화하고 깨끗하게 해준다. 우리의 영혼이 이렇게 될수록 그분의 손길 또한 그토록 자상하고 정겹고 뛰어나며 섬세하게 된다.[39] 하느님의 이 접촉은 완전한 등급까지는 못 미치지만 영원한 생명을 맛보게 해준다. 그리고 이 맛은 천국에서처럼 완전하진 않지만 하느님의 접촉이므로 영원한 생명의 맛을 실제로 가지고 있어서 영혼은 하느님의 모든 속성을 맛보게 되는 것이다. 하느님과의 단 한 번의 접촉으로도 하느님의 지혜, 사랑, 아름다움, 선하심, 은총, 힘 등을 – 하느님은 이 모든 것이시므로 – 맛보게 된다.

이같이 영혼이 자신의 실체로서 자신의 능력에 따라 이 보화를 즐기는 것이다. 이 은혜들은 사도 요한이 말한 승리하는 자들에게 주어질 돌로서 그것을 받는 자 외에는 아무도 모르는, 새로운 이름이 새겨진 돌과 비슷하다. 가끔씩 영혼이 즐기고 있는 이 보화가 성령의 도우로 육체에까지 미치는 때가 있다. 그러면 감성적인 모든 부분, 모든 신체와 골수는 이 즐거움에 잠기게 되는데, 자주 일어나곤 했던, 다른 은총의 결과에서 보는 것처럼 약하게 일어나지 않고 수족의 마지막 관절까지 느껴질 정도로 강렬한 환희와 영광으로 채워지는 것이다. 육체는 영혼의 영광에 풍성히 참여한다.[40]

이런 영혼은 하느님을 향한 찬미와 영광이 그 가슴속에서 끊임없이 솟아나와 그 입술에 찬미가 그치지 않는다. 시편 저자와 함께 "나날이 당신을 찬미하고 영영세세 당신 이름을 찬양합니다"(시편 145,12)라고 노래하게 된다.

영혼이 이렇듯 자주 하느님에 대한 찬미와 기쁨과 희열과 즐거움 속에 지내는 것을 놀라워하지 말아야 한다. 왜냐하면 영혼은 하느님께서 채워주시는 많은 은혜들을 인식하고 있기 때문이다. 게다가 하느님께서는 이 세상에서 기쁘게 해주실 다른 영혼이 없는 듯, 다른 할 일도 없으신 듯, 오로지 이 영혼만을 위하여 계신 듯이 보일 정도로 대단히 귀중하고 섬세하고 고결한 말씀들로 영혼에게 선물하기 위해 정성을 기울이시고, 그래서 우리는 다른 많은 은총으로 영혼을 부요케 하시려 애쓰시는 하느님을 느끼는 것이다. 영혼은 이렇게 느끼면서 아가의 신부처럼 고백한다. '임은 나의 것, 나는 임의 것'(아가 2,16).**41**

십자가의 성 요한은 이토록 큰 영광과 환희를 체험한 뒤 거짓된 영광과 저열한 기쁨을 찾아 헤매고 있는 우리 모두를 보고 안타까워 외친다.

"오! 이렇듯 위대한 것들을 위하여 창조되고 부름 받은 영혼들이여! 도대체 무엇을 하고 있습니까? 무엇을 즐기느라 시간을 보내고 있습니까? 여러분의 소망은 저열하고 여러분이 소유하고 있는 것들은 초라한 것뿐입니다. 오! 영혼의 눈이 먼 불쌍한 여러분이여! 그 때문에 여러분은 그토록 큰 빛 앞에서 소경이고 그토록 큰 목소리에도 귀머거리이기에, 보지 못하면서 크고 영광된 것을 찾고 있는 여러분에게 남는 것은 천하고 무지하게 벌어들인 많은 재산들과 저급하고 초라한 것들입니다."**42**

이런 큰 은총을 받지 못하고 잃어버리는 것은 순전히 우리 탓이라 여기는 성 요한은 자신이 체험한 은총을 우리 모두가 받기를 갈망하면서 말한다.

"모든 이들에게 대답하건대, 빛들의 아버지께서는 손이 짧지 않으시고 모든 이에게 편애 없이 마치 길거리든 철로든 햇살을 비춰주는 태양빛처럼, 자리가 있는 곳이면 어디든 풍부히 빛을 내려 주듯이 어떠한 상황의 사람들이건 상관치 않으시고 지구에 사는 사람들에게 기쁨을 주는 것이 즐거워 기꺼이 당신을 그들에게 나타내 보이신다. 그러므로 번뇌와 노고와 온갖 유혹의 불로 시련 받아 정화되고 시험을 거친, 사랑에 충실하다고 인정된 영혼을 만나게 되면 이 충실한 영혼 안에 성자께서는 우리에게 약속하신 말씀을 이 지상에서부터 실현하신다는 것을 믿어야 한다. 즉, '누가 그를 사랑하면 지극히 거룩한 삼위께서 그 안에 오시어 그를 거처로 삼으실 것이다.' 이 의미는 그의 이성은 성자의 지혜로 신적으로 비춰질 것이고, 그의 의지는 성령에 의해 즐거움으로 넘칠 것이며 성부께서는 세차고 힘 있게 당신의 감미로운 포옹의 심연 속으로 영혼을 빨아들이신다는 것이다."[43]

하느님께서는 죄인과 의인 모두에게 햇빛을 골고루 나누어주신다. 이렇게 자애로우신 하느님께서 베풀어주시는 이 커다란 은총을 받아들이는 영혼들이 극히 적은 이유를 살펴보자.

"하느님께서는 숭고한 이런 영혼들의 수가 적기를 바라지 않고 오히려 모든 이들이 완전하게 되기를 바라신다. 그러나 이렇듯 숭고하고 드높은 수고를 견디어낼 수 있는 영혼들이 적기 때문에 작은 시련을 만나자마자 약해져서 이를 피하려 하거나 별거 아닌 고민들과 억울함들도 인내롭게 견디려 하지 않는다. 이 때문에 초벌 그림에 해당하는 이 작은 일에도 씩씩하거나 충실하지 못함을 보면서 더욱 심각한 상황에서는 훨씬 더하리라는 것을 아시기에 하느님께서는 금욕의 작업을 통해 그들을 먼지에서 일으켜 정화시키려던 것을 중단하신다. 이처럼 앞으로 나아가길 바라고 이러한 완덕의 상태에 도달하도록 끊임없이 간청하는 영혼들은 많다. 그런데 하느님께서 그들을 이끌어 가기 위해 이에 필요한 고행이나 최초의 작업을 하면 그들은 앞으로 나아가려 하지 않고 몸을 피한다. 이렇게 그들은 쓸모없는 그릇이 되고 만다. 오! 영성의 일에서 위로와 안전함 속에 걸으려 하는 영혼들이여! 이 위로와 안전함에 도달하기 위해서 고통당하고 참는 것이 얼마나 적합하고 필요한 것인지 안다면……. 왜냐하면 이렇게 세상과 자기 자신에게서 죽음으로써 영의 즐거움으로 넘쳐 하느님 안에 살게 됨을 볼 수 있기 때문이다."**44**

하느님께서는 얼마나 큰 사랑으로 우리 모두를 가장 높은 완덕의 절정에까지 이끌어 올리시기를 바라고 계시는지, 그럼에도 안목이 좁은 우리는 작은 영광, 아니 물거품처럼 사라질 헛된 영광을 찾아 온 힘을 다 쏟고 있음을 보고 십자가의 성 요한은 안타까워한다. 데레사 성녀도 엄청나게 큰 참된 영광과 환희를 체험하고 '즐거움'이라 이름 붙일 수도 없는 것들을 위해 온 생애를 소진하는 소경이 된 영혼을 위해 주님께 애원한다. 물론 그것은 자신이 체험한 그 영광을, 청하거나 찾지도 않은 그들에게도 주십사 하고 탄원하는 것이다.

"오! 나의 구세주여! 인간이 어찌 자신의 이익을 잊어버릴 수가 있겠습니까? 그럼에도 이런 우리를 아직도 생각해주시니 당신의 인자하심은 얼마나 크오니까. 당신은 '무거운 짐을 지고 허덕이는 사람은 다 내게로 오라. 내가 편히 쉬게 하리라' 하십니다. 우리는 무엇을 찾고 있습니까? 세상의 노예가 된 사람은 어째서 불행할까요? 당신 밖에서 휴식을 찾고 있기 때문이 아니겠습니까? 오! 주님 이 얼마나 당치도 않는 일입니까! 얼마나 딱한 일입니까! 절대로 찾지도 못할 곳에서 행복을 찾다니 얼마나 지독한 소경입니까! 오 창조주시여, 당신의 피조물을 불쌍히 여겨주소서! 보소서! 우리는 자신을 모르고 있고, 원하는 것이 무엇인지도 모르며 무엇을 청해야 좋은 것인지조차 모르고 있습니다. 오! 주님, 당신의 빛을 주소서! 태생 소경에게보다 더 우리에게 이 빛이 필요하다는 것을 보소서! 이 장님은 빛을 보고 싶어했지만 볼 수 없었습니다. 지금은, 주님! 사람들이 보고 싶어하지도 않습니다. 오! 얼마나 큰 불치병입니까? 여기야말로 내 하느님이시여, 당신의 전능하심이 드러나야 되고 여기에 당신의 자비가 빛나야 합니다.

오! 진실하신 나의 하느님, 나는 얼마나 엄청난 은총을 청하고 있는 것입니까? 당신을 사랑하지 않는 자들을 사랑해주시라고 하고, 두드리지 않는 자들에게 열어주십사 하며, 환자로 있기를 즐거워하고 병자가 되기 위해 애쓰는 자들에게 건강을 주시라고 청하고 있으니까요. 오! 내 하느님, 당신은 말씀하셨습니다. '죄인을 부르러 왔다'(마태 9,13). 주님, 이들이 참된 죄인들입니다. 오! 나의 하느님, 우리의 소경 됨을 보지 마시고 우리를 위해 당신 아드님이 흘리신 그 많은 성혈을 보소서. 이렇듯 커져 가는 몹쓸 악 가운데서도 당신의 자비를 비추어주소서. 주님! 우리가 바로 당신 손이 만드신 작품임을 기억하소서. 당신 자비와 선함으로 우리를 보호하소서."[45]

성삼위의 품 안에서 참된 영광과 희열을 수없이 체험한 성녀 데레사의 인정 많고 다감한 마음이 이 행복을 – 잠깐 동안이 아닌 – 영원히 잃은 영혼들을 대신해서 주님께 외치고 있는 것이다. 예수님께서 주신 이 영광은 "아버지께서 저에게 주신 영광을 저도 그들에게 주었습니다"(요한 17,22) 하신 그대로 성녀 데레사 안에서 실현되었다. 사실 예수님이 먼저 우리가 청하기 전에 이 은총을 성부께 청해주셨다.

"아버지, 아버지께서 저에게 주신 이들도 제가 있는 곳에 저와 함께 있게 되기를 바랍니다. 세상 창조 이전부터 아버지께서 저를 사랑하시어 저에게 주신 영광을 그들도 보게 되기를 바랍니다"(요한 17,24).

예수님께서 십자가 위에서 피를 흘리시며 다 죽어가는 목소리로 하신 말씀이 "아버지, 저들을 용서해주십시오. 저들은 자기들이 무슨 일을 하는지 모릅니다"(루카 23,34) 하시며 우리 잘못을 변호하시며 용서해주신 것도 이 영광을 보게 해주시기 위함이었다. 예수님의 이 간청으로, 수많은 성인 성녀들이 이 지상에서 하느님의 영광을 마치 바늘구멍으로 보는 것 같지만 그들은 참으로 이를 맛보았고 그들은 이를 체험한 뒤, 밤샘 기도를 통해서 이것을 찾지 않는 이들도 이 영광을 보고 영원히 누리게 해달라고 하느님께 간청하였다. 사실 모든 봉쇄 수도자들의 기도가 바로, 모두가 이 영광을 누리게 해 달라는 청원이 아니고 무엇이겠는가? 하느님의 눈에 든 아브라함의 기도가 바로 이와 같았다.

모세가 시나이 산에서 증거판을 받으러 간 사이에 백성들은 금송아지를 만들어 번제를 드리고 친교 제물을 바치며 "이스라엘아, 이 신이 우리를 이집트 땅에서 데려 내온 우리의 신이다" 하고 떠드는 소리를 듣고 주님께서 화가 나셔서 "나를 말리지 마라. 내가 진노를 내려 저들을 모조리 쓸어버리리라. 그리고 너에게서 큰 백성을 일으키리라" 하셨다. 그렇지만 모세는 자신에 대한 하느님의 사랑을 담보로 삼아 백성을 대신해서 용서를 청했던 것이다.

"아, 이 백성이 큰 죄를 지었습니다. 자신들을 위하여 금으로 신을 만들었습니다. 그러나 이제 그들의 죄를 부디 용서해주시기 바랍니다. 그렇게 하시지 않으려거든, 당신께서 기록하신 책에서 제발 저를 지워주십시오"(탈출 32,31).

어떤 형태로든 하느님의 사랑을 받고, 예수님께서 아버지께 청한 영광을 지상에서 조금이라도 맛보고 살짝 엿본 사람들은 이 은총과 사랑을 담보로 예수님이 우리를 위해 하느님께 간청하신 것처럼 모든 이들을 위해 간구하게 된다.

'신비적인 모든 은혜도 결국 예수님처럼 고통을 잘 참도록 우리의 약한 힘을 붙들어주는 데 있다. 하느님께서는 당신이 가장 사랑하시는 아드님의 생활을 그대로 본떠야 하는 그 이상의 은혜를 우리에게 주실 수 없기 때문이다. 따라서 이런 은혜는 은혜를 받는 그 사람들만을 위해 주시는 것이 아니다.'[46]

이런 은혜를 받은 모든 사람들은 예수님과 같은 한마음이 되어 모든 이의 구원을 위해 주야로 하느님께 그들을 살려주시라고 기도를 드렸다. 예수님과 같이 진정으로 하느님의 종이 되어 모든 이의 십자가를 지고 갔다.

"정말로 영성적인 인간이 되는 길을 알고 싶습니까? 그것은 다름 아닌 하느님의 종이 되는 것, 십자가의 낙인이 찍힌 종이 되는 것입니다. 스스로의 자유를 고스란히 바쳐서 바로 주님께서 하신 그대로 전 인류의 노예로 자기를 팔아 잡수소서 하는 것입니다. 이렇게 당신이 우리를 다루시더라도 피해는커녕 도리어 우리는 큰 덕을 보게 됩니다."⁴⁷

우리가 가장 두려워하는 것이 바로 노예처럼 고생하는 것인데, 전 인류의 노예가 될 때 큰 덕을 보게 된다는 것이다. 즉, 가장 큰 영광을 보게 된다는 것이다. 이런 논리는 인간적으로는 이해가 되지 않기에 이런 사람을 '영성적인 인간'이라고 말하는 것이다. 결국 하느님의 현존이 이렇게 하느님과 이웃을 올바로 섬기는 쪽으로 이끌고 있다.

5) 그 밖의 여러 형태의 영적 체험 안에서

많은 사람들은 각자의 삶에서 진정으로 하느님을 체험하고 살아간다. 그런데 가끔은 사랑하고 기뻐하며 시와 문화, 과학과 예술을 관조하고 즐길 때 영적 체험을 하는 것이라 생각할 수 있다. 그러나 영적 체험은 이렇게 간단한 것이 아니다. 그렇다면 무엇이 영적 체험일까? 우리가 이런 모든 것 안에서 '영적'이라 일컬을 때는 이 지상 생활을 좀 더 인간적이고, 아름답고 의미로 가득 차게 하는 요소가 있을 때 사용한다. 그런데 이런 모든 체험을 하면서도 진정한 초월의 체험을 못할 수가 있다. 그렇다면 진정한 영적 체험이란 무엇일까? 우리의 실생활에서, 자신의 고유한 체험 안에서 찾아본다면 다음과 같다.

- 부당한 취급을 당하면서도, 자신을 변호하고 싶은 욕구에도 불구하고 참고 침묵을 지킨 적이 있는가?
- 아무런 대가 없이 침묵 속에서 용서를 해준 적이 있는가?
- 내가 필요해서가 아니라 오직 하느님, 그리고 하느님의 뜻이라 부르는 형언할 수 없는 신비로운 실재 때문에 순명하고 있는가?
- 홀로 완벽하게 혼자 있어 본 적이 있는가?
- 아무에게도 말하거나 해명할 수 없고 철저히 혼자 결정해야 될 때, 그리고 이 결정이 누구도 개입하지 못하고 자신이 평생, 그리고 영원히 책임져야 하는 것일 때에, 오직 우리 양심의 가장 깊은 명령에 따라 결정을 내려 본 적이 있는가?
- 열정과 감정이 뒷받침되지 않을 때에, 하느님과 자신이 하나라고 느껴지지 않을 때에, 자신의 내적 충동과 하느님과 하나라고 느낄 수 없을 때에 하느님을 사랑하려고 시도해본 적이 있는가? 그리고 이 사랑이 죽음처럼 느껴지고 절대적인 극기로 여겨 바닥 없는 심연을 향하여 뛰어드는 것처럼 느껴질 때, 혹은 허공을 향하여 절규하는 때에도 하느님을 사랑하려 해본 적이 있는가?

− 모든 것이 바보짓으로 보이고 아무것도 붙잡을 수 없는 것으로 변해버린 것처럼 느낄 때에도 하느님을 사랑해본 적이 있는가?

− 자신을 부정해야 하는 쓰라린 감정을 느낄 때에도, 어느 누구도 고마워하지 않는 일을 혼자 완수해야만 될 때 그 일을 완수한 적이 있는가?

− 어떤 감사의 표시나 이해를 못받을 때, 대가 없이, 그리고 사심없이 봉사한다는 느낌마저 없을 때 선행을 해본 적이 있는가?

이런 체험을 한 적이 있다면 바로 이때 우리는 영적 체험을 한 것이다. 그것은 영원을 체험한 것이고, 영이 현 세상의 한 부분을 넘어서는 것을 체험한 것이며, 인간의 의미가 시련을 통해서 세상에서 이야기하는 것처럼 고갈되거나 엷어지는 것이 아님을 체험하는 것이다. 그리고 이 세상에서 성공하지 못해도, 또 어느 하나 눈에 보이는 확실함이 없어도 신뢰를 감행하는 가운데 우리는 영적인 체험을 한다.

이제 여기서 진정으로 영적인 사람들과 성인들이 지니고 있는 열정의 비밀을 이해할 수 있다. 그들은 이런 체험을 원하는 것이다.

그러나 세상 속에 살면서 여러 걱정들로 가득 채워져 있는 이들은 영적인 삶을 살기 위해서 안전을 찾는다. 많은 사람들이 이런 체험들을 불쾌하게 여기거나 평범한 일상생활에서 겪는 방해라 느끼는 반면 성인들과 영적인 사람들은 이런 체험들을 순순히 받아들인다.

이들은 영을 마시되 지상 체험의 양념으로서 즐기는 것이 아니라 아무 섞임 없는 순수한 영을 마시기를 좋아한다. 여기서 그들의 순교에 대한 갈망, 가난함, 기이한 생활을 이해할 수 있다. 그것은 그들이 강하기 때문이 아니다. 평범한 일상생활로 되돌아가지 않기 때문도 아니다. 일상의 활동에 은총이 함께하고 그 활동이 하느님께 향하는 발걸음으로 변화될 수 있다는 것을 몰라서도 아니다. 이 세상에서는 천사가 될 수 없다는 것을 몰라서도 아니다. 그들은 영 안에서 – 공리공론이 아닌 참된 체험 안에서 – 인간은 하느님과 세상, 시간과 영원 사이에 처해 있는 한 계속해서 살아야 한다는 것을 잘 알고 있다.

이런 영적 체험을 했을 때, 우리는 조용히 무명인으로 있으면서 **실제로 초자연 체험을 한 것이다.** 아마도 우리는 초자연적인 것을 직접 바라볼 수도 없고 그렇게 한다는 것이 합당하지도 않다. 그러나 우리 자신을 이런 영적인 체험에 내맡길 때, 모든 구체적인 것들을 즐길 수 없고 이것들이 사라져 버릴 때, 모든 것에서 죽음의 침묵의 기미가 보이고 모든 것에서 죽음의 파괴를 맛볼 때, 표현할 수도 없고 붙잡을 수 없는, 색깔이 없는 마치 순백의 행복이 사라지듯 모든 것이 사라질 때, 우리는 단지 인간의 영이 아니라 하느님의 영인 성령께서 우리 안에서 실제로 활동하고 계심을 알게 된다.

이때가 은총의 시간이다. 그러므로 우리 존재를 받치는 바닥이 없다고 느끼는 우리의 체험은 바로 우리에게 말씀하시는 하느님의 깊이와 알 수 없는 하느님의 심연을 우리에게 통교해주는 것이며 그분의 무한이 우리에게 도착하기 시작했음을 알려주는 것이다. 더 이상 길이 없고 아무것도 좋아하는 것이 없는 것은 무한이 도착했기 때문이다.

우리 자신을 그분께 맡김으로써 더 이상 우리가 우리 자신에게 속하지 않을 때, 우리 자신을 부인하고 우리가 스스로를 잘 지키기 위한 준비를 하지 않을 때, 우리를 포함한 모든 것이 멀어져 갈 때, 비로소 은총의 세상, 영원한 생명의 하느님 세상, 즉 하느님 자신의 세상에 살기 시작하는 것이다.

처음에는 가끔씩 이런 모든 것이 우리에게 이상하고 엉뚱하게 느껴져 여기에 익숙해지고 접근하는 것이 두려워 끊임없이 도피하고 싶은 유혹을 느낄 것이다. 가끔씩은 그럴 것이고 그럴 필요도 있을 것이다. 그러나 순수한 포도주 맛에 우리의 영이 조금씩 익숙해지도록 해야 한다. 그런 만큼 적어도 그분의 섭리로 우리에게 잔이 건네질 때에 이것을 멀리하지 말아야 한다.

현세에서 성령의 잔은 그리스도의 잔과 똑같다. 그러나 오로지 이 잔을 마실 수 있는 사람은 자신을 비운 가운데에서 충만을, 저녁노을의 낙조에서 아침의 서광을, 죽음에서 생명을, 포기에서 새로운 희망을 발견한 사람만이 가능하다. 이것을 배운 사람만이 영적인 체험, 순수한 영의 체험을 할 수 있고, 이 경험 안에서 성령의 은총을 체험할 수 있는 것이다.

이 은총은 의기양양하게 소유권을 지닌 자가 당연히 요구한다고 해서 만날 수 있는 것이 아니다. 오히려 오직 자기 자신을 잊어야 찾을 수 있고, 우리 자신에게 되돌아오지 않고 하느님을 찾아야 만날 수 있는 것이며, 사심 없는 사랑으로 자신을 그분께 바침으로써 만나게 되는 것이다.[48]

이 글을 읽으면서 위에 열거한 체험들 가운데 상당히 많은 부분을 자신이 이미 체험하고 있음을 알아차리게 될 것이다. 이런 체험들은 늘 우리와 가까이 있고 지금 당장이라도 일어날 수 있는 사건들(즉 그것이 일어날까 두려워하는 사건들)로 둘러싸여 살고 있다.

그런데 우리가 최악이라 부르는 상황들, 즉 갑자기 자신이 지금까지 살아오던 삶의 터전, 가족 친지들뿐 아니라 눈에 보이는 모든 것이 사라져 발 디딜 곳을 잃고 허공에 떠 있다고 생각하는 그 순간이 바로 하느님을 뵐 수 있는 은총의 시간임을, 이를 체험한 사람은 알리라.

성경은 처음부터 끝까지 위기와 급박함 속에서 모든 것이 끝장났다고 생각하는 순간, 하느님의 은총으로 새로운 길이 열리는 것을 체험한 인간들의 경험을 써놓은 것 같다. 성경을 읽으면 답답하고 막혀 있던 가슴이 확 뚫리면서 시원해지며 미래가 밝아오는 것은 자신도 모르는 사이에 하느님께서 나의 역사도 이렇게 이끌어가실 것임을 믿고 희망하기 때문이리라.

이렇게 앞뒤가 꽉 막히고 이젠 길이 없어 죽었다고 생각하는 순간이 바로 우리의 구원의 때가 임박한 것이다. 이런 체험을 해본 사람은 '하느님이 나를 구원하셨다'라는 말이 저절로 튀어나오는 것을 경험할 것이다. 인간적으로 재난이라 여겨지는 것이 구원으로 인도하는 지름길임을 생각하면 하느님의 슬기는 아득히 높은 것임을 새삼 깨닫게 되곤 한다.

루카복음 21장에서도 세상 끝 날에 있을 재난에 대한 예언을 하면서 도시가 파괴되고 해와 달과 별에 징조가 나타나고 천체가 흔들려 공포에 떨며 기절할 지경인 무시무시한 사건들을 나열하면서 끝에 붙은 한 구절은 항상 나의 마음을 사로잡곤 했다. '이런 일들이 일어나기 시작하거든 몸을 일으켜 머리를 들어라. 너희가 구원받을 때가 가까이 온 것이다'(루카 21,28).

가장 무섭고 떨리는 때가 구원의 때라 하니 알아듣기 어려웠다. 그런데 살아가면서 이 무섭고 몸서리쳐지는 위기는 세상 끝 날만이 아닌 우리 자신의 삶 한가운데서 매일매일 일어나는 것임을 알면서 이런 위기의 시간이 바로 주님께서 당신이 개입하시겠다고 알리는 '예고'로 알아듣게 되었다. 왜냐하면 우리의 약한 인간성으로는 도저히 뛰어넘을 수 없는 심연이기 때문이다.

처음에 이런 경험을 할 때는 물이 목에까지 찬 것처럼 하느님께 부르짖고 누군가에게 하소연하면서 자신을 이렇게 만든 사람이나 상황을 탓하거나 불평하고 비난한다. 그게 친구라면 친구를 탓하고, 부모라면 부모를 탓하고 불평하게 되는 것이다. 그런데 이때가 바로 '하느님의 개입'이 일어나는 때임을 안다면 얼마나 설렘과 기대감 속에서 기다리게 될까? 사실 처음엔 두렵고 떨리고 분노가 일기까지 하는데 이렇게 만든 사람이 자신을 가장 잘 알고 가까운 사람일 때는 더욱 괴롭고 힘겹게 느껴진다.

그러나 여러 차례 이런 경험을 하다 보면 죽을 뻔 하다가 더 큰 자유와 기쁨이 주어지는 것을 반복 경험하면서는 일이 거꾸로 돌아갈 때 슬퍼하기보다는 기대감을 가지고 이번에는 '주님께서 어떻게 이끌어 가실까?' 하고 적당한 흥분과 설렘 속에 모험할 준비를 스스로 갖추고 있는 자신을 만나게 된다.

수도자의 하루하루의 삶이 모험과 스릴이 넘치는, 손에 땀을 쥐게 하는 삶을 산다고 한다면 사람들이 곧이 들을까? 사람들은 곧잘 봉쇄 수도자들에게 따분해서 어떻게 사느냐고 묻곤 한다. 사실은 세상의 삶이 훨씬 따분하다고 말한다면 이해할까? 이 따분한 일상 속에서 잠시나마 벗어나기 위해 젊은이들은 밧줄 하나에 몸을 의지하여 높은 곳에서 떨어지는 모험을 즐기기 위해 번지 점프를 하거나 패러글라이딩과 같은 것을 타고 바람에 흘러가는 대로 몸을 맡기는, 바람의 흐름이 바뀌면 생명이 위험한 놀이를 즐긴다. 이들의 마음이 충분히 이해가 간다. 그러나 이 모험도 수도자들이 경험하는 모험에 비하면 피상적이다. 수도자만큼 모험과 스릴 넘치는 곳에서 사는 사람이 있을까? 정말 모험과 스릴을 원하고 즐기는 사람이라면 수도자가 되라고 권하고 싶을 정도이다.

순명에 따라 재주도 소질도 없는 것을, 한 번도 생각해본 적도 없는 일을 하고 있음을 보면서 처음에는 막막하고 당혹스럽고 그 답답함이란 이루 말할 수가 없었다. 그러나 이때 머리를 들어 주님을 바라보면 마음이 고요해지면서 어떻게 시작해야 할지 한 가닥 빛이 오고 서툰 걸음을 시작하게 된다. 그리고 서툴지만 힘겹게 정상에 올랐다 싶어 '야호'를 외칠 만하면 그건 그대로 두고 또 전혀 다른 새로운 일을 하도록 부름 받는다. 이런 경험의 반복을 통해 하느님의 이끄심은 예측할 수 없고 자유에서 더 큰 자유를 향해 끊임없이 부르시고 계심을 알게 된다. 자유가 커지면 사랑과 기쁨도 함께 커지면서 끊임없이 새롭게 도약할 수 있는 힘이 된다.

인간이 불평을 할 때는 그 일이 하기 어렵거나 혹은 일 자체는 어렵지 않지만 왜 그렇게 해야 하는지 도저히 납득하기 어렵기 때문이다. 불평이나 실망의 늪에서 빠져나오려면 일단 자기 판단의 기준이나 자기 나름의 상식, 자기 식의 원칙을 버리지 않으면 안 된다.

하느님은 모든 규범과 원칙을 초월하시는 분이시다. 이런 하느님을 만나기 위해서는, 자신의 생각과 규범이 아무리 옳다고 하더라도 그 기준들을 넘어서고 벗어나야만 한다. 그러나 인간 스스로의 힘으로는 자신을 초월한다는 것은 불가능에 가깝다고 할 수 있다. 이때 인간사의 우여곡절을 통하여 하느님께서 허락하시는 상황들은, 깎아지른 벼랑에 서 있게 되는 상황이나 막다른 골목에서 뒤돌아 갈 수도 앞으로 나아갈 수도 없을 때이다. 자신의 인간적인 모든 방법으로는 가능성이 없어 이젠 하는 수 없이 고개를 들고 하늘에 호소하게 되는 것이다.

신을 믿지 않는 자라도 이런 상황이 닥치면 자연스럽게 이렇게 하는 것이 신비롭기까지 하다. 아마도 인간은 하느님을 향하도록 지음 받았기 때문에 본능적으로 하느님께 도움을 청하는 것이 아닌가 싶다. 이때 고개를 들어올려 하느님을 찾기만 하면 도움(빛과 힘)을 만나게 되는 것 또한 신비롭다. 마치 하느님께서 지금까지 이 순간만을 기다렸다는 듯이 응답해주심을 체험하게 된다.

　이런 경험을 반복하면서 '하느님은 우리가 당신을 바라보기만 해도 좋아하시는 분'이심을 알게 된다. 이렇게 자기 힘, 재주, 요령이 바닥이 드러나 어쩔 수 없이 하늘로 마음을 들어올렸을 때 하느님께서는 전혀 새로운 방법과 새로운 길로 인도해주심을 체험하면서 자신도 모르게 얼떨결에 그토록 절대시하던 자기 방식과 기준, 판단을 상대화시킬 줄 알게 된다. 다시 예전의 자기 삶으로 그가 돌아오더라도 그전처럼 절대화하지 않게 된다. 그리고 실생활에서 의견이나 방법이 달라서 부딪칠 때 전 같으면 열 올리고 이렇게 해야만 한다고 우기고 고집하던 것에서 벗어나 언제든 양보할 자세가 되고, 사실 거꾸로 돌아간다 해도 하느님 앞에서는 별로 큰 것이 아님을 알기에 마음속에서 부대낌이나 갈등 없이 순순히 양보하고 따르게 된다. 이제야 '마음의 자유'가 어떤 것임을 알게 된다. 우기고 고집할 때가 사실은 자기 생각, 자기 관념의 노예임을 깨닫고 이제서야 진정한 자신을 보는 것이다.

　하느님은 자유로운 분이시자 '옳은 분'이심에도 불구하고 인류 구원을 위해 죽음을 받아들이시고도 마음의 평화를 잃지 않으셨듯, 우리 역시 하느님의 이끄심을 체험하면 온갖 불의와 악 가운데 살면서도 마음의 평화가 흐트러지지 않는 것을 체험한다. 이는 실로 오묘한 신비이다. 겉으로는 비슷해 보이지만 살아남기 위해 아첨하거나 비위 맞추며 어쩔 수 없이 따르는 것과는 절대적으로 다르다.

이렇게 자기 의견, 자기 방식을 떠나지 않고서는 하느님과 일치할 수 없다는 것이 하느님을 만나고 싶은 사람들의 가장 큰 고통이라 할 수 있다. 특히 수도원이나 본당에서도 각자가 옳다고 여기기 때문에 부딪치고 선의로 시작한 일이 불화와 불목으로 끝나는 일도 적지 않다. 이는 '자기 자신을 떠나지 않고 선을 행하려고 하기 때문이다. 하느님은 선이시다. 선이신 하느님을 위해 일을 할 때에도 이렇게 서로간의 마찰이 일어나는 것은 각자의 절대적 옳음이 부딪치기 때문이다. 그런데 '절대적 옳음'은 하느님 한 분 뿐이신데 그분이 부당한 판결을 받아들이셨다는 데 모든 크리스천들이 진땀을 흘린다. 그분이 하신 그대로 따라 하기가 너무도 어렵기 때문이다. 오히려 자신의 생각이나 주장이 하느님보다 더 우월하다고 여기기까지 한다.

자신이 옳다고 우기고 고집하는 것이 하느님을 만나는 데 큰 걸림돌이 되는 것을 인식하기 시작하면, 왜 창녀나 세리들이 예수님의 말씀을 더 잘 받아들였으며, 왜 예수님이 "오늘 이 집은 구원을 얻었다"라고 말씀하셨는지 알게 될 것이다. 또한 예수님이 왜 바리사이들을 책망하셨는지도 이해할 수 있을 것이다. 죄인들이 하느님을 만나기에 유리한 점은 자신이 옳지 않다는 것을 알기에, 자신의 잘못을 알기에 언제든 기회가 오면 이러한 자신에게서 떠날 준비가 되어 있다는 점이다.

항상 옳음을 추구하고 의롭게 살기를 원하는 사람은 그 원칙대로 하느님께 영광을 드리며 살 수 있다. 그러나 하느님께서 만나주시고 구원해주심이 자신이 옳았기 때문이 아니라는 것을 인식해야 한다. 물론 이는 의로움에 대한 보상이고 상급임에는 틀림없지만 겸허하게 다른 사람의 의견도 받아들임으로써 옳은 자신을 떠나는 계기로 삼아야 한다. 하느님 안에 더 깊이 잠기기 위해서는 옳든 그르든 자신을 떠나야 하기 때문이다.

하느님 안에 잠겨 있다 보면, 옳다 그르다 하는 것들이 얼마나 하찮은 것인지 알고 놀라게 된다. 그럼에도 우리는 끝까지 자신이 옳다고 느끼고 생각하는 그 소신대로 살도록 부름 받았다. 그렇기 때문에 어디까지 소신껏 행동해야 하고 언제 양보해야 하는지는 각자의 영혼의 단계와 정도에 따라 달라서 지도자에게 문의해가며 식별해야 할 것이다.

양심이나 복음에 관계되는 일로 생명을 걸고 수호해야 할 경우는 별도로 하고 일상생활에서 자신이 옳게 행동했음에도 자신이 설 자리가 없어지고 인간적인 불이익을 당한다고 느껴질 때, 보통은 온갖 꾀를 써서 빠져나가는데 어떤 때는 빠져나갈 길이 없을 수 있다. 이때 불평하고 낙담하고 원망하는 대신 이 부정적인 에너지를 하늘을 향해 부르짖으면 하느님께서 온전히 새로운 방식으로 새로운 길을 통해 이끌어가심을 체험하게 된다.

처음엔 긴장이 되고 이러다가 망하지나 않을까 걱정이 되지만 차츰 주님께서 어디로 이끌어 가시는지 보이기 시작하면 감사와 찬미가 쏟아져 나올 것이다. 이런 일을 겪지 않았다면 꿈에도 생각지 못한, 자신의 머리나 생각으론 도저히 생심조차 하지 못한 새롭고 근사한 길로 이끄심을 보기 때문이다.

특히 수도자나 성직자라면, 이렇게 비상식적이고 불합리한 일을 하도록 명령 받을 때 한두 번은 조용히 반대의 사유를 말해보고 그래도 어쩔 수 없으면 답답한 마음을 들어올려 하느님께 부르짖는 것이 지름길이라 본다. 새로운 길을 걷도록 새로운 삶의 양식을 가르쳐주시겠다는 초대로 알아들으면 틀림이 없다. 모든 신자들이 이 새로운 삶을 배워 어떻게 불합리한 상황에 대처해야 하는지 알 수 있다면, 모든 크리스천들의 삶은 역경 속에서 더 빛날 것이다. 그뿐 아니라 영혼 복은 물론이고 세상 복도 덤으로 받게 되는 것을 체험하게 될 것이다.

팔려 가는 의인 요셉을 보면, 우리들의 삶을 요약해놓은 것 같다. 하느님은 요셉이 형들의 섬김을 받게 되리라는 것을 요셉의 꿈을 통해 암시하셨다. 하느님의 섭리 속에 요셉은 이집트에 먼저 가서 이집트의 재상이 되었다. 그러고는 흉년이 들 것을 예비하여 형제들을 돌볼 수 있게 되었다. 그러나 요셉이 이집트로 가게 된 동기는 형들의 질투 때문이었다. 이런 시련들 안에서도 하느님께서 섭리하시는 최종 목적에 이바지한다는 것을 믿으면 두려움 대신 시련 속에서도 자유와 기쁨을 체험한다는 것이다.

이렇게 자신을 하느님 손에 내맡기고 성령께서 인도하시는 대로 따르노라면, 한 치 앞도 알 수 없는 캄캄한 벼랑 위를 걸어가면서도 두렵지 않다. 혹시라도 죽게 되면 하느님을 곧장 뵐 수 있으리라는 희망에 오히려 기쁘기까지 하다. 또 이 길이 죽을 때까지 끝나지 않을 고통의 길이라는 생각이 들어도 길어야 20~30년일 것이고, 죄 없는 예수님도 온갖 고난을 받으셨는데 하물며 죄 많은 나는 말할 것도 없다. 더구나 우리 때문에 고통을 받으신 예수님의 동반자가 되기 위해 수도자가 되었다고 생각하면 이 고생이 참으로 마땅하고 옳은 일이다 싶어 즐겁고 신이 나는 것이다. 예전 같으면 '고생'이란 말만 들어도 힘과 기운이 빠지고 풀이 죽는데 지금은 생사를 건 모험에서 이렇게 신바람이 나는 것은 납덩이처럼 무거운 자신을 이미 초월했기 때문이 아닐까 싶다. 무엇보다 성령께서 위로해주시고 인도해주심을 느끼기 때문일 것이다.

자신을 벗어나고 보면 이 세상에서 가장 무겁고 거치적거리는 것이 자기 자신 - 특히 자신이 옳다고 잘난 척하는 그 '옳음' - 임을 보게 된다. 이 무거운 자신을 벗어나기 위해서는 자신이 가장 무서워하는 일을 당해야만 놀라서 얼떨결에 벗어나는 것이다. 사실 어떤 이유로든 자신을 벗어나는 체험을 하는 것은 굉장한 행운이다.

하늘나라에 들어가기가 그토록 어려운 것도 바로 이 무겁고 꾀 많은 자신이 영혼을 속이고 앞으로 못 나아가게 막기 때문이다. 하늘나라에 들어가기 위해 많은 고생을 해야 하는 이유도 이 자신을 벗어나기가 그토록 어렵기 때문이다. 그러나 어떻든 자신만 벗어나고 보면 성령께서 바로 곁에서 자신을 감싸고 이끌어 가심을 느끼기 때문에 즐겁고 신나지 않을 수 없는 것이다. 마치 목말을 태워 데리고 가시는 것처럼, 동화에 나오는 하늘을 나는 양탄자 위에 실려 하늘을 날아다니는 것같이 느낀다. 세차게 날아갈 때는 이 속도에 밀려 이러다 떨어지면 죽겠구나 싶을 때도 간혹 있을 것이다. 문제는 이렇게 떨어질 것 같은 위급함을 느낄 때 잡을 수 있는 어느 무엇도 없다는 것이다. 성령의 바람 위에 실려 살랑살랑 부는 바람결을 느끼며 갈 때는 쾌적한데, 어떤 때는 나는 양탄자가 공중회전을 서너 번 하면서 땅으로 곤두박질 쳐서 박힐 것 같은 느낌이 들 정도로 아찔해질 때는 얼떨결에 마음속으로 하늘까지 들릴 정도로 물에 빠진 베드로처럼 "살려주세요"를 소리치는 것이다. 이때는 자신도 모르게 신뢰와 믿음이 하늘에 닿을 만큼 커지는 것을 체험하게 된다.

하느님은 역경과 곤경을 통해, 그 위험 속으로 영혼을 내몰면서 자신도 모르는 사이에 엉겁결에 배우게 하시는 것 같다는 생각이 든다.

어미 고양이가 새끼 고양이를 낙하 훈련시킬 때 한 마리씩 입에 물고 지붕 위로 올라가 겁없이 새끼들을 놓아버리는 것을 보고 놀랐다. 미물조차 저런 위험을 무릅쓰고 살아남기 위해 낙하 훈련의 필수 과목을 연습시키는 걸 보고 생존이 결코 쉽지 않음을 생각한 적이 있다. 어미 고양이는 사전에 어떤 식으로 어떻게 다리를 펴라고 설명했을까? 그런 것 같진 않다. 그중 좀 덜떨어진 새끼 고양이 중 한 마리가 땅에 잘못 떨어져 한참을 절룩거리며 다니는 모습을 보았다. 나중에야 제대로 뛰어내리는 걸 보고 못난 나 자신하고 똑같다는 생각이 들어 동정이 갔다. 나도 열두 번도 더 삐고 다치고 엉덩방아를 찧고 하다가 겨우 성령의 입김을 타는 것을 배웠기 때문이다. 그러나 일단 자신에게서 빠져나와 한 번이라도 성령의 이끄심을 감지하고 나면, 그때는 백 번 넘어지고 다쳐도 모든 것이 다 보상이 되고도 남을 만큼 자유와 기쁨을 느끼는 것이다. 하바쿡이 바람에 실려 머리카락이 잡힌 채 날아갔다고 한 말이 이런 뜻이 아닐까 싶을 만큼 자신이 미풍에 실려 가는 것을 체험한다. 일단 성령의 감도를 타는 법을 터득하기만 하면 만사가 형통이라 할 만큼 삶이 즐겁고 행복해진다.

여전히 일상은 거꾸로이고 모순적이다. 비 오고 바람 불고 예전과 똑같은데도 이런 것들에 영향 받지 않고 성령께서 마음 안에 불어넣어 주시는 희망과 확신을 가지고 살아가노라면 어느 틈에 기적에 가까울 만큼 불가능해 보이던 일이 다 이루어져 극구 반대하던 사람조차 언제 반대했는지 다 잊어버리고 그 일을 기뻐하고 즐거워하는 것을 보게 된다.

예수님의 부활이 바로 이러했듯이 우리네의 삶 속에서 죽음과 부활을 재생하는 것이다. 이것이 바로 성령께서 우리를 통해 하시는 업적이시다.

바다에서 엎드려 파도타기를 하는 것이 그렇게 재미있다고 한다. 그런데 성령의 바람 타기만큼 더 행복하고 즐거운 것이 있을까? 하느님께서 우리 안에 모험하기 좋아하는 성향을 주셨다면 바로 그것은 성령의 바람을 타도록 주신 것 같다. 죽어야 했다면 벌써 열두 번은 죽어야 했고, 망해야 했다면 벌써 망했을 사람이 나 자신임을 알 때, 죽을 고비에서 성령의 바람을 타고 빠져나왔음을 회상할 때, 하느님의 자비와 위대하심을 우러르게 된다.

성 바오로 사도가 쓴 서간들을 읽으면서 자신이 받은 고통과 죽을 고비를 통해 성령께서 어떻게 힘을 주시고 어떻게 인도하시는지를 보게 되었다. 바오로 사도만큼 성령의 입김에 실려 사랑의 모험을 체험한 사람도 없을 것 같다는 생각이 든다. 그런데 이 체험을 하면 모두가 사도 바오로처럼 힘 있고 확신에 찬 태도로 말을 하게 된다. 이것은 바로 성령께서 불어넣어 주시는 생기로 살고 호흡하기 때문이다. 우리 모두도 일생의 위기에서 한두 번은 이런 체험을 한 적이 있을 것이다. 이때의 이야기를 회상하며 전할 때는 어제 경험한 것처럼 힘 있고 박진감 있게 이야기할 수 있는 것도 이 때문이라 본다.

이것을 체험한 사람들이나 성인들이 아무리 설명해도 이를 직접 체험하지 않고서는, 나약한 인간성으로는 무섭고 두려울 것이다. 안전과 보장이 없는 한 인간은 쉽게 실천할 수 없기 때문이다. 이 모험이 힘든 것은 인간적인 안전과 보장이 하나도 없는 채 믿음과 신뢰 하나만 가지고 맨손으로 뛰어들어야 하기 때문이다. 그러나 성령의 감도를 감지하기 시작하면 인간의 제도가 주는 어떤 안전과 보장보다 더 큰 안도감과 굳은 확신이 생긴다.

생사를 거는 이 모험을 하는 데 결국 문제는 성령의 감도인지 아닌지를 어떻게 식별하는가가 중요한 열쇠이다. 학식 있고 경험 있는 지도자가 있을 때는 도움을 받을 수 있어서 별 어려움이 없지만 보통으론 혼자서 중대한 결정을 해야 할 때가 많기 때문에 문제가 된다. 이에 대해서 신통하고 뾰족한 답은 없다. 그렇지만 일상생활 안에서 하느님 현존 안에 사는 습관을 들이다 보면 자신도 모르는 사이에 하느님의 성령이 자신 안에서 일하시는 것을 인지하게 될 것이다. 그런데 이런 습관이 들면 막다른 골목에 자신이 내몰릴 때, 더 이상 선택할 수 있는 상황이 안 될 때, 정말 이것이 하느님의 뜻인지 의심이 갈 때, 우리는 하느님께 '아무 말씀 없으시면 이대로 하겠습니다. 잘못 결정했으면 고쳐주십시오' 하고 한 발을 내디뎌야 한다. 상황은 계속 불안하고 잘될 것 같지 않은데도 마음은 하느님 현존을 느낄 때처럼, 아니 그보다 더 강하게 기쁨과 평화가 있고 일이 아주 잘 돌아갈 때의 하느님의 현존을 체험한, 그와 비슷한 느긋함과 평화와 기쁨이 솟아오름을 느낀다. 이때는 편안하게 자신을 하느님께 내맡기고 있으면 새로운 곳에서 새 출발을 하고 있는 자신을 만나게 된다. 그러나 반대로 마음이 불안하고 답답해지면 그 방향으로 선택한 것을 일단 보류하거나 포기하는 것도 좋다. 이성적으로 볼 때 잘못된 것같이 보이지 않더라도 잠깐 보류해보면 나중에 더 좋은 방책이 나타남을 보게 된다. 결국 성령의 감도를 식별하기 위해서라도 하느님 현존 안에 사는 법을 배우고 습관을 들일 필요가 있다.

인간적인 소유나 안전을 찾지 않고 성령 안에서 사는 법을 배우고 나면 초대 교회의 신자들이 자신의 재산을 다 가져다 사도들 앞에 내놓고 자기가 필요한 만큼만 쓰는 그 마음이 어떤 것인지 알게 된다. 성령께서 함께하시면 자신이 필요한 것이 다 채워져 있고 사실 필요한 것이 별로 없음도 보게 된다. 영광의 성령께서 같이 있는 사람에게 당신 영광으로 우리를 감싸주시니 배고픈 자가 헛된 영광을 찾아 헤맬 필요 없이 주님과 진리를 위해 고생하면 고생하는 그 깊이만큼 영광과 용기를 가득 채워주시니 자신이 주님을 위해 고생하는 것이 과분하게 느껴질 정도가 된다. 스테파노가 그러했고 바오로 사도도 그러했으며 성령을 가득히 받은 모든 성녀들이 그러했다.

참된 자유와 기쁨은 변덕스런 자아(ego)의 욕구를 채우는 데 있지 않고 이 자아를 벗어나 성령의 거느리심 안에 살 때 맛볼 수 있다. 자아(ego)가 두텁게 자기 틀(소유와 안전) 안에 안주하는 한, 아무리 성령께서 감싸주셔도 자기 좁은 틀인 자기 울 안만 보게 되고 이 자기라는 감옥 안에서만 안전을 찾고 편안함과 기쁨을 찾는 것이다. 이 자기의 감옥을 한 번이라도 벗어나 본 경험이 있는 사람이라면 얼마나 큰 자유와 기쁨이 선물로 주어지는지 알고 놀랄 것이다.

이런 의미에서 우리가 '위기'라 이름 지어 부르는 급박한 모든 상황들은 '이젠 그만 좁은 자신을 떠나 자유로운 하느님의 세계로 들어오라'는 초대인 것이다. 살면서 몇 번쯤의 위기를 겪고 이겨냈어도 이것을 제대로 깨우치지 못했을 경우, 결국 노년이 되어 자신이 해놓은 것이 하나도 없고 새로 시작하려 해도 너무 늦었고 자신의 안과 밖이 허무로 둘러싸여 있음을 문득 직면하게 될 때, 당혹감과 큰 위기 의식을 갖게 되는 것이다. 지금까지 살아온 방식과 생활 방식이 전혀 의미 없는 것임을, 자신이 기댈 곳이 전혀 없음을 보기 때문이다. 결혼한 사람이라면 배우자나 자식들에게 쏟은 정성과 에너지가 모두 덧없어 보이고, 또 그 책임에 불성실했다면 더 말할 나위 없이 죄책감과 인생의 허무감에 사로잡힐 것이다. 또 사회적으로, 가정적으로 성공했다 하더라도 자신의 일생이 허무하게 끝난다는 생각을 떨쳐 버릴 수가 없을 것이다. 자신 안에 뭔가 더 큰 갈망과 욕구가 채워지지 않은 텅 빈 공간을 만나게 되는 것이다. 나아가 자신이 찾고 있는 이 갈망이 무엇인지를 모르기에 더 답답하게 여겨지게 된다.

이 위기 의식은 인간 존재의 가장 밑바닥에서 솟아 나오는 것이기에 피상적인 방법으로는 해결할 수도 없고 대용할 무엇도 발견할 수 없는 데서 온다. 설사 머리 좋은 많은 사람이 잠시 빠져나가 대용품을 찾을 수 있다 해도 그것은 찰나에 불과하고 웃고 있으면서도 마음 밑바닥에 서려 있는 허전함과 막연한 불안감은 떨쳐 버릴 수가 없다. 수도자라면 자신이 하느님을 사랑한다고 몸 바친 지 20~30년이 지났는데도 좋아지거나 좀 더 거룩해지기는커녕 형편없는 자신의 밑바닥만 거울 보듯이 보기 때문에 그 모습을 부인하거나 변명할 수도 없다. 더구나 진정으로 하느님을 믿지 않고 신뢰하지 않고 있는 자신을 발견할 때의 놀라움이란 이루 말할 수 없이 크다. 자신의 열정, 자신의 이기적인 생각들은 하느님을 위해 일한다는 명분만 내세웠지 실제로는 철저히 자기중심적으로, 이기적으로 살아왔음을 빤히 보게 될 때의 고통스럽고 실망스러우며 당혹스런 마음은 이루 말할 수 없다. 새로 시작하고 싶지만 지금까지 살아온 방법으로는 또 같은 결론이 나올 터이니 소용이 없고 새롭게 시작하려면 어디서 어떻게 새로 시작해야 할지 모르는 막막함은 위기감을 더 가중시킨다.

만일 하느님께 신뢰하지 않고 자기 힘과 재주로 살아 왔다면 이 고통은 훨씬 더 크다. 어떻게 하느님께 신뢰해야 하는지 잘 모르기 때문이다. 그렇게 남에게는 하느님을 믿고 신뢰하라고 강론하며 평생을 살아온 내 자신이 막상 하느님께 신뢰가 필요한 이때 오히려 하느님을 찾지 않고 자신의 허무한 심연 속에 틀어박혀 있는 자신을 보는 괴로움이란 이루 말할 수 없다. 이러한 자신을 인식하면서도 하느님을 향해 한 걸음도 내딛지 못하는 것은 결국 말만 하고 실천하지 않은 바리사이처럼 내 자신이 위선자였음을 인정하지 않을 수 없게 한다. 그래서 위기의 심연은 깊어만 간다.

 이러한 자신을 있는 그대로 본다는 것이 진리이지만 이런 자신을 인정하고 받아들이는 데는 저절로 되는 것이 아니라, 여기에는 무한한 심연의 거리가 있다. 자신이 그렇다는 것을 아는 것과 자신의 그러한 모습을 인정하고 잘못을 고백하는 것은 또 다른 차원임을 깨닫는다. 진심으로 뉘우치고 용서를 청하는 것은 주님께 한 걸음 나아가는 것이다. 예수님을 배반한 유다도 예수님께서 유죄 판결을 받으신 것을 보고 자기가 저지른 일을 뉘우쳤다. 그래서 은전 서른 닢을 대사제들과 원로들에게 돌려주며 "죄 없는 분을 팔아넘겨 죽게 만들었으니 나는 죄를 지었소"(마태 27,3-4)라고 하였던 것이다. 하지만 유다는 자신의 잘못을 후회하고 뉘우쳤으나 양심의 가책만 느꼈을 뿐, 자신을 해방시켜 주실 분인 하느님께 나아가지 못했다. 그토록 예수님과 함께하고 그 뒤를 따라다니면서 많은 사람들의 죄를 용서해주는 것을 보았음에도 자기 잘못을 용서해주시려고 기다리시는 예수님께 자기 죄를 드리지 않은 것이다.

 많은 사람들이 자살 직전에 이 유다의 양심의 가책 수준에 머물러 오랜 시간을 보낸다. 신자들이나 수도자들도 역시 자신의 잘못으로 인한 실의와 좌절에 빠진 사람들에게 용서를 청하라고 그토록 가르쳐 놓고서, 또 이런 사람들이 자신들의 권고를 받아들여 하느님께 나아가 용서를 빌고 새사람이 되어 새 생활을 하는 것을 수 없이 보아 왔으면서도 정작 자기 문제에 부덮치게 되면 이에 대해 한 번도 듣지 못한 사람처럼 하느님께 용서를 청하러 나아가지 못하고 우물쭈물 망설이는 자신을 본다. 그래서 40~50대에 자기의 가련하고 죄인인 모습을 보게 되는 이런 문제에 봉착하면 고심하고 고심한 끝에 기껏 한다는 결정이 '자격이 없으니 성소를 떠나는 쪽으로 결정' 해버리는 경우가 많다. 이 말은 다시 말하자면 자신이 잘나서 하느님이 뽑으셨다는 '착각'을 고백하는 셈이다. 하느님은 전지하시기에 그의 불충함을 다 아시면서도 뽑으신 것인데도 말이다. 또 하느님은 전능하시기에 언제든지 우리를 새롭게 만들어주실 수 있는 분이심을 이때에 배울 수 있는데도 말이다.

이러한 자신의 착각을 인정함으로써 자신이 잘나서 뽑혔다는 착각이 깨지고 죄인인 자신을 통해서 하느님의 자비와 전능하심을 드러내시기 위함임을 깨닫게 되는 것이다. 마치 하느님께서 당신의 영광을 드러내시기 위해 우리의 도움이 필요하여 나를 선택한 것처럼 생각하는 경향이 많다. 그러나 오히려 죄책감으로 죽을 수밖에 없고 절망할 수밖에 없는 인간을 구원하시려고 당신의 영광을 드러내시며 하느님은 우리의 이러한 체험을 통해 하느님의 증인이 되기를 바라시는 것이다.

이렇게 생각한다면 '부름 받은 자'가 된다는 것은 자기 존재를 다 드러내는 일이기에 얼마나 뼈아픈 일이고 또 얼마나 위로와 영광이 되는 소명인지 모른다. 성 베드로를 보라! 자신의 나약함으로 인해 주님을 배반한 고통이 얼마나 컸을까? 성 베드로만큼 자신의 잘못 때문에 깎아지르는 듯한 심연의 벼랑 끝에 서서 고통스러워하고 방황하는 사람의 마음을 잘 아는 사람이 있을까? 왜 예수님께서는 사랑하는 베드로에게 이 실수로부터 미리 보호해주지 않으시고 허락하신 걸까? 사실 베드로의 나약함과 실수로 인한 고통이 세세에 전해져 우리는 베드로의 모범을 보고 우리를 새로 일어나게 도우시려는 하느님의 영원한 슬기에서 허락하심이라 여겨진다. 또 이런 베드로에게 천국의 열쇠를 맡기신 예수님의 사랑 어린 배려도 가슴 푸근하다. 인간의 나약함이 예수님께 등을 돌리게 하지만 용서는 이 나약함을 넘어서 하느님께 한 발 더 내디딜 수 있도록 부추겨 준다. 이렇게 진짜 자신의 나약한 모습을 보는 것이 하느님의 큰 도우심과 은총이 틀림없는데도 우물쭈물하고 있는 것이다. 물론 여기까지 온 것 - 자기의 진정한 모습을 보는 것 - 도 하느님의 큰 은총과 이끄심이 틀림없는데도, 그런데 여기서 그만 죄인의 모습을 초월하는 행동인 하느님 앞에 나아가 진정으로 용서를 청하는 행동을 못하고 마는 것이다. 각자가 이때 느끼는 심정은 깎아지른 벼랑 위에 홀로 서 있는 아찔한 느낌인 것이다. 하늘을 향해 도움을 청해야 함에도 절망과 좌절의 심연에 몸을 맡기는 행동을 하는 것을 지켜보는 예수님 마음은 오죽 답답하고 애가 타실까? 왜 예수님은 적어도 한번쯤은 이 심연의 벼랑 위에 인간을 서게 하실까? 그리고 사람에 따라 벼랑 위에서 허무와 절망의 심연을 바라보며 오랫동안 위기의 시간을 보내게 허락하실까? 자신이 이 위기의 벼랑 위에 홀로 벌벌 떨며 있어 보면 자살하는 사람의 심정도 이해가 간다. 여기서 더도 말고 한 발만 더 디디면 그럴 것 같기 때문이다.

한번쯤은 하느님이 이런 절대적 위기 앞에 인간을 세워 놓으심은 인간에게 스스로의 선택권(자유 사용)을 주시고 싶기 때문이리라. 스스로가 어둠을 택할 것인가? 빛을 택할 것인가? 혼자서 스스로 결정하기를 바라기 때문이리라. 따라서 죄를 짓고 잘못을 했어도 그 때문에 자동적으로 어둠을 택하지 않도록 용서를 해주시는 것이다. 사실 인간은 누구나 잘못을 저지르기 쉽다. 과연 누가 잘못을 저지르지 않을 수 있을까? 과연 '벼랑 끝에 서 있는 위기 의식'을 경험하지 않는 사람이 있을까? 대부분의 성인들도 뼈아픈 기도를 통해 자신의 잘못을 뉘우치고 심연 속에서 하느님을 부르짖어 하느님의 도우심으로 새로 태어났다. 그러고는 하느님의 자비를 노래하고 있다.

2. 엘리사벳을 매료시킨 진리

삼위일체의 하느님이 우리 영혼 안에 거주하신다는 신비는 엘리사벳을 완전히 사로잡았다. 엘리사벳은 끊임없이 가족과 친구들에게 이 빛나는 진리에 대해 이야기한다. 삼위일체는 우리의 거주지, 우리 본연의 집이라는 것에 넋을 잃고 황홀해하며 말한다.

"거룩한 삼위일체의 이 신비를 나는 너무도 사랑해! 나를 잃어버리게 하고 잠기게 하는 심연이야. 오! 얼마나 아름다운지 이것을 생각한다는 것은! 지복 직관을 제외하고는 천국에서 진복자들이 하느님을 소유하는 것처럼, 우리도 그분을 소유하고 있어. 그 누구도 결코 그분으로부터 우리를 떼어놓거나, 멀리하게 할 수 없어"(편지 62).

"오! 나의 깃드, 이 성삼위의 축제는 진정 내 것이야. 나에겐 이와 비슷한

다른 것은 아무것도 없어. 그래서 나는 가르멜이 아름다운 곳이라고 생각해. 왜냐하면 이곳은 흠숭과 침묵의 축제이기 때문이야. 지금처럼 이 신비에 대해 잘 이해한 적은 결코 없어. 또 내 이름이 나타내는 성소에 대해서도 말이야"(편지 113).

자신의 소명을 다하기 위해 자신의 하늘 안에 머무는 법을 배워야 함을 엘리사벳은 잘 알고 있었다.

"'하늘에 계신 우리 아버지' 그분께서 우리 영혼의 중심 안에 손수 만드신 '이 작은 하늘 안에서' 우리는 그분을 찾아야 하고 무엇보다도 먼저 그 안에 머물러야 해![49] 예수님께서는 '하느님의 나라는 너희 가운데에 있다'(루카 17,21)라고 말씀하시며 우리가 당신을 발견하기 위하여 우리 자신으로부터 나오지 말아야 한다고 계시하시고 계셔.[50] **천국은 우리 안에 있어. 성령께서도 또한 그분의 불꽃으로 이것을 새롭게 하기를 원하셔**"(시 89).

엘리사벳은 하느님이 우리와 함께, 특히 우리 안에 계신다는 이 신비에 푹 빠져 산다. 이런 엘리사벳에게 하느님께서도 일찍부터 은총으로 채워주신다.

1) 하느님은 내 안에

엘리사벳이 열한 살이 되던 1891년 4월 19일 첫영성체 때 만난 예수님은 이 영혼 안에 숨어서 당신의 사랑을 드러내 보이셨다. 미사 동안 영성체 후 감사 기도를 바치는 그녀의 얼굴에 기쁨의 눈물이 흘렀다. 그리고 그녀는 성 미카엘 성당을 나오면서 친구인 마리 루이즈 알로에게 말했다.

"나 배 안 고파. 예수님이 먹여주셨는걸."[51]

또한 친구들은 엘리사벳이 도중에 "오! 우리 주 예수님은 얼마나 나를 잘 인도해주시는지"라고 말하는 것을 자주 들었다.

그날 오후에 엘리사벳은 디종 가르멜 수녀원에 가서 한 수녀를 만났다. 엘리사벳이 입회 허락을 받을 때까지 긴 세월을 기다리는 동안 위로와 격려를 해주신 분이었다.

"나는 이 아이에게서 받은 인상을 잊을 수가 없습니다. 나는 그녀에게 '엘리사벳'이란 이름이 나타내듯이 '복된 하느님의 집'이라 했더니 그녀는 깊이 감동한 것 같았습니다. 나는 이 내용을 상본 뒤에 써주었습니다. 나중에 이 영혼이 거룩한 삼위일체의 집이 되고 이것이 그녀의 독특한 은혜가 되리라고는 생각지 못했습니다."

상본 뒤에 쓰인 내용은 이러하다. "네가 가장 행복한 날에 받은 이름 안에는 하나의 신비가 숨어 있단다. 사랑하는 아이야! 네 마음은 이미 지상에서부터 이렇게도 사랑받는 하느님의 집 '엘리사벳'"[52]인 것이다.

그러나 이제 엘리사벳에게는 '하느님께서 내 안에 거처하신다'는 이 신비가 더 이상 숨겨져 있는 것은 아니었다. 이미 예수님께서 그날 아침 영성체 후에 당신의 현존을 드러내 보이셨기 때문이다. 이때부터 엘리사벳은 성덕을 향해 달리기 시작했다. '하느님이 내 안에 계신다'는 이 체험은 매일의 일상생활 안에서 연장되어 그녀의 하루 일과가 되었다. 모두가 그녀의 내면에서 일어나는 변화의 속도를 알아볼 수 있을 정도였다.

엘리사벳은 주님과 만난 신비로운 체험을 아무에게도 열어 보이지는 않았다. 그러나 큰 변화가 일어난 것은 첫영성체를 받은 날부터 달라진 그녀의 태도에서 엿볼 수 있었다. 이제 아주 유순하고 모범적인 아이가 되었으며 이제는 누구도 그녀의 성급한 모습을 볼 수가 없었다. 다만 때때로 그의 눈에 나타나는 한 방울의 눈물이 내심의 싸움을 보여줄 뿐이었다. 증인들은 한결같이 엘리사벳이 첫영성체 이후 은총의 길에서 눈에 띄게 진보하고 있음을 강조하고 있다.

엘리사벳은 예수님께서 받으신 고통과 죽음을 통해서 사람들 사이에 현존하시는 성체성사 안에서 드러내 보이시는 그분의 사랑을 이해했다. 예수님께서는 그녀의 영혼 가장 깊은 곳에서 그녀에게 힘을 주셨다. 그녀는 영성체를 할 때면 기쁨의 눈물로 얼굴이 자주 흥건히 젖곤 했다. 엘리사벳은 예수님과 다른 사람들을 위해 자기 자신을 잊도록 온 힘을 다해 노력했다. 그래서 그녀의 격렬한 분노는 안에 잠재해 있다가 결국 굴복되고 말았다. 이것은 예수님에 의해 승리하게 된 것임을 잘 알고 있기에 그녀는 기도를 더욱 열심히 하였고 좋아하였다.[53]

첫영성체 때 받은 감동은 엘리사벳의 뇌리에 깊이 새겨져, 이날을 예수님과의 사랑의 역사가 시작된 '회개의 날'로 부르며 기념했다. 사실 얼마나 열정과 정성을 다해 '첫영성체 날'을 고대하며 준비해 왔던가! 자신의 모든 결점에서 해방되어 자유롭게 되기를 희망하면서 예수님과 하나 되기를 갈망한 것이다. 이 간절한 소원은 이루어졌고 '예수님과의 만남'은 그녀의 삶에 아주 깊은 흔적을 남겼다. 또한 가르멜 수녀와의 만남 역시 그러했다. 엘리사벳은 십자가의 성 요한의 시에서 "솟아 흐르는 샘을 나는 잘 아노라 아직 어둡긴 하여도……"라고 노래하는 '솟아 흐르는 샘'을 발견한 것이다. 이 샘이 그녀의 안에 있음을…….

2) 나는 하느님 안에

엘리사벳은 자신의 이름이 뜻하는 바가 '하느님의 집'이라는 것을 알고 너무 기뻐하였다. 자신의 이름 안에 깃든 이 신비를 첫영성체 때 경험한 예수님과의 신비로운 만남 이후 매일의 삶 속에서 더욱 심화시켜 나가는 것이 그녀의 과제였다. 첫영성체 받은 지 7주년 되는 날에 쓴 시를 보면 그때의 감동이 7년이 지난 뒤에도 잘 나타나 있다.

> 그 시간 이후
> 감미롭고 숭고한
> 신비적인 대화 이후
> (……)
> 내 생명 드리고픈 열망뿐…….

하느님께서 자신을 위해 모든 것을 하시는 그 사랑에 감동되어 점차로 자신에게서 빠져나와 하느님 안에 자리함으로써, 자신의 거처는 이제 하느님 안으로 더 깊이 뿌리 내리려는 움직임으로 자신도 모르는 사이에 서서히 바뀌어간다. 우리 영혼 속에서 끊임없이 일하시는 하느님의 사랑이 어떤 것인지 엘리사벳을 통해 눈으로 볼 수 있을 만큼 확연히 나타났음을 알 수 있다.

> "'하느님의 집'인 제가 성삼위로 온통 채워지고 가득 넘치게 기도해주세요. 저는 그리스도의 영혼 속으로 떠났습니다. 여기서 나의 사순절을 지내려고 해요. 내가 살지 않고 그리스도가 제 안에 사시도록 그분께 청해주세요. 이 위대한 전망 아래 항상 제가 속해 있고 이 '일치'를 위해 매일매일 더 제 자신이 사라져 없어지도록……. 이것이 바로 성화의 비결이라 생각합니다.
>   이 얼마나 단순합니까! 원장님, 천국이 우리 안에 있다고 생각하는 것이란……. 가끔씩 향수를 느끼는 그 천국이 우리 안에 있다니! 마지막에 휘장이 벗겨지고 우리가 오롯이 사랑하는 그분과 얼굴을 마주 보고 즐거워할 그 날은 얼마나 아름답겠습니까! 그때를 고대하면서 사랑 안에 살고 사랑 안에 잠기고 사랑 안에 나 자신을 잃어버리고 맙니다. 내 영혼이 열망하는 무한한 사랑 속에……"(편지 107).[54]

첫영성체 후 11년 뒤에 원장 수녀에게 쓴 이 편지는 첫영성체 때의 감동을 그대로 간직하고 있고 더 무르익고 깊어진 것을 볼 수 있다. 원장 수녀는 상본에 엘리사벳의 이름을 풀이해준 바로 그 수녀이다. 이젠 엘리사벳은 하루하루 더 깊이 하느님 안에 잠겨 들어간다. 그러고는 1년 후 한 신학생에게 보낸 편지를 보면 자신의 이름에 대한 신비 속으로 한층 더 깊이 파고들어간 것을 볼 수 있다. 이 신학생은 여동생 깃드의 시동생이 된다.

"내 이름에 대하여 말씀하신 것은 저를 무척 즐겁게 합니다. 너무도 마음에 드는 이름입니다. 이 이름은 제 성소의 모든 것을 요약해주고 있습니다. 그분을 생각할 때 제 영혼은 고양되어 이미 이 지상에서부터 우리의 거처, 우리의 봉쇄 구역(닫힌 정원)인 삼위일체-신비들 중 가장 큰 신비인 성삼위-까지 밀려 올라 갑니다. 빛나는 거룩한 빛 속에 살도록 우리를 불러주신 하느님, 이러한 우리의 성소를 생각하는 것이 그 얼마나 흠숭하올 사랑의 신비인지요! 이 부르심에 성모님처럼 지상에 살면서도 '그 모든 것을 마음에 깊이 새겨 간직하였다' 하고 응답할 수 있다면 얼마나 좋을까요? 내 영혼 가장 깊은 곳에 사시는 삼위일체 안에 나를 잃어버리고 변화되면 나를 하느님 안에 숨긴다고 말할 수 있겠지요. 이렇게 되면 당신이 내게 말한 것처럼 내 표어인 '빛나는 이상', **성삼위의 궁전**[55] - Isabel de la Trinidad - 이 실현되겠지요"(편지 185).

이 거룩한 삼위일체가 이미 우리 영혼 안에, 우리가 사는 세상에, 자신이 머무는 수도원에, 우리가 살고 있는 가장 깊은 곳에서 우리와 함께 계시는 것을 발견하고 기뻐하며 각 편지마다 살아 있는 자신의 감동을 전하고 있다. 위에서 말한 신학생에게 쓴 편지에서 그녀는 이 감동에 대해 말하고 있다.

"당신이 내게 말한 대로 예수님이 이 세상에 오셔서 우리를 인도해준 삼위일체의 삶을 산다는 것은 얼마나 아름다운지요! 예수님은 여러 번 당신은 생명이라고 하셨고 생명을 얻고 더 얻어 풍성하게 하러 오셨다고 하셨지요"(편지 199).

그녀가 가르멜에 들어온 지 8일이 지난 후 "당신의 표어(모토)는 무엇입니까?" 하고 물었을 때 "하느님은 내 안에, 나는 하느님 안에"라고 대답했다. 우리 안에 계신 하느님은 점차 더 우리를 당신께로 이끌어 우리가 하느님과 똑같이 되도록 변화될 때까지 당신 안에 푹 잠겨 살도록 이끌어가신다. 예수님은 성녀 데레사에게 말씀하신다.

"영혼아, 너 찾기를 내 안에서 하고 날랑은 네 안에서 찾도록 하라."

이 바꿈질은 하느님이 내 안에 계심을 알고 내 안에 계신 하느님께 깊이 몰두할수록 더 깊어진다. 그리고 이 두 가지의 움직임은 역동적으로 양쪽을 더 심화시켜간다. 즉, 나를 하느님 안에 깊이 묻을수록 내 안의 하느님이 커지고 이에 비례하여 하느님 안에서 내 자신을 더 잃어가는 것이다.

"매일매일 그분과의 일치 속에 살도록 해. 그분은 네 영혼 안에 계시니까. 우리의 아버지, 십자가의 성 요한이 말하는 것을 들어 봐. 이젠 너의 아버지이기도 해. 왜냐하면 너는 나의 자매이기 때문이야. '오! 모든 피조물 가운데 가장 아름다운 영혼이여, 너의 사랑하는 임을 찾고 결합하기 위하여 그분이 어디 계신지, 그 계신 곳을 그토록 알기 원했었다.' 이미 네게 말한 대로 너 자신이 그분이 사는 숙소, 수방, 그분이 숨어 있는 은둔처야. 너를 위해 이 얼마나 큰 기쁨이며 큰 만족인가! 너의 모든 바람과 선이 그토록 너 가까이에 있고 네 안에 있다는 것을 본다는 것은! 더 잘 표현한다면 너는 그분 없이 있을 수 없다는 거야(편지 136). 하늘의 한 모퉁이가 가르멜임을 네가 만일 볼 수 있다면![56] 그 안에, 침묵과 고독 가운데 오직 하느님과 살고 있어. 여기에선 모두 하느님에 대해서 말해주고 있어. 모든 곳에서 하느님은 살아 계시고 나는 그분이 현존하심을 느껴. 기도는 우리의 본질적이고 유일한 과업이야. 그렇기 때문에 가르멜 수녀는 결코 기도를 중단해서는 안 되는 거야. 그리고 그분 곁에 지내는 이 기도 시간에 너를 잊지 않고 있어"(편지 142).

예수님이 공생활을 시작하시면서 하신 말씀이 바로 "때가 차서 하느님의 나라가 가까이 왔다. 회개하고 복음을 믿어라"였다. 하느님의 나라가 이미 이 지상에서 시작하였다는 이 복음을 단순한 엘리사벳은 그대로 믿고 받아들이고 정말 예수님이 하신 말씀대로 자신 안에서 실현되어 가는 것을 깨어 지켜보았다. 자기 영혼 안에서 숨쉬며 살아 계시는 하느님의 현존을 손으로 만지듯이 체험하면서 "하느님 나라는 너희 가운데 있다"는 말씀이 정말 사실임을 나날이 깊어가는 체험 속에서 하느님의 말씀은 살아 있어 모든 말씀을 이루어지게 하심을 목격했다.

엘리사벳이 말하고 있는 것은 우리가 모두 다 알고 있는 것임에도 새로운 감동과 힘을 주는 것은 그녀 자신이 이 안에서 은총과 생명을 길어냈고 또 그 안에 푹 잠겨 살았기 때문이다.

제4장_인간을 찾아 나서시는 하느님

성녀 가타리나는 침묵 중에 자기 영혼에게
이 말을 되풀이하기를 좋아했다고 해.
"하느님은 나를 찾으시고 나를 사랑하셔"
이는 정말 사실이야!

(편지 199)

1. 엘리사벳을 찾으시는 하느님

1) 하느님께 사랑받는 자

"온전히 사랑이신 분이 계셔. 그분은 우리가 그분과 사귀며 살도록 우리를 초대하고 계셔"(편지 327).

하느님은 우리를 사랑하고 또 사랑하신다. 모든 것은 이 사랑을 통하여 엘리사벳에게 전해진다. 하느님은 끝없이 그녀를 사랑하신다. 이 사랑에 대한 확신은 걱정하는 동료들을 그분께 전폭적으로 신뢰하도록 이끌어준다.

"그분은 우리의 친구가 되기를 원하셔. 그분은 네 마음 문 앞에 머물면서 기다리고 계셔. 그분께 문을 열어드려"(편지 174).

"그분은 여기 계셔, 아주 네 가까이에. 그분의 사랑은 너를 둘러 감싸고 있어. 그분은 모든 순간마다 네 친구가 되기를 원하셔. 너의 소명을 다하도록 도와주실 거야"(편지 212).

"나는 하느님의 사랑의 신비로 감싸여 있음을 느껴. 내 삶을 되돌아볼 때 내 영혼은 마치 하느님 사랑의 추적을 받고 있음을 발견해. 오! 얼마나 위대한 사랑인가! 이 사랑의 무게에 꼼짝 못하고 진 자신을 보고 있어. 그러기에 침묵하고 흠숭해……"(편지 151).

하느님의 사랑이 자신을 뒤쫓아 다님을 느끼는 행복을 말로 다 표현할 수는 없다. 또한 우리가 얼마나 하느님의 사랑을 받는 자인지도 다 이해할 수 없다. 그녀는 한 수녀에게 쓴 시에 자신이 받은 감동을 표현한다.

"자매여,
자신이 소유하고 있는 부유함을 알고 있나요?
사랑의 심연을 몇 번이나 헤아려본 적이 있나요?
밤이나 낮이나 당신 영혼 위에 가득한
이루 말할 수 없는 사랑 어린 애정을 나타내 보이려 해요"(시 98).

이 사랑은 어찌나 크던지 우리의 모든 곳에서 우리 위에 넘쳐흐르게 부어 주신다. 이 넘쳐흐르는 사랑을 받으면서 "나는 양들이 생명을 얻고 더 얻어 넘치게 하려고 왔다"(요한 10,10)는 예수님의 말씀이 자신 안에 실현되고 있음을 느낀다. 예수님은 이 사랑을 우리에게 가져다주시기 위해 이 세상에 오신 것이다. 이 넘쳐흐르는 사랑을 쏟아주시려 하느님이 자기 뒤를 뒤쫓아 다니심을 느낄 때의 벅찬 감동을 어떻게 표현하랴! 아무리 죽도록 사랑하는 연인들이라도 이처럼 뒤쫓아 다니지는 못하리라. 이를 체험한 사람은 사랑해주는 사람이 없다고 실망하거나 외롭다고 하소연하지도 않으리라. 마치 자신을 따라다니는 그림자처럼 아니 그보다 더 깊은 곳, 내 자신보다 나를 더 잘 아는 그 중심에서, 내 자신보다 더 가까이 계시면서 나를 사랑하는 분이 늘 따라다닌다는 것을 아는 것은 이 세상을 얻은 것보다 더 마음이 든든하며 위로와 격려를 느끼게 될 것이다. 이러면 이 세상에서 아무리 좋은 것도 덧없어 보이게 마련이다. 쉽게 말해 세상 어떠한 것에도 혹하지 않게 된다.

수도자, 성직자들은 바로 이 철철 넘치게 부어주시는 하느님의 사랑을 받고 이 사랑을 모든 이에게 전해주라고 부름 받은 사람들이다. 잠깐 내 삶을 되돌아보면, 하느님께서 얼마나 은총을 많이 쏟아 부어주셨는지, 밑 빠진 독에 물 붓듯이 그렇게 흘리고 다녔어도 이미 새고 새어 다 새어 나갔어야 하는데도 아직 은총이 남아 있는 것을 보면 정말 기적처럼 느껴질 때가 많다. 어쩌자고 지지리도 못난 사람을, 당신의 크나큰 은총도 못 알아보고 쉽게 진흙 부스러기와 바꾸는 사람을 당신 종이라 부르시며 새롭게 채워주시는지를 생각할 때 무딘 마음의 밑바닥에서 눈물이 솟아오른다.

이 눈물은 아마도 방탕한 자식을 끝까지 사랑하여 잠 못 이루며 애태우는 노부모에 대한 자식이 연민에서 흘리는 눈물과도 같다. 하느님께서 우리를 사랑해주심을 느낄 때 우리는 하느님께서 온전히 우리 자신 하나만을 사랑하시는 것처럼 느끼는 것이다. 하느님도 우리 자신만을 위해 존재하시고 이 세상도 우리 자신만을 위해 만드신 것처럼 느낄 때 그 행복감과 뿌듯한 기쁨은 이루 표현할 길이 없는 것이다.

예수님은 어느 성녀에게 발현하셔서 "나는 너 하나만을 구원하기 위해서였다 해도 그 모든 수난을 당했을 것이다" 하고 말씀하셨는데, 그 말씀이 바로 내 자신을 위한 말씀임을 깨닫는다. 이렇게 사랑해주시는 하느님 사랑의 현존 앞에 시편 저자도 이를 체험하고 "주님께서는 서나 앉으나 나를 아시옵고, 매양 나를 아시옵니다"라고 노래한다.

이 영혼의 눈이 열리기만 하면 모든 피조물이 사랑의 대양에 푹 잠겨 사는 것을 발견하게 된다. 이때부터 사실 이기심이 사라지는 것 같다. 모든 것이 자기를 위해 있음을 보면서 어떻게 극히 작은 조각의 한 부분을 떼어, 이것은 내 것이라 이름 부르며 내 것이라 주장할 수 있겠는가. 십자가의 성 요한처럼 "하늘도 내 것이고 땅도 내 것, 천사도 내 것, 주님의 어머니도 내 것, 피조물이 다 내 것이니 말이다. 그렇건만 내 영혼아 무엇을 찾아 헤매는가. 이 모두가 네 것이고 너를 위한 것이다. 너 자신을 함부로 얕잡아 보지 마라. 네 아버지 식탁에서 떨어지는 빵 부스러기에 눈이 팔려 어정대지 말고, 여기서 떠나가 네 영광 안에서 자랑하라. 그 안에서 숨어 기꺼워하라."[57]

그러나 이 사랑의 추적은 아직 정화가 덜 된 상태에서는 자신이 하고 싶은 것을 하느님이 쫓아다니며 방해하는 것으로 느껴진다. 하느님은 사랑이시기에 똑같은 사랑으로밖에 대할 수 없으신 데도 정화가 덜 된 상태에서 우리는 이 사랑의 불이 자신의 더러움을 드러내고 태우기 때문에 고통스럽고 버겁게 느껴지는 것이다.

"나에게 그분은 숨어 기다리는 곰, 매복하여 엿보는 사자. 내가 길을 벗어나 내 몸이 굳어지게 하시고 나를 뻣뻣하게 만드셨네. 당신의 활을 당기시고 나를 화살 과녁으로 세우셨네. 당신의 화살들로 나의 내장을 꿰뚫으셨네. 나는 온 백성의 웃음거리가 되고 날마다 그들에게 조롱의 노랫거리가 되었네"(애가 3,10).

우리를 쫓아다니시는 하느님의 사랑이 영혼의 불완전을 몰아내고 영혼에게 사랑의 불을 붙일 때 영혼은 아픔을 느끼는 것이다. '이는 마치 나무에 불을 붙일 때 이 불은 나무의 수분을 밖으로 몰아내고 나무를 말리기 시작한다. 이때 나무는 검고 칙칙한 색깔이 되면서 고약한 냄새까지 나게 마련이다. 점차 나무에 불이 붙어 불과 상극인 모든 어둠과 더러움을 밖으로 몰아내다가 마지막엔 나무를 태워 나무를 달군다. 그리고 불은 나무를 자신과 같이 변화시켜서 나무는 불 자체와 같이 아름답게 된다. 불은 자신의 특성과 작용을 제 안에 지니고 있기에 뜨거워서 뜨겁게 하고 밝아서 밝게 한다. 관상의 하느님 사랑의 불도 이와 같이 영혼을 자신과 동화시키기에 앞서 먼저 불과 상극되는 일체의 요소들을 없애준다. 영혼의 더러움을 내몰기 위해 검고 어둡게 하여 그전보다, 그리고 평소보다 훨씬 더 추하고 지겹게 만들어준다. 그러나 영혼이 이 사랑의 불로 정화에 정화를 거듭할수록 더욱 사랑에 불탄다. 흡사 재목이 잘 타는 정도에 따라서 그만큼 뜨거워지는 것과 같다.'[58]

하느님의 사랑이 깊은 만큼 고통도 깊다. 그러나 고통스러운 만큼 사랑의 유열과 기쁨으로 변화되어 하느님의 영광을 반사하고 노래할 수 있게 된다.

이 사랑의 추적을 성녀 가타리나도 체험하고 침묵 중에 자기 영혼에게 되풀이 하며 말하기를 좋아하였다. "하느님은 나를 찾으시고, 나를 사랑하셔." 이 말에 엘리사벳은 자기 경험을 통해 힘차게 맞장구를 친다. "이는 정말 사실이야!" 만일 영혼이 하느님을 찾고 있다면 하느님은 한없이 더한 사랑으로 그 영혼을 찾고 계신다. 영혼이 하느님께 향기롭고 사랑겨운 갈망을 보내드린다면 하느님께서는 당신의 향기를 보내시어 영혼을 이끄시고 뒤쫓아 달리게 하신다. 이 향기란 신적인 영감들과 미묘한 접촉들이다.[59] 이 사랑은 엘리사벳을 매혹시키고 사로잡는다. 엘리사벳은 친구 프란치스카 수르동에게 이것을 고백하고 있다.

"나는 네가 이상이 필요하다는 것을 이해해. 말하자면 너 자신에게 나와 너를 저 멀리 데려갈 수 있는 어떤 이상 말이야. 그런데 들어 봐. 그 이상은 하나밖에 존재하지 않아. 유일한 진리는 그분이야! 아! 네가 다만 조금이라도 그분을 나처럼 알 수 있다면! 그분은 나를 얼마나 매혹하고 사로잡는지……. 그분 시선 아래에서 보는 지평선은 너무도 아름답고 너무도 광대하고 빛으로 가득 차 있는 것으로 변해버려. 알고 있니? 내가 얼마나 그분을 열렬히 사랑하는지? 그분 안에서 나는 모든 것을 가지고 있어. 그분과 그분의 신적 빛을 통하여 모든 사물들을 바라보아야 하고 접근해야 해. 내 영혼의 친구, 이 숭고한 이상을 향해 나와 함께 방향을 잡고 싶지 않니? 이것은 허상이 아니야. 이것은 실재이고 가르멜에서의 나의 삶이야. 그분은 네 마음의 문에서 기다리고 계셔. 마음의 문을 열고 그분께 친밀하고 우러나는 대화를 해 봐"(편지 128).

하느님께서는 한없이 당신 사랑을 쏟아주시고 싶어하신다. 만일 어느 한 영혼이 이를 받을 준비가 다 되어 있다면 하느님은 그 영혼 위에 넘치도록 쏟아주신다. 잘 준비한다는 것은 자신이 가진 모든 것을 하느님께 드려 자신을 비우는 것이다. 허무에 지나지 않는 자신을 드리고 온전하신 하느님을 받는 것이다. 이 놀라운 교환은 천사들까지 감탄할 만한 신비이다. '우리가 가진 것을 다 드려야 한다'는 뜻은 다 드릴 때 온전히 비워져 하느님을 받을 준비가 되기 때문이다. 우리가 많이 드릴수록 하느님은 더 많이 우리를 당신으로 채워주신다. 엘리사벳도 이 진리를 체험하고 다음과 같이 썼다.

"하느님께 우리 자신을 드리면 드릴수록 그분은 우리에게 더 많이 주셔. 매일매일 이것을 더 알아듣는 것 같아. 얼마나 우리가 사랑받고 있는지 결코 이해하지 못할 거야"(편지 236).

우리를 사랑하시는 하느님의 엄청난 사랑, 우리와 함께 있기 위하여 사람이 되신 강생의 신비에 감탄하여 단순한 엘리사벳은 말을 잇지 못한다.

"오! 인간으로선 이해할 수 없는 신비!
예수님, 힘세고 전능하신 분
가까이 할 수 없는 숨어 계신 하느님이
우리를 위하여 가난한 아이가 되시다니요"(시 96).
"이 위대하신 하느님, 온전히 전능하신 분
우리에 대한 질투심으로 강한 사랑을 지닌 위대하신 하느님이 우리를 위하여 무엇을 더 하실 수 있겠습니까?"(시 57).

하느님 안에 잠겨 하느님의 사랑을 깊이 체험한 뒤 이 기쁨과 영광을 이젠 혼자 간직할 수가 없다. 자신이 맛본 이 은총의 기쁨을 모든 영혼들도 맛보고 누리게 되는 것만이 그녀의 소원이 되어간다. 예수님만을 사랑하기로 결심한 엘리사벳은 예수님의 갈망과 소원이 바로 모든 영혼들이 이 기쁨을 누리기를 원하신다는 사실을 너무도 잘 안다. 예수님 안에 깊이 잠기면 잠길수록 더 그윽한 행복과 함께 이 행복을 모두에게 나누지 않고는 견딜 수 없을 만큼 그녀의 갈망은 커 가기만 한다. 그래서 결국 이렇게 기도한다.

"오! 나의 하느님, 제가 만일 고통받는다면, 무엇보다 먼저 제가 그토록 고통받기를 원한다면, 이것은 저의 영원을 생각해서가 아니라 오로지 당신을 위로하고 영혼들을 당신께 데려오기 위해서이며 내가 당신을 사랑한다는 것을 보여드리기 위해서입니다. 그래서 저는 오로지 당신만을 사랑하는 이 마음을 당신께 드렸습니다. 사랑으로 죽을 때까지 당신을 사랑하는 마음, 홀로 당신만을 위해 살아가는 이 마음을요. 온전히 당신만의 것이기 위해 가장 깊은 수도원에 저를 산 채로 묻고 갖가지의 고통을 행복하게 견디겠습니다. 오! 예수님, 나의 정배, 나의 생명, 나에게 십자가를 주소서. 당신과 함께 고통을 나누기를 원합니다. 제발 나 없이 고통당하지 마세요. 아! 앞으로의 제 삶은 그침 없는 고통이 되기를! 아무튼 당신을 위로하고 당신께 내 사랑을 나타내 보일 수 있게 되기를! 오! 영혼들, 예 그래요. 당신을 위하여 영혼을 얻어드리고 싶습니다. '오, 고통이나 죽음을!'[60]"(영적 일기 32).

2) 엘리사벳의 응답 : 사랑의 응답

자신이 하느님께 무한한 사랑을 받는 자임을 인식한 엘리사벳의 응답은 온전한 사랑으로 되갚는 것이었다. 젊었을 때 음악과 자연에 매료된 엘리사벳은 사람이 되신 예수님, 성체 안에서 표현되는 예수님의 온전히 내주는 사랑에 매료되어 외친다.

"나를 위하여 이 세상에 오셨고, 나 때문에 십자가에 죽기까지 넘겨주심으로써 내주심의 절정에 이르렀다"(시 77).

이 사랑 안에 깊이 잠겨 있으면 있을수록 이 사랑은 엘리사벳의 사랑을 부추겨 마음속 깊은 곳에서부터 움터 올라오게 한다. 하느님의 큰 사랑이 우리 가슴속에 숨어 있는 불터 같은 사랑을 커지게 하면서 자신도 사랑으로 내주고 싶은 욕구를 느끼게 한다. 사랑은 사랑을 부르기 때문이다.

"내가 온전히 바칠 수 있도록, 또 항상 깨어 있도록 기도해줘. 내 영혼 위에 지니신 그분이 원하시는 모든 것이 현실화될 수 있도록 말이야. 내 생각에 내가 지금 준비하고 있는 것은 매우 위대한 것 같아. 나는 그리스도의 사랑으로 온전히 감싸여 있음을 느껴. 내가 서원하는 이 아름다운 날에 모든 것을 잊어버리고 그분을 위로할 수 있다면! 그리고 내 영혼이 결코 쉼 없이 흠숭하는 예배를 시작하게 되기를 원하고 있어. 내가 온전히 그리스도의 것이 되기를. 그래서 더 이상 내가 살지 않고 그분이 내 안에서 사시도록 기도해줘"(편지 150).

① 사랑으로 소모되기 원함

사랑은 사랑을 부르고 사랑은 사랑으로밖에 갚을 수 없는 것, 엘리사벳은 자신이 그리스도의 정배가 된다는 것에 벅찬 기쁨을 느낀다. 동시에 그리스도의 정배로서 어떻게 살아야 하는지도 잘 알고 있다. 서원의 기쁨은 엘리사벳에게 너무도 큰 것이었다. 그날 예수님과 그녀 사이에 일어난 것은 너무도 위대하여 말로 표현할 수 없을 정도였다.

"내가 느끼는 행복을 너희들에게 서둘러 전해야겠다고 생각했어. 얼마나 내가 행복한지! 이제 나는 그리스도의 정배야! 내 종신 서원에 대해 말하고 싶은데 말이야. 그런데 알고 있어? 너무도 신적이어서 이 세상의 말로써는 그걸 표현할 수 없어. 너무도 아름다운 날들을 지냈어. 그런데 지금도 그날의 아름다웠던 것을 그 어떤 것과도 비교할 만한 것이 없다고 느껴. 정말 유일한 날이었어. 그날 내 영혼과 하느님 사이에 일어난 것은 너무도 위대한 것이었어. 전하고 싶은 말은 너무 많은데, 오늘 밤 이 편지를 끝내고 싶어. 내 이름으로 주님께 감사를 드려 줘. 난 너무도 행복해"(편지 154).

친구 안토니아에게 그리스도의 정배가 된 자신의 사라지지 않는 기쁨을 이 같이 전하고 있다.

"난 아주 젊은 정배야. 하느님과 영원히 결합하는 종신 서원을 한 행복을 가진지 3주간 정도가 됐어"(편지 155).

하느님과 영원히 결합했다는 이 기쁨은 사랑하는 임을 더 사랑하도록 새롭게 밀어준다. 그녀의 유일한 소망은 그녀의 신랑을 더 사랑하는 것이다. 그분만을 위한 자신의 마음속 깊은 곳에 거처를 마련하는 것, 그분만을 위해 퍼주고 아낌없이 쓰는 것이다.

"나는 지금 이제 이 소원밖에 없어. 그분을 사랑하고 항상 사랑하는 것. 진정한 배우자로서 그분의 명예를 깨어 지키고 그분을 위하여 거처를 마련하여 행복하게 해드리는 것. 그리고 죄인들이 그분께 하는 혐오스런 모든 일들을 잊을 수 있도록 내 영혼 안에 피난처를 마련하는 것……. 나를 위하여 십자가에 못 박히심을 볼 때, 그리고 어떻게 당신을 바치셨는지를 볼 때, 그분께서 나에게 주신 것을 조금이라도 되돌려 드리기 위해 나를 소모하고 아낌없이 내주는 것이 아주 작게 여겨져. 우리는 그분의 정배들이야. 그러니까 그분을 닮아야 해. 그런 뒤 우리는 항상 그분과 함께 있게 될 거야. 이런 식으로 만일 우리가 그분이 살았던 삶을 충실히 산다면, 만일 우리가 십자가에 못 박히신 분의 영혼이 느끼신 것과 같이 된다면 우리는 그것을 단순하게 실천할 수 있게 될 거야. 그런즉 이제 우리의 약함을 더 이상 두려워할 필요는 없어. 그분이 우리의 강함일진데……. 누가 우리를 그분에게서 떼어놓을 수 있겠어?"(편지 156).

"오! 사랑하는 나의 예수님, 당신에 대한 나의 사랑으로 저를 불쌍한 죄인들의 구원을 위하여 희생 제물로 바칩니다. 그리고 제가 이 사랑의 순교자가 되도록 당신께 청합니다. 아! 이 사랑이 나를 다 태워버리고 나를 죽게 하였으면! 오! 내 사랑, 나는 당신의 것, 당신께 속해 있습니다. 당신이 좋아하시는 것을 내게 해주소서. 나는 당신의 희생 제물입니다. 당신을 위로하고 싶습니다. 이를 위하여 모든 고통을 당신 은총의 도움으로 잘 참아 받겠습니다. 당신 은총 없이는 아무것도 할 수 없습니다"(내적 메모 7).

자신이 얼마나 큰 사랑을 받았는지 알 때 인간은 자기의 작은 사랑이라도 기꺼이 내놓고 싶어진다. 그래서 엘리사벳에게 "성덕의 이상이 무엇입니까?" 하고 물었을 때 서슴없이 "사랑으로 사는 것"이라 대답한다. 죽을 때도 그녀는 성녀 데레사처럼 '사랑의 죽음', 사랑하는 임의 팔에 안겨 사랑으로 죽기를 갈망하고 있다. 어떤 종류의 순교를 선호하느냐는 물음에 그녀는 모두 마음에 들지만 특히 '사랑의 순교'라고 대답한다.

② 사랑받게 내맡김

엘리사벳의 메시지 중 아름다운 내용 중의 하나인 "사랑받도록 내맡기세요"는 선종하기 몇 달 전에 원장 수녀 앞으로 쓴 것이다. 이 말은 예수님이 베드로에게 한 질문을 살짝 바꾼 것이다. "너는 이들이 나를 사랑하는 것보다 더 나를 사랑하느냐?"(요한 21,15)를 "이 사람들보다 더 너를 사랑할 수 있도록 내맡겨라." 이는 하느님께서 먼저 우리를 사랑하셨다(1요한 4,19)는 말씀을 연상케 하고 하느님께서 우리를 위해 지닌 사랑을 알게 해준다. 이 사랑의 주도권은 항상 그분께 있고 우리의 응답은 그 뒤에 온다. 그분의 사랑은 항상 지금 여기에 있다. 항상 그분은 우리를 앞서 가신다. 하느님으로부터 사랑받도록 자신을 하느님께 내맡긴다는 것은 그분의 사랑에 마음을 활짝 열고 받아들이는 것에 기초를 두고 있다.

"주님께서 당신을 엄청나게 무척 사랑하십니다."[61] 스승님께서 여기 지상에 계셨을 때 몇몇 사람에게 지니셨던 총애, 그래서 그들을 그토록 높이 올려주셨던 그 특별한 사랑으로 당신을 사랑합니다. 그분은 베드로에게 말씀하셨던 것처럼 '너는 이들보다 나를 더 사랑하느냐?' 하시지 않습니다. 어머니, 그분께서 당신께 하시는 말씀을 들어보세요. '이 사람들보다 더 너를 사랑할 수 있도록 **내맡겨라!** 이를 위해 방해가 될 수 있는 어떤 장애에 대한 두려움 없이 내맡겨라. 나는 나를 기쁘게 하는 자 위에 내 사랑을 자유롭게 쏟아주기 때문이다. 이 사람들보다 더 너를 사랑할 수 있도록 내어드려라.'

이것이 바로 우리의 성소입니다. 어머니, 다른 사람들보다 더 당신을 사랑할 수 있도록 어머니 당신을 내어맡기세요. 이것이 모든 것을 설명해주고 영혼이 놀라는 것을 피하게 해줍니다. 소중한 어머니, 제가 떠나면서 전투 교회의 품에서 제 성소였고, 그리고 앞으로 승전 교회에서 끊임없이 수행하게 될 이 성소인 '성삼위께 영원한 찬미'를 유산으로 남겨드립니다.

어머니, 이들보다 더 사랑할 수 있도록 당신을 내어맡기세요. 어머니의 스승님께서는 이런 방식으로 어머니께서 영광의 찬미가 되기를 바라십니다. 그분께서는 그분의 영광을 위하여, 그분의 사랑을 통하여, 당신 위에 건설하는 것을 흐뭇해하십니다. 비록 어머니께서는 비참과 죄스러운 것 외에는 이러한 은총을 받을 만한 합당한 일을 아무것도 못하시지만 하느님은 어머니가 그 일을 하기를 원하십니다. 그분은 이토록 어머니를 사랑하십니다. 다른 이들보다 더 어머니를 사랑하십니다. 그분이 모든 것을 어머니를 위하여 하실 것이고 끝에 도달할 때까지 하실 것입니다. 그것은 그분이 한 영혼을 여기까지 이런 방식으로 변함없고 창조적인 사랑으로 사랑하실 때, 즉 어머니의 허락의 정도에 따라 모든 것을 변화시키고 자유롭게 하는 사랑으로 사랑하실 때, 그러면 이런 영혼은 얼마나 높이 날아가는지요!"[62]

엘리사벳은 성녀 폴리뇨의 안젤라의 글을 인용하여 자신의 확신을 전하고 있다. 이것은 예수님 혹은 성령께서 성녀에게 하신 말씀이다.

"오! 나는 너를 사랑해. 나는 이 세상의 다른 어떤 사람보다 더 너를 사랑한다. 너를 알지 못하는 기쁨으로 데리고 가려고 온 자는 나이다. 내가 너의 깊은 밑바닥 안으로 들어가려 한다.

오! 나의 신부! 나는 네 안에서 묵고 쉬었다. 이제 나는 내 안에 너를 차지하고, 너는 내 안에서 쉬어라.

나를 사랑해다오! 너의 모든 생애는 네가 나를 사랑함으로써 내 마음에 들게 될 것이다. 나는 네 안에 위대한 일들을 할 것이다. 네 안에서 내가 알려지게 되고, 환하게 밝아지고 영광스럽게 되는 위대한 일을……."

2. 현대인을 찾으시는 하느님

1) 겸손한 사랑

① 기다리며 인내하는 사랑

최첨단 컴퓨터 시대를 사는 우리에게도 성부, 성자, 성령의 하느님의 사랑은 여전히 우리를 감싸고, 사랑을 우리에게 쏟아주신다. 우리가 할 일은 마음을 열고 현존하는 이 사랑을 받아들이기만 하면 된다. 이렇게 흘러넘치게 사랑을 받고 나면 사람은 자연히 감사와 찬미의 탄성이 흘러나오고 하느님 사랑을 주위에 반사하게 된다. 거저 받았기에 그 받은 사랑을 거저 나누어주게 된다.

많은 사람이 이런 하느님의 사랑에 대한 체험을 하고 있다. 그때서야 머리로만 믿던 하느님이 정말 내 곁에 나와 함께하시고, 나를 위한 하느님이심을 마음 깊이 체험하게 된다. 그러면 그동안 교만했던 자신의 모습이 부끄러워 통회의 눈물이 흐르고, 이런 자신에도 불구하고 그토록 사랑해주시는 하느님 아버지의 사랑에 대한 감사의 눈물이 겹쳐 흐른다. 그 양상은 각각 다르지만 정말 하느님은 살아 계시는 분이심을 신앙으로, 그리고 실제로 체험하는 사람들이 많고, 또 그 고백을 자주 들으며 살고 있다. 특히 첫영성체 때나 세례성사 때 하느님에 대한 체험의 기쁨을 고백하는 것을 종종 듣는다.

중학교 2학년 때 친한 친구가 세례를 받고 그날 밤 꿈에 예수님을 만났다. 예수님이 너무 좋아서 졸졸 뒤따라가는 친구에게 예수님이 빙긋이 웃으시며 "날 따라오면 힘들 텐데⋯⋯. 나는 힘들고 험난한 곳을 주로 다닌단다!"라고 말씀하셨다. 그래도 친구는 "괜찮아요. 예수님 가는 곳이면 어디든 따라다닐래요. 예수님만 함께 계시면 안 무서워요." 그러자 예수님은 "좋아! 따라와 보렴!" 하셨다. 그 친구는 그 꿈만이 아니라 세례식 때 너무 행복하고 기뻐서 그 기쁨을 혼자 간직할 수 없어, 무턱대고 우리 집을 찾아와서는 다짜고짜 내가 당장 성당에 다녀야 한다고 우겨댔다.

어쨌든 나를 성당으로 데리고 갔다. 내가 그 친구에게 설득당해서 간 것이 아니라 이 친구는 한번 시작하면 끝까지 자기가 원하는 대로 할 때까지 졸라댈 것을 잘 알기 때문이었다. 그 당시 나는 이미 개신교를 다니고 있음에도 친구의 성화에 못 이겨 할 수 없이 따라 나설 수밖에 없었다. 그런데 성당에 가보니 마음이 차분해지면서 마음속 깊이 잠겨지는 것이 퍽이나 마음에 들었다. 교회에서는 느껴보지 못한 분위기였다. 기도하고 싶어 교회에 가면 푹 잠겨지지가 않고 마음의 주변만 돌다가 그냥 돌아오는 데 비해, 아무 생각 없이 성당에 갔다가도 그곳에만 들어서면 어떤 힘에 이끌려 숙연해지고 마음이 차분해지면서 깊이 가라앉는 것이 참으로 신기했다. 그래서 별 갈등 없이 성당에 다니게 된 것이다. 이 친구가 강력하게 성당으로 나를 이끌어주지 않았더라면 난 아마도 계속 개신교 신자로 남아 있었을 것이다.

나의 세례식 때 나에게도 내 친구처럼 예수님과의 어떤 만남이 있기를 고대했는데, 섭섭하게도 나에게는 아무런 일도 일어나지 않았다. 그러나 그 후에 주님께서는 꿈이 아닌 다른 방법을 통해 당신을 체험하게 해주셨다. 이 친구를 보거나 그 누구를 보아도 예수님의 좋으심과 살아 계심을 체험하면 참지 못하고 가장 가까운 사람에게 그 기쁨과 은총을 나누어주게 된다. 자연스럽게 자발적으로, 그러나 가장 강력하게 이웃에게 예수님의 현존과 사랑을 전하는 것이다. 사실 체험 없이 전교한다는 것은 지극히 어려운 일이다. 체험 없이 하는 전교는 힘이 없다. 우리의 말과 행동에서 신앙에 대한 확신이 없는 것은 하느님의 살아 계심과 자비하심에 대한 체험이 적은 것과 깊은 연관이 있다.

하느님을 체험하고 안 하고는 우리가 열쇠를 쥐고 있을 때가 많다. 물론 하느님께서 주시고 싶을 때, 주시고 싶은 만큼, 주시고 싶은 사람에게, 이런 은총을 내리신다는 점에서는 하느님께서 주도권을 갖고 계심이 분명하다. 그러나 하느님은 사랑이시기에 모두를 골고루 한결같이 사랑하신다. 하느님은 악인이든 선인이든 누구에게나 똑같이 햇빛을 비추어주신다. 그러니 영혼에게 필요한 은총도 똑같이 베푸신다고 볼 수 있다.

예수님께서 '혼인 잔치'의 비유에서 말씀하신 것처럼, 임금이 자신의 혼인 잔치에 사람들을 초대했는데, 어떤 사람은 밭으로 가고, 어떤 이는 장사하러 갔으며 나머지는 이를 알리러 온 종들을 붙잡아 때리고 죽이기까지 하였다. 이렇게 겨릿소 산것을 부려보기 위해 이 초대를 거절했듯이, 현존하시는 하느님의 사랑에 마음을 두기보다는 세상사나 찰나적인 지상 사물에 대한 자기 관심사에 마음이 빼앗기다 보면 이 현존하시는 사랑을 외면하게 되고 보이지 않게 된다. 그래서 이사야는 눈이 있어도 보지 못하고 귀가 있어도 듣지 못하는 백성을 꾸짖고 있다.

여러 차례 언급했듯이 은총을 받기 위해서는 가장 먼저 '덧없는 것에 마음이 쏠리지 않는 순결'이 필요한 것이다. 어떤 어려운 일로 인해 달리 방안이 없어서 어쩔 수 없이 포기하고 마음을 비워 더 이상 지상적인 욕심을 털어 내면 그 순간 은총과 평화로 둘러싸이고 그 안에 푹 잠기는 자신을 보게 된다. 예수님께서 산상 설교에서 "행복하여라, 마음이 깨끗한 사람들! 그들은 하느님을 볼 것이다"(마태 5,8) 하신 말씀도 같은 내용이리라 본다.

하느님을 만나고 체험하기 위해 현대인에게 가장 필요한 것은 아마도 하느님이 들어오실 공간을 비워놓는 것이 아닐까 싶다. 현대인들은 수많은 목표가 머리에 가득 차 있어서 그 목적을 달성한 사람만이 가치가 있고 그렇지 못하면 정당한 대우를 못 받는 시대에 살고 있다.

다음은 21세의 한 젊은 여성의 이야기다.

자신은 모든 걸 다 놓고 예수님 뒤를 따라가고 싶은데 하느님께서 뚜렷하게 불러주시지 않아서 고민이라고 했다. 이야기를 쭉 들어보니 내가 듣기에는 예수님의 부르심이 분명한데도 본인은 그 부르심이 알쏭달쏭하다고 하면서 확신이 서지 않는다고 했다. 참으로 안타까웠다. 사실 부르심에 대한 확신 없이는 다 떨치고 나설 수 없다. 그녀는 예수님의 사랑을 이미 체험했기 때문에 마음속에서는 그에 대해 응답하고 싶은 열망이 많았다. 그런데 문제는 머리에 똑 떨어지게 명확히 납득이 안 간다는 것이었다.

그녀는 항상 자기 발전을 위해 1초도 낭비하지 않고 분주하게 공부하며 살아왔고 모든 일에 앞장을 서야 직성이 풀리는 적극적인 성격이었던 것이다. 그래서 나는 적어도 방학 동안만이라도 자기를 위해 시간과 정열을 투자하지 말고 이웃과 가난한 사람의 필요를 위해 먼저 마음을 배려하고 남은 시간에 자기가 하고 싶은 것을 해보라고 권고했다.

이때에도 그 일을 하는 것은 누구보다 앞장 서기 위해서가 아니고 오직 하느님 앞에서 하느님께서 주신 시간을 감사하게 사용하고, 하느님께 영광을 드리기 위해서 시간과 머리를 활용해보라고 했다.

얼마 안 되어 그녀는 살아 계신 하느님의 사랑을 벅차게 체험하고 얼굴은 기쁨과 행복으로 활짝 피어났다. 참으로 놀라웠다. 그녀는 너무도 뚜렷하게 자신이 하느님 사랑의 대상이 되어 직접 하느님의 사랑을 체험한 것이다.

다만 그녀가 한 것은 자기 욕심을 비워내고, 머리로 따지고 밝히는 것을 그만둔 것뿐이었다. 이 비어낸 공간에 하느님 사랑의 물결이 흘러들어가 차고 넘치게 된 것이다. 이 사랑의 힘에 밀려 자기 성소에 대한 응답도 분명해져 "예" 하고 대답했다.

이런 일을 지켜보면서 지금도 경쟁에 지지 않으려고 고군분투하는 많은 젊은이들이 마음속으로는 진리와 참다운 사랑의 삶을 찾기 위해 깊은 갈등을 겪고 있다는 점에 한편으로는 기뻤다. 이런 젊은이들의 고민을 들어주고 그들의 문제를 함께 나눈다면 무수한 젊은이들이 예수님의 사랑에 마음을 열고 이 사랑을 받아들여 새로운 삶을 살고, 또 주님의 부르심에도 관대히 응답하리라는 것을 확인할 수 있었기 때문이다.

  이들의 문제는 마음과 머리가 따로 놀아 머리와 마음이 연결되지 않고 통합되지 않는 것이다. 이성으로 머리가 하는 일에 마음이 반응을 보이지 않고, 마음이 하는 일에 머리가 하나하나 따지면서 자신이 하고 있는 일이 머리로 이해가 안 간다는 것이다. 현대는 감성보다는 머리, 입시 위주의 교육을 받았기에 이런 문제점이 발생하는 것이다. 하지만 복음 말씀을 따르고 예수님을 따르려면 머리가 아닌 마음으로 따라야 한다. 이와 같이 마음을 열 때, 예수님의 말씀을 채 이해하기도 전에 이미 은총과 평화로 자신의 마음이 가득 채워져 있음을 보게 될 때가 많을 것이다.

  현대인들이 하느님을 체험하는 데 어려운 점이 바로 이것이다. 예수님은 마음에 말씀하시고 마음과 마음으로 교류하시는데, 우리는 마음을 땅속에 묻어 둔 보물처럼 그냥 놔둔 채 머리만 개발하여 마음이, 사랑이 지시하는 대로 살지 않고 손해나지 않으려고 머리로 재고 따지며 살기 때문이다. 누군가가 말했듯이 '하느님은 산수는 0점이고 사랑은 100점'이신데 비해 지금 우리는 '산수는 100점이고 사랑은 0점'이기 때문에 서로 공감하고 교류할 수 없는 것이다.

  지금이라도 우리 세대가 지금까지 자신이 걸어온 길, 또 앞을 향해 달리는 그 길의 도착점이 어디인지 깨닫는다면 얼마나 좋을까? 앞의 스무한 살의 여성처럼 '자신은 성공할 것이지만 행복하지는 못할 것이다'라고 고백하면서 자신이 가던 길에서 참행복과 참자유를 찾아 돌아선다면 좋겠다.

  행복은 의외로 멀리 있지 않다. 자유도 그렇다. 앞서 말한 젊은 여성도 행복과 자유를 따로따로 찾아야 되는 줄 알고 있다가 행복감과 자유를 동시에 느끼고는 대단히 놀라워했다. 사실 자유는 행복할 때 찾아온다. 또한 덧없는 것에서 묶여 있다가 해방되었기에 더 큰 자유로움을 느끼는 것이다. 그리고 그 자유에서 행복이 솟아난다. 결국 행복과 자유는 항상 같이 다닌다고 볼 수 있다. 하느님은 우리 모든 인간에게 이 행복과 자유를 선사하시려고 양팔을 벌리고 계신다. 우리가 할 일은 현존하시는 이 사랑을 받아들이기만 하면 된다. 그래서 예수님은 "하느님 나라는 바로 너희 가운데 있다"(루카 17,21)라고 말씀하신 것이다. 하느님은 사랑이시기에 사랑 안에 사는 사람은 하느님 안에 있는 것이고 이미 하느님 나라 안에 있는 것이다. 하느님 나라는 성령을 통해 누리는 정의와 평화, 기쁨이기 때문이다.

하느님이 계신 곳을 성전이라 일컫는다. 그런데 바오로 사도는 우리에게 다음과 같이 말한다.

> "여러분의 몸이 여러분 안에 계시는 성령의 성전임을 모릅니까? 그 성령을 여러분이 하느님에게서 받았고, 또 여러분은 여러분 자신의 것이 아님을 모릅니까? 하느님께서 값을 치르고 여러분을 속량해주셨습니다. 그러니 여러분의 몸으로 하느님을 영광스럽게 하십시오"(1코린 6,19-20).

우리 자신이 하느님이 계시는 성전이고 하느님이 내 안에 계신다는 이 진리는 대단히 놀랍다. 우리는 이 진리 앞에서 마음을 열고 단순하게 믿고 받아들이기만 하면 된다. 그러면 벅찬 기쁨에 압도되어 자기의 삶이 바뀌어 성인의 길을 가는 것이다. 이 진리는 너무도 위대하고 커서 믿기지 않지만 사실이다. 우리에 대한 예수님의 간절한 소망은 오직 하나뿐이시다. 그것은 바로 예수님의 행복과 영광을 우리도 똑같이 누리는 것이다. 예수님과 가장 많이 닮아 예수님의 영광을 가장 많이 반영하는 자가 하느님께 영광과 기쁨을 가장 많이 돌려 드리는 효자가 된다.

예수님께서 세상을 떠나기 전에 하느님 아버지께 드린 마지막 간청 기도도 바로 이것이다. 하느님 아버지는 예수님의 소원은 다 들어주신다. 하물며 당신 생명을 걸고 피를 흘리며 드리는 아들의 기도 소리를 마음이 메여 안 들어주실리 없다. 이렇게 당신 생명을 담보로 걸고 청한 내용은 바로 이것이다.

"아버지, 아버지께서 저에게 주신 이들도 제가 있는 곳에 저와 함께 있게 되기를 바랍니다. 세상 창조 이전부터 아버지께서 저를 사랑하시어 저에게 주신 영광을 그들도 보게 되기를 바랍니다"(요한 17,24).

이것이 바로 예수님의 유일한 소원이시다. 그건 바로 우리가 예수님 계신 곳에 함께 있는 것(천국에 있는 것)이고 예수님이 받은 영광을 우리가 보는 것이다. 예수님의 간청으로 하늘나라는 이미 우리에게 와 있는 것이다. 우리가 할 일은 '아멘' 하고 받아들이기만 하면 된다. 그러나 머리 좋은 사람들은 나무는 잘 보되, 숲은 못 보는 경향이 있다. 그래서 눈앞의 이익만을 쫓아가는 한심한 짓을 저지른다. 악마들이 머리 좋은 사람들을 더 쉽게 잘 속일 수 있는 근거도 바로 여기에 있는 것 같다. 겨릿소에 홀딱 넘어가 마치 겨릿소가 이 세상에서 제일 중요한 것인 양 쉽게 속아 넘어가고 있는 것이다. 속으면서 속는 줄 모르고 겨릿소가 세상의 전부인 양 마음 든든해하며 엄청난 손해가 나는 바꿈질을 하고 있는 것이다. 그러다 홍수나 폭설로 온 마음을 쏟아온 겨릿소가 행여 죽게 되면 자기 인생도 끝장나는 줄로 알고 절망하고 심지어는 이런 이유로 자살까지 이르기도 하니……. 얼마나 눈먼 속임수인가!

모든 것이 끝장났다고 생각됐을 때 지금까지 죽도록 애착한 것에 어쩔 수 없이 손을 털고 하늘을 바라보면 그 미련하고 아둔함을 용서하시는 하느님 사랑을 발견하게 된다. 계획한 일에서 좌절하고 실패한 뒤에야 비로소 올바르게 하느님께 돌아서게 되는 자신을 발견하게 되는 것이다. 하느님은 오직 우리의 행복을 바라실 뿐이시기에 우리가 새롭게 시작할 수 있도록 용서하실 수밖에 없으신 것이다. 이제 거짓 영광과 거짓 기쁨에서 손을 떼고 참영광을 향해 돌아설 수 있는 기회를 주기 위해서 용서하시는 것이다. 하느님은 사랑이기에 우리가 참사랑과 참영광을 선택할 때까지 천 번이고 만 번이고 용서하실 수밖에 없으신 것이다. 하느님의 사랑과 용서는 이미 우리에게 선물로 주어져 있다. 우리가 누릴 하느님의 영광도 이미 우리를 위해 마련되어 있고 우리에게 주어져 있다. 우리는 쓸데없는 부차적인 것들에서 손을 떼고 받아들이기만 하면 된다.

'주님을 우러러보라. 네 얼굴이 빛나리라'는 시편 말씀처럼 주님의 영광을 우러러볼 때 우리는 모두 얼굴의 너울을 벗어버리고 거울처럼 주님의 영광을 비추어주는 동시에 우리는 주님과 같은 모습으로 변화되어 영광스러운 상태에서 더욱 영광스런 상태로 옮아가게 되는 것이다. 이것이 바로 주님이신 성령께서 이루시는 업적이시다(2코린 4,18). 예수님은 이를 "나는 양들이 생명을 얻고 더 얻어 넘치게 하려고 왔다"라고 표현하셨다. 이 진리에 몰두하게 되면 자신이 변화되고 자신도 모르는 사이에 자유롭고 거룩하게 되는 것을 경험하게 된다. 하느님은 "내가 거룩하니 너희도 자신을 거룩하게 하여 거룩한 사람이 되어야 한다"(레위 11,44)라고 말씀하신다. 우리가 수도복을 입었든 입지 않았든 어떤 형태의 삶을 살든 간에 우리 각자는 하느님의 거룩한 사람이 되어야 한다. 그런데 누가 더 거룩한 자일까? 더 많이 사랑하는 자, 하느님을 더 많이 바라보는 자, 그리고 당신을 바라보라는 이 요청을 더 충만하게 실현하는 자이다.[63]

우리가 할 일은 겨릿소에서 눈을 떼고 하느님을 바라보기만 하면 된다. 우리가 하느님을, 하느님의 영광을 바라보기만 하면 나머지는 하느님께서 친히 정화시켜주시고 단장시키셔서 당신 곁으로 더욱 깊게 이끌어주신다. 이 바라봄의 눈길이 순수해지고 깊어지면 정말 자신 안에 현존하시는 하느님을 성령을 통하여 신비적으로 체험하게 되는 것이다. 사실 기도란 바로 하느님의 현존 안에 잠겨 있는 것이다.

하느님의 사랑은 우리에게 무한히 베풀어주시는 거저 주시는 선물이듯, 당신의 영광도 우리가 똑같이 나누어 받고 우리가 영광스럽게 되도록 높여주시는 무한히 거저 주시는 선물이다. 하느님의 용서도 무한하다. 우리가 하느님의 영광이 아닌 지나가는 다른 영광을 찾다가 지치고 상처 입을 때마다 새로 고쳐주시고 힘을 주시는 것은 당신 영광을 나누어 받도록 발길을 돌려 아버지를 향해 돌아오라는 간청과도 같다.

아버지께서 주시려는 참된 영광에서 우리가 빗나갈 때마다 지치지 않고 용서해주심은, 우리에게 이 같은 참된 영광을 나누어 받게 하시려는 주님의 무한하고 간절한 열망 때문이다. 이 용서에 힘입어 천만 번 넘어진 후에도 새롭게 시작할 수 있는 힘을 얻는 것이다. 인간을 신뢰하고 기다리시는 무한하신 자비로운 사랑 앞에 인간 스스로가 자기 방식의 삶에 회의를 느끼고 진저리를 치면서 돌아서는 것이다.

이를 체험한 성녀 데레사는 "주님께서 내게 용서를 해주시는 데 싫증을 느끼기에 앞서 내가 주님을 배반하는 것에 싫증을 느꼈다"[64]라고 고백하면서 우리가 지을 수 있는 온갖 악을 훨씬 넘는 하느님의 자비에 깊은 신뢰를 가지기를 당부하고 있다.

우리에게 당신의 영광을 나누어주시려는 주님의 집념은 얼마나 강한지 놀랍기만 하다. 일생 동안 자기 마음대로 하고 싶은 대로 다 하다가 생의 막바지에서야 잘못 산 것을 뉘우친 영혼에게 또 자비를 베푸시어, 당신 곁에서 영광을 누릴 그때까지 연옥 영혼을 위한 기도를 당신의 착한 자녀들에게 부탁하시며 그들을 위한 기도를 요청하시는 것이다.

이렇게 끈질기고 집요하리 만큼 강인한 사랑 앞에 유한한 우리는 두손 두발을 다 들고 항복하게 된다. 이 하느님의 사랑의 추적을 경험해본 사람은 가는 곳마다 하느님이 길모퉁이에서 미리 기다리시며 막아서시는 것을 체험하고 놀란다. 어찌 그리 하느님은 할 일도 없으신지 개미와 같은 미미한 존재를 졸졸 뒤따라 다니며 당신 사랑을 받아 달라고 하시는지…….

처음엔 우리가 하고 싶은 것을 방해하는 것 같아서 짜증을 내다가, '참 딱하신 하느님!' 이 비천한 이에게 이토록 핀잔과 냉대를 받으면서도 말없이 계속 따라다니시는 하느님의 그 겸손한 사랑 앞에 우리의 냉혹함과 교만함이 보이기 시작한다. 그러다가 우리가 하고 싶어 열성을 보이는 것들이 기껏해야 겨릿소 부리는 것보다 더 시시한 것들에 홀려 있는 것을 발견하고는

제4장 인간을 찾아 나서시는 하느님   197

끝내는 가슴이 미어지는 것을 경험하게 된다. 이 끈질긴 사랑에 할 수 없이 부질없던 것을 놓고 주님께 돌아서면서 하는 말이 고작 '주님은 할 일도 없으시지요. 어쩌자고 따라다니시는 거예요? 어차피 본전도 못 찾을 텐데요. 좀 더 거룩한 영혼을 따라다니시는 게 더 좋은 효과를 얻으실 텐데요?' 하고 혼잣말을 하면, 마음속 깊은 곳에서 울려 나오는 소리가 들린다. '네가 하도 불쌍해서 따라다닌다. 그러지 않았으면 넌 벌써 악마의 밥이 되어 죽었을 것이다'라는 말에 깜짝 놀라 머쓱해진다.

이런 비슷한 체험을 한 친구가 멀리서 나를 방문하였다. 자신은 수도원에 가기 싫은데, 행여 주님 생각에 마음이 약해져 수도원에 가게 되면 거기서 고생할 것은 너무 뻔하고……. 수도원은 자기에게 맞지 않는 길인데 그 길을 가라고 하시는 것 같아서 결혼할 때까지는 기도도 하지 않기로 결심하였다고 한다. 나는 친구를 위한 지향과 함께 일상적인 기도를 하였다.

그런데 어느 날 그 친구가 대뜸 찾아와서 화를 내며 하는 말이, "네가 나 위해 기도했지? 네 기도 때문에 내 갈 길을 못가겠다! 다른 사람이나 위해 기도하고 나는 내버려두라고!"라고 하였다. 나는 하도 어이가 없고 놀라서 "다짜고짜 왜 그러는 거야? 기도를 매일 같이 하지만 특별히 널 위해 기도한 적은 없으니 난 죄가 없는 것 같은데? 도대체 무슨 일이야 자세히 말 좀 해봐."

속으로는 웃음이 터져 나왔지만 참고 물었다. 아마도 예수님이 어떤 식으로든 나를 쫓아다니셨듯 친구 뒤를 쫓아다니신 것 같았기 때문이다.

그 친구는 "주님은 왜 나만 쫓아다니시는지 모르겠어. 싫다는데도 왜 자꾸 쫓아다니시는거야? 정말 나는 싫어. 나는 주님을 잊고 싶은데 왜 자꾸 생각나게 만드시는지 모르겠어."

"참 행복한 고민도 하시는군요. 친구! 그 이유 하나 때문에 여기까지 날 찾아온 거야? 대체 무슨 일이 있었던거야?" 그 친구 얘기인즉 예수님을 잊고 자기가 원하는 대로 계획해서 막 실천하려는 중요한 순간이 왔는데 - 쉽게 말해 겨릿소 부려보려 막 나가려 할 때 - 가슴 깊은 곳에서 예수님에 대한 사랑이 뜨겁게 솟아올라 자신도 모르게 십자고상을 들고 입 맞추며 "예수님 사랑합니다" 하고 고백했다는 것이다.

고백 후 정신을 차려보니, 이런 일이 일어난 것이 내 기도 때문이라고 생각되어 책망하러 왔다는 것이다. 그렇게 된 것은 내 기도 때문이 아니라 성령께서 하신 일임을 설명해주었다. 설명을 듣고 나서 수긍을 하더니 하는 수 없다는 듯 "주님은 왜 똑똑한 사람도 많은데 하필 못난 내 뒤를 이렇게 쫓아다니시는지 알 수가 없어"라고 말했다.

"그건 나도 신비라고 생각해, 친구야." 내가 대답했다.

"지금 하려는 일도 이젠 다 포기해야 되겠어. 그렇지 않으면 주님은 끝까지 나를 쫓아오실 테니까. 이게 신호야. 이 신호를 무시하고 나 하고 싶은 대로 하면 항상 망신이나 봉변을 당했거든. 이젠 그런 창피 그만 당하고 싶어."

결국 이 친구는 주님이 쫓아다니시는 통에 뒤늦게 어쩔 수 없이 주님의 부르심에 응답했다. 그런데 얼마 전에 - 약 15년이 흐른 뒤 - 내게 말하기를 자신을 성소로 불러주신 하느님의 은혜가 얼마나 큰 은총인지, 또 그렇게 싫다고 거절했음에도 끝까지 자신을 기다리시면서 그 길로 인도해주심에 눈물겨운 감사를 드렸다고 했다. 아마도 주님은 이 친구가 이렇게 될 줄을 미리 내다보셨기에 이토록 냉대와 핀잔을 감수하시면서까지 한 영혼을 사랑과 감사의 길로 인도하신 것 같다. 이 친구는 자신이 수도자가 된 공로를 나에게도 돌렸다. 나는 처음에 얘기했던 대로 이것은 다 하느님의 업적이라고 대답해줬다. 이처럼 각자가 자신만이 아는 방법으로 '하느님의 추적'을 받고 있다는 이 비슷한 고백을 가끔 듣는다.

어릴 때 밤하늘의 달을 보고 걸으면 달이 나를 따라오는 것 같았다. 내가 멈추면 달도 멈추고, 내가 달려 가면 달도 쏜살같이 따라오고, 내가 천천히 걸으면 달도 천천히 따라왔다. 이렇게 가다 서다를 수백 번 해봐도 참 신기하기만 했다. 그런데 하느님이 꼭 달처럼 내가 가는 곳을 앞장서 가시며 나와의 간격을 유지해가면서 내가 하는 대로 하시는 것 같았다. 내가 가면 하느님도 가시고 내가 멈추어 있으면 내가 움직일 때까지 멈춰 서서 기다리시는 것 같았다. 이렇게 환히 비추어주면서 뒤쫓아 오는 것을 느끼게 만드는 달을 창조하신 것은 이 달을 보고 하느님께서 이렇게 우리 뒤를 쫓아다닌다는 것을 간접적으로 나타내 보이시려고 하신 것이 아닐까? 그런데 이런 고백을 현재 50대의 낭만과 느긋한 시대를 산 사람만이 하는 것이 아니라 컴퓨터 시대를 사는 21세의 젊은 여성도 이와 비슷한 말을 하고 있다. 그녀는 아직 성소 결정을 하기 전에 다음과 같이 말했다.

"만일 하느님이 확실히 불러주신다면 수도원에 가겠지만, 한편으로는 내가 좋아하는 것을 그만두어야 한다고 생각하면 용기가 없어져요."

"그 좋아하는 것이 뭔데 그래요?"

"저는 파란 하늘을 보면 너무 행복하고 기뻐요. 감싸주는 듯한 포근한 사랑을 느껴요. 항상 하늘을 보면 마음이 평화로워지고 누군가가 나를 사랑한다고 말하는 것 같아요."

"그건 나도 그러는데……. 그런데 누가 수도원에 가면 하늘 보는 것마저도 끊어야 한다고 가르쳐주었어요?"

"아무도요, 그러나 수도원에 가면 다 끊어야 되는 것 아니에요?"

"하느님과 반대되는 것에 대한 애착을 끊으라고 십자가의 성 요한이 말씀하는 것을 잘못 이해한 것 같구먼."

"그래요? 저는 푸른 들판과 들꽃들도 좋아해요. 이와 같은 것을 끊지 않아도 된다면 수도원에 갈 수도 있을 것 같아요. 만일 하느님께서 불러만 주신다면 말이에요."

하느님께서는 보이지 않는 당신의 사랑을 창조 사업을 통해 수많은 곳에 뿌려 놓아 마치 베일을 통해 보듯이 어렴풋이 그 사랑을 감지할 수 있도록 해놓으셨다. 자연을 보면 자신이 사랑받고 있음을 느끼고 행복해지는 것도 바로 이 때문이다.

② 애걸하며 간청하는 사랑

컴퓨터를 전공하는 20세의 학생이 아주 확신에 차서 "예수님이 내 뒤를 쫓아다니며 지켜주시기 때문에 걱정할 것이 하나도 없어요"라고 했다.

"그래서 대단히 행복하겠네요" 하자, "예. 그런데 어떤 때는 너무 죄송할 때도 있어요. 예수님이 거북하게 느끼실 곳에 제가 가 있으면, 저는 즐겁지만 저 때문에 예수님을 이런 곳에서 기다리게 해서 죄송할 때도 있어요" 하며 눈물을 글썽거렸다.

"예수님은 저의 쓸데없는 작은 소원도 다 들어주세요. 남자 친구를 만나고 싶은데 도저히 만날 수 없는 불가능한 상황일 때도 기도하면 다 들어주셨어요."

"그런데 왜 예수님이 뒤따라 다니는지 생각해본 적 있어요?"

"아니요, 그 생각하면 예수님이 내 삶에 너무 깊이 들어오시게 될까봐 예수님 생각이 나면 눈 감아버려요."

"예수님이 자기 삶에 더 깊이 들어오면 더 행복해지는데 왜 그러는 거예요? 이해가 안 되는데요?"

"아무래도 예수님이 수도자가 되라고 하실 것 같아서요."

"수도자가 되면 뭐가 싫은데요?"

"수도자가 되는 것은 싫지 않은데, 지금은 남자 친구도 계속 사귀고 싶고 예쁜 옷도 입어보고 싶고 놀러도 가고 싶고, 저는 지금 하고 싶은 것이 너무 많아요. 일단 하고 싶은 것부터 다 해보고요."

"그때까지 예수님이 기다리시면 어떻게 할거예요?"

"그때는 괜찮아요. 수도 생활이 싫은 것은 아니니까요."

이렇게 자기가 하고 싶은 것을 앞세우는 영혼들을 뒤따라 다니는 예수님의 사랑은 애원하고 간청하는 사랑, 당신이 아닌 다른 사랑을 찾아다녀도 한없이 기다리며 지켜주시는 애달픈 사랑으로 나타난다.

하느님 사랑의 현존을 젊어서부터 매 순간 포착하지 못한 사람도 어느 정도 나이가 들어 자신의 삶을 뒤돌아보면서, 누군가가 기적적으로 보살펴주지 않고서는 빠져나갈 수 없었던 위기의 순간들을 참으로 기묘하게 잘 벗어나서 평온하게 살고 있는 자신을 보며, 하느님에 대한 감사와 감동으로 눈시울이 붉어지고 목이 메이는 목소리로 이같이 고백하는 것을 들을 수 있다.

"하느님을 찾지도 부르지도 않은 나를 이토록 아껴주시고 지켜주시다니……." 이 사랑에 감격하여 이때부터 자신을 온전히 하느님께 내어드리게 된다. 비록 백발이 된 뒤이지만!

하느님은 각자 한 사람 한 사람을 찾으시고 뒤쫓아 다니시며 당신의 사랑과 당신의 영광을 제발 받아 달라고 매 순간마다 간청하고 계신다.

"보라, 내가 문 앞에 서서 문을 두드리고 있다. 누구든지 내 목소리를 듣고 문을 열면, 나는 그의 집에 들어가 그와 함께 먹고 그 사람도 나와 함께 먹을 것이다"(묵시 3,20).

함께 먹는다는 것은 축제를 벌인다는 뜻이다. 천국에서 하느님과 함께 맛보고 즐기는 영원한 영광의 축제를 이 세상에서부터 시작하자는 뜻이다. 이 축제를 미리 앞당겨 산 사람들은 이 하느님의 사랑의 초대에 선뜻 문을 열고 자기의 모든 기호에 앞서 하느님의 초대에 감사와 사랑으로 응답한 이들이다. 어찌 보면 현대인들이 더 강하게 하느님의 초대를 받고 있는 듯하다. 그 이유는 나 자신을 비롯해서 주위에서 만나는 많은 사람들이 어느 정도의 인생을 살고 난 후, 지난 세월을 뒤돌아보면서 '하느님 사랑의 추적'을 느끼는 데 비해, 요즘의 젊은이들은 각자가 매 순간마다 '하느님이 따라다니심'을 체험할 때가 많기 때문이다. 아마도 현시대가 하느님을 찾기 어려운 시대임을 잘 아시기에 하느님께서는 더 강력한 표징을 써서 영혼이 이를 알아차리게 하시는 것 같다. '온통 사랑인 존재가 여기 너와 함께 있다' 하고 귀머거리인 우리에게 소리치며 외쳐 대시는 것이 아닐까? 행여 알아듣고 깨어나서 당신께 돌아올까 해서…….

다음은 이와 비슷한 체험을 한 동료 수녀의 이야기이다.

그녀는 수도 생활이 무엇인지, 관상 생활이 무엇인지도 잘 모른 채 예수님이 좋아서 예수님의 뒤를 마냥 따라오다 보니, 꿈에도 생각지 못한 수도 생활을 하고 있는 자신을 문득 보고 놀라웠다고 한다. 그 당시는 대다수의 수도자들이 부모의 반대를 무릅쓰고 수도 생활을 하던 때였다. 그 수녀님도 부모의 반대를 무릅쓰고 수도원에 들어온 경우였다. 그 수녀님은 수도 생활 초기에 예수님만 바라보고 사는 단순한 삶이 마냥 즐겁고 행복하기만 했다. 이렇게 큰 행복이 이런 삶 속에 숨겨져 있는 것이 그저 놀랍기만 했다. 그리고 모든 게 부족한 자신에게 이토록 큰 은총을 주시는 것이 합당치 못하다는 생각이 들었다. 선하며 능력 있는 사람들도 많은데 못난 자신을 뽑아주신 은혜에 깊은 감사를 드렸다. 가끔씩 예수님이 실수해서 다른 사람에게 보내려던 은총을 자신이 받고 있는 것이 아닌가 하는 어리석은 생각도 했다. 그러다가도 전능하신 하느님께서는 이런 자신을 잘 아시면서도 불러주셨음을 깨닫고 그저 감사하고 송구스러워 이에 대한 보답은 잘사는 것밖에 다른 수가 없다는 결론을 내렸다.

그러나 수도 생활한 지 4~5년이 지나자 수도원 가족의 결점들이 보이기 시작하고, 10년이 지나자 예수님에게 가는 시선보다 수도원 구성원들의 결점에 눈이 고정되기 시작했다. 하루하루가 답답하고 어리석고 골치 아픈 사건들의 연속처럼 보였다. 급기야는 정말 예수님은 좋은데, 같이 사는 사람들이 마음에 들지 않았다. 그래서 예수님께 다음과 같이 호소했다. "예수님, 시댁 식구들이 어쩜 그리 한결같이 모자라고 일만 저지른데요? 이렇게 한평생을 살아야 한다니 아찔해집니다. 도저히 감당하기 어렵습니다."

그리고 언젠가 막 결혼한 친구의 하소연도 생각났다.

"난 착각하고 시집간 것 같아. 결혼해서 남편하고 사는 줄 알았는데 시댁 식구들이 80% 이상 차지하는 것 같아. 신랑은 착하고 좋은데 시댁 식구들 하나하나가 어찌나 힘들게 하는지, 차라리 이혼하고 아무도 없는 데로 갔으면 좋겠어. 난 지금 어떻게 해야 될지 모르겠어. 그냥 참고 살아야 하는 건지 지금 정리해야 좋은 건지……. 더 참다가는 미칠 것 같아. 기도해줘."

뒤늦게 자신에게도 이와 똑같은 위기의 순간이 온 것이다. 참, 인생이란 수도원에 살든, 세속에 살든 똑같은 갈등과 고통을 안고 살아간다는 생각이 들었다. 도망갈 수 있다면 가고 싶지만 그런다고 해서 해결될 일도 아니고 결국은 갈등과 고통을 안고 살아가야 한다는 생각에 가슴만 답답했다. 안정된 30대 중반을 즐기리라 생각했는데 이 나이에도 위기에 몰린 자신을 보고 인생은 위기로 가득 차 있음을 깨달았다. 혹시나 도움이 될까 해서 심리학 책을 뒤적거려 보니 이것을 '중년기의 위기'라고 했다. 그녀는 많은 사람들이 이 시기에 이러한 문제를 겪고 있다는 생각이 미치자 모두가 겪는 문제를 수도자인 내가 이 위기 앞에서 어떻게 도망칠 수가 있겠는가? 내가 이 싸움에서 지면 온 인류, 온 가정이 이 위기 앞에 무너지겠지? 모든 위기 앞에 선 온 인류 공동체와 연대하여 내가 이 위기를 돌파하면, 이 희생과 기도로 인류 공동체 역시 이 위기를 조금 더 쉽게 넘어가리라는 생각이 들어 힘껏 용기를 내어 분발하기로 결심했다. 작심삼일은 아니었지만 이 결심에도 아랑곳없이 차츰 용기가 꺾이는 것을 느꼈다. 그저 도망치고 싶은 마음만 굴뚝 같았다. 이런 사람을 데리고 사는 예수님이 참 불쌍하고 딱하게 느껴졌다. 그래서 어느 주일날 하염없이 성당에 앉아 자신의 한심한 신세를 바라보고 있었다. 자신의 눈이 한심해서인지 예수님조차 한심하게 보여졌다.

"예수님, 저를 통해 인류 구원 사업은 고사하고 제 구원조차도 위태롭게 되었습니다. 영혼들을 구하기 위해 한심한 저를 택하신 주님이 참으로 한심하십니다. 물론 당신께서는 전능하신 분이시니까 다 이루시겠지만요." 그리고 덧붙였다. "주님! 당신 뜻에 어긋나지 않는다면 한심한 저에게 주실 은총을 똑똑하고 잘난 사람에게 주셔서 그 사람하고 구원 사업 하시고 저는 그냥 내버려두십시오. 대신 제가 돈을 많이 벌 수 있게 축복해주시면 그 돈을 모두 당신 종들에게 바쳐 당신의 사업이나 돕겠습니다."

말도 안 되는 어리석은 소리를 늘어놓고 있자니 정말 밖에 나가면 잘될 것 같은 생각이 들었다. 그때 문득, 마음 깊은 곳에 가장 가난하고 볼품없는 불쌍한 모습의 한 남자가 나타나 애처로운 눈빛을 하며 작은 보따리를 싸 들고 삶에 지쳐 막 떠나려는 여인에게 떠나지 말아 달라고 간청하는 모습을 보게 되었다. 정신을 차리고 나니 예수님께서 이렇게 초라하고 애처로운 모습을 할 수 있다는 것을 그림에서나 상상으로도 한번도 생각한 적이 없기에 이 뜻밖의 모습에 너무 놀라고 당황스러웠다. 자신도 모르게 예수님의 측은함에 대한 연민의 정이 가득해졌다. 그리고 작은 보따리를 들고 서 있는 여인이 바로 자기 자신임을 알았다. 무엇보다도 자신이 떠날 준비가 다 되어 있다는 사실에 더 깊이 놀랐다. 그런 못난 사람에게 자신이 없으면 못살겠다는 듯이 애걸하고 간청하는 주님의 겸손에 그만 넋이 나가 떨어졌다. 주님께서는 겸손하시다는 사실을 잘 알고 있었지만 이 말뜻을 채 못 알아들었음을 깨달았다. 이런 주님 앞에 자신의 오만함이 얼마나 큰지도 저절로 알게 되었다.

주님의 겸손 앞에 마음속이 환하게 트이면서 가슴속의 어떤 응어리가 없어지는 것을 느꼈다. 여인이 들고 있던 보따리는 바로 이런 응어리를 상징

하고 있었다는 것도 알아들었다. 지금까지 자신은 자기가 하느님께 빌고 있다고 생각했는데 막상 중요한 순간에 누가 누구에게 비는지 거꾸로 된 것을 알고 기가 막혔다. 하느님이 인간에게 사정사정하고 애걸복걸하다니……. 그 누가 믿으랴! 그러나 주님과의 이런 경험이 있는 사람은 알아들으리라. 그리고 만일 자신이 결혼했더라면 틀림없이 다른 많은 사람처럼 이혼의 위기 앞에 서 있을 것이고, 남편은 주님처럼 낮추고 애걸하지 않을 터이니 "나 없이 한번 잘살아 보시오" 하면서 보란 듯이 콧대 세우고 휑하고 떠났을 것이다. 서로 사랑하면서도 자존심을 굽히지 못해서 이혼하려는 사람들의 입장도 이해가 갔다. 그러나 만일 주님처럼 자신을 낮춘다면 이혼의 위기도 이같이 지나가고 마음 깊은 곳에서 다시 샘솟는 뭉클한 감동과 더 깊은 신뢰가 생겨나 못난 자신을 위해 이토록 낮추는 상대 앞에 자신도 마음을 낮추고 다시 시작하게 될 것임을 깨달았다.

이 이야기는 사랑은 겸손 없이 할 수 없음을 잘 보여주고 있다. 누가 만일 사랑은 열을 지녔고 겸손은 다섯을 지녔다면 그가 지닌 진정한 사랑은 다섯이라고 들은 말이 실감이 간다. 그러고 보면 사랑하는 데도 불구하고 결혼한 부부들이 2~3년 사이에 헤어지는 이유는 사랑이 부족해서가 아니라 겸손이 부족하기 때문일거라는 생각이 든다. 이들은 아마도 사랑은 열을 지녔고 겸손은 하나를 지녔든지 아니면 겸손은 전혀 없기에 상대의 결점 앞에 금방 환멸을 느끼고 헤어지게 되는 것이다. 그래서 어른들은 너무 좋아하면 쉽게 헤어진다고 말하곤 한다. 차라리 서로 좋아하지 않는 사람들이라도 어렵게 결단을 내려 결혼했을 경우 결혼에 더 성공할 확률이 높은 이유도 양쪽 다 마음을 낮추고 겸손하게 시작하기 때문일 것이다. 그러다 상대의 좋은 점을 발견하고 마음이 열려 신뢰하게 되는 것이다. 각자가 자신의 있는 그대로의 진리의 바탕 위에 시작했기에 끝까지 항구할 수 있는 힘을 얻을 수 있는 것이다.

우리는 하느님의 사랑을 체험해가면서, 깊이 놀라는 것은 하느님의 무한한 사랑을 받으면서 자신이 허무와 같은 존재라는 것을 더 깊이 인식해간다. 신기한 것은 사랑을 받으면 받을수록 더 깊이 자신의 허무의 심연을 보게 되는 점이다. 이 놀라운 양 끝의 심연에 서서 한낱 허무나 먼지에 불과한 자신이 하느님의 무한한 사랑의 파트너가 되어 있음을 인식할 때, 마음의 깊은 심연에서 뭉클한 감동과 함께 감사의 눈물이 눈시울을 적시게 된다. 짧은 성경 소구를 읽을 때, 미사 때, 묵상의 끝 무렵에 마음을 스치는 성령의 사랑을 느끼고 자신이 얼마나 하느님께 사랑받는 존재인지, 끝까지 당신에게서 도망치고 뿌리치는 우리의 어리석음에도 당신의 사랑을 포기하지 않고 끝없는 기다림으로, 온갖 잘못과 미움함까지도 포용하면서 사랑해주심을 깨달을 때, 목석같이 무딘 마음에서도 하염없는 눈물이 흐르면서 돌같이 차갑고 단단한 마음이 부서져 부드럽고 따뜻한 마음으로 바뀌어간다.

하느님 사랑의 현존 안에 잠겨 있을 때 양상은 각각 다르게 나타나지만 하느님 사랑의 불이 자신을 부드럽게 감싸고 있음을 체험하게 된다. 만일 초보자라면 돌 같은 마음이 부드러워지는 것을 느끼게 되고, 이미 하느님 사랑의 불로 마음이 부드러워진 사람이라면 한층 더 깊은 사랑으로 타오르는 것을 체험하게 된다.

③ 모욕과 배신을 견뎌내는 사랑

사랑하는 사람들끼리 살면서 가장 힘든 것 중 하나가 자신이 그토록 믿었던 사람에게서 받는 모욕과 배신이라 할 수 있다. 자신과 관련이 없는 사람에게서 받는 모욕이나 배신은 언짢음이나 불쾌감으로 넘길 수 있다. 그러나 믿고 사랑하던 사람이 주는 배신 앞에서는 튼튼한 사람조차도 그 타격으로 건강을 잃거나 심한 위기를 체험하는 것은 사랑했기에 더욱 용서하기 어렵고 받아들이기 어렵기 때문이다.

결혼한 사람들이 배우자의 불륜이나 배신 앞에서 크게 흔들리고 이혼의 위기를 겪거나 끝내는 가정이 파괴되는 것은 이 모욕과 배신을 받아들이고 용서하기가 너무 어렵기 때문이다. 기대가 크고 신뢰가 큰 만큼 아픔도 그만큼 크기 때문이다. 사실 이때는 예수님이 온갖 모욕과 배신을 당하시면서도 우리를 어떻게 사랑했는지를 묵상하지 않는다면 이 위기를 돌파하기가 쉽지 않다. 우리가 바로 하느님 앞에 이런 모욕과 배신을 한 자임을 우리는 쉽게 잊는다. 주님께서는 호세아를 통해 말씀하신다.

" '너는 다시 가서, 다른 남자를 사랑하여 간음을 저지르는 여자를 사랑해 주어라. 주님이 이스라엘 자손들을 사랑하는 것처럼 해주어라. 그들은 다른 신들에게 돌아서서 건포도 과자를 좋아하고 있다.' 그래서 나는 은 열다섯 세켈, 그리고 보리 한 호메르와 한 레텍으로 그 여자를 사들였다. 나는 그 여자에게 말하였다. '당신은 오랫동안 내 곁에서 지내야 하오. 창녀 짓을 해서도 안 되고 다른 남자와 관계를 맺어서도 안 되오. 나도 당신에게 그렇게 하겠소'"(호세 3,1-3).

이 불륜과 배신을 용서하는 사랑은 신앙 없이는 힘들다. 자신의 뼈를 깎아내고 부서지는 고통을 감수하면서 인내하는 사랑이기 때문이다. 이렇게 모욕을 감수하는 이 사랑은 탈선한 배우자를 살려내고 가정을 지켜준다. 다음은 어디에선가 읽은 내용이다.

자신의 아버지가 외도를 한 적이 있었는데 어머니는 자녀들 앞에서 아버지를 핀잔하고 망신을 주었다. 아버지는 그 일이 있은 후 늘 자녀들 앞에서 고개를 들지 못하고 아버지로서의 목소리를 내지 못한 채 조용히 지냈다. 그녀는 이런 아버지의 모습만 보다가 결혼을 했는데 자신의 아버지와는 달리 크고 당당한 목소리로 집안을 다스리는 시아버지의 모습을 보고 부러워했다. 그리고 저절로 기가 죽어 지내는 자신의 아버지가 안쓰럽다는 생각이 들게 되었다. 그런데 시간이 흘러 시댁 식구들의 비밀과 결점을 알게 되면서 시아버지도 한때 자신의 아버지와 똑같은 과오가 있었음을 알게 되었다. 시어머니 역시 자신의 어머니와 똑같이 배신의 고통을 겪으셨던 것이다. 그러면서도 한 가정의 아버지로서의 품위를 잃지 않게 배려한 시어머니의 슬기와 용기에 그녀는 감탄할 수밖에 없었다는 이야기이다.

이것이 참사랑이고 참용기인 것이다. 예수님이 그 많은 고통과 배신의 아픔을 견디면서 우리의 구원을 위해 희생하신 것은 우리가 그 잘못 속에서도 다시 일어날 수 있도록 하기 위해서이다. 또 그 잘못을 저질렀어도 평생 영원히 부끄러워하지 않고 하느님의 자녀로서의 품위를 지켜주시기 위해서이다. 사랑하는 배우자나 사랑하는 사람이 주는 배신과 모욕을 용서하는 것은 자신의 뼈가 부서지는 고통과 심장을 쪼개내는 듯한 아픔 속에서도 사랑하는 사람이기에 이 고통으로 바쳐주고 지켜주는 것이다. 이 사랑을 배우기는 참으로 어렵다. 그러나 이 시련 앞에서 상대의 잘못만 탓하고 비난하게 되면 둘다 수렁 속에 빠져 나오지 못하게 된다. 하지만 이 말할 수 없는 고통을 예수님의 십자가에 합치면서 상대방을 용서하려고 노력해본 사람은, 주님은 십자가 상에서 어떤 고통도 감수하면서까지 자신을 깊이 사랑했는지를 배우자의 배신을 통해 하느님 사랑 안에 더 깊이 들어가게 되고 하느님 사랑의 신비를 더 깊이 깨닫게 된다. 그리고 용서야말로 얼마나 거룩한 사랑인지도 알게 된다.

젊은 시절 사랑에 불타올라 열렬히 사랑했던 그 사랑과는 비길 수 없이 숭고한 사랑임을 알아듣는다. 진정으로 용서를 받은 사람은 새롭게 태어나 상처준 그 깊이에서 자신을 용서한 배우자를 더 깊이 사랑하고 존경하게 되는 것이다. 예수님은 당신의 모욕과 배신당한 고통을, 우리를 당신 사랑 안에 더 깊이 끌어당기기 위한 자석처럼 사용하신다.

④ 버림 받고 내쳐진 사랑

예수님께서는 우리를 사랑하셔서 우리의 배신과 모욕을 받으면서도 이를 참고 견디셨다. 그러나 끝까지 돌아오지 않는 사람들 때문에 예수님께서는 더욱 큰 고통을 당하신다. 예수님께서는 이렇게 냉정하고 모른 척하며 상대도 안 해주는 영혼에게서 잊혀져 버림받고 십자가에서 죽어가는 사랑으로 나타나신다. 사실 현대의 많은 사람들이 예수님의 이 고통스런 사랑을 자신의 삶을 통해 재현하고 있다. 자신의 사랑을 내치고 떠나간 사람으로부터 버림받아 본 사람은 이 고통스런 예수님의 사랑을 잘 이해할 수 있다. 이들은 가장 깊이 예수님의 사랑이 버림 받은 그 신비까지 들어가도록 부름 받은 사람들이다. 십자가의 성 요한은 '외로운 목동'에서 이런 애달픈 사랑을 노래하고 있다.

> 외로운 목동 시름에 차 있누나.
> 웃음도 기쁨도 아랑곳없이······.
> 그의 목녀에게 생각을 두고
> 사랑에 가슴만 애타 하누나.
>
> 마음에 상처를 받았다 해도
> 사랑이 아려서 우는 게 아니란다.
> 쓰라려도 차라리 흐뭇한 느낌
> 잊혀진 게 서러워 우는 게란다.
> 아리따운 목녀에게 버림을 받은
> 이 생각 하나만도 못 견딜 고통
> 낯선 고장에서 구박도 많다.
> 사랑에 가슴만 애타 하면서······.
>
> 목동이 하는 말 아으, 가엾어.
> 내 사랑 마다하고 차버린 사람
> 나랑 함께 즐기기 싫다는 사람

사랑에 가슴만 애타는 나를…….
급기야 그는 한 나무에 올라
꽃다운 두 팔 한껏 벌리고
묶인 채 그대로 죽어가누나.
사랑에 가슴만 애타 하면서…….

(최민순 시집 『밤』 중에서)

2) 현대인의 응답 : 사랑의 통회

　이토록 우리를 사랑하시는 하느님의 사랑 앞에 우리는 마치 방탕한 아들처럼 아직도 가진 재산 날리는 재미에 빠져 살고 있다. 아마도 복음서의 비유에 나오는 아들처럼 자신이 가진 재산을 다 날리고 난 후에야 돌아올 것이다.
　지금쯤 일부의 사람들은 벌써 가진 것이 다 떨어져 자기 힘으로는 빠져나갈 구멍 없이, 모든 벽이 닫히고 문이 열린 곳은 하나도 없어 저절로 하늘만 바라볼 수밖에 없는 입장에 놓여 있을 것이다. 그렇다고 돌아가자니 잘못한 것이 너무 많고 도저히 돌아갈 용기가 없어 주저앉아 있을 수도 있다. 혹은 아직도 더 멀리 달아나기 위해 아픈 다리를 절룩거리면서도 기를 쓰며 거꾸로 가고 죽을 궁리만 하고 있을 수도 있다. 이런 우리를 두고 하느님께서는 이사야를 통해 다음과 같이 말씀하시는 것 같다.

　"아아, 탈선한 민족 죄로 가득 찬 백성 사악한 종자 타락한 자식들! 그들은 주님을 버리고 이스라엘의 거룩하신 분을 업신여겨 등을 돌리고 말았다. 너희는 얼마나 더 맞으려고 자꾸만 반항하느냐? 머리는 온통 상처투성이고 마음은 온통 골병들었으며 발바닥에서 머리까지 성한 데라곤 없이 상처와 상흔 새로 맞은 자국뿐인데 짜내지도 싸매지도 못하고 기름을 바르지도 못하였구나"(이사 1,4-6).

자신의 지능과 능력들을 자신과 자기의 주위의 사람들에게 어둠과 증오를 더 끌어들이는 데만 쓰고 있는 사람들, 그러면서도 자신이 하고 있는 일이 어떤 것인지 깨닫지 못하면서 죽을 짓만 하는 사람들은 스스로 돌아설 능력조차 상실하고 있다. 그런데 이런 사람들이 나에게서 멀리 있는 사람이 아니라 바로 내 아들, 내 가족, 내 형제, 매일 얼굴을 맞대고 사는 사람인 것이다. 그들이 '방탕한 아들'처럼 스스로 깨닫고 돌아갈 마음이 생기도록 우리가 그들을 불쌍히 여기고 성녀 데레사와 함께 이같이 기도해야 하지 않을까?

오! 나의 하느님,
당신은 죄인을 찾아오셨다고 하셨습니다(마태 9,13).
그렇다면 그들은 여기 있습니다.
오, 주님 이들이 참죄인들인 것입니다.
이 지상의 비참한 사물에다 욕망의 불길을 태우고 있는 사람들이
어찌 타는 듯한 갈증을 느끼지 않을 수 있겠습니까?
그런데 이 불속에서 사는 것이 익숙해지고

따라서 이젠 그것을 느끼지 않게 되고, 어리석기 짝이 없어
자신의 기막힌 불행도 이미 알아볼 수 없게 되어버렸습니다.

오! 나의 하느님, 저들을 치료할 어떤 방법이 없겠습니까?
당신은 이처럼 심한 병을 치료하기 위해 이 세상에 오셨습니다.
주님 시작해주십시오. 가장 어려운 이 일을 하심으로써
당신의 자비를 드러내 주십시오.
오! 나의 하느님! 당신의 원수들이 대단한 승리를 하고 있습니다.
자신을 불쌍히 여기지 않는 사람들을 불쌍히 여기소서.
불쌍하게 저들은 당신께로 가기를 원치 않으오니
당신이 그들을 도와주소서.

오, 나의 하느님! 그들을 대신하여 당신께 청합니다.
저들이 스스로 깨닫고 돌아와 당신을 맛보기 시작하면
그들도 이런 죽음에서 부활하리라 저는 알고 있습니다.

오! 그리스도인들이여!
이토록 큰 고독 중에 계신 여러분의 왕 곁에
함께 머물러 방어해야 할 때입니다.
그분께 충실한 신하는 적고
많은 이가 루치펠을 따라가고 있습니다.
더욱 나쁜 것은 공공연하게 그의 친구처럼 보이고서는

비밀리에 그분을 팔아먹는 것입니다.
신용할 만한 자를 거의 발견할 수가 없습니다.

오! 참된 그리스도인들이여!
여러분의 하느님이 우시는 것을 도와주십시오.
그분이 동정의 뜨거운 눈물을 흘리신 것은
라자로만을 위해 우신 것이 아니고
부활하기를 원하지 않는 자들을 위해서도 우셨습니다.
라자로는 당신께 부활시켜 달라고 청하지 않았습니다.
한 죄인[65]의 청으로 생명을 되돌려주셨습니다.
오! 하느님 여기 더 큰 죄인[66]이 있습니다.
아무쪼록 당신의 자비를 빛내어주소서.

저는 가련한 자이지만
당신께 청하고 싶어하지 않는 영혼들을 대신하여 청합니다.
오! 나의 임금님, 만일 그들이 당신께 돌아오지 않는다면
영원히 참아야 할 무서운 형벌을 잊고 있는 것을 보는
제 고통이 얼마나 큰지 잘 아실 것입니다.[67]
오! 기쁨과 즐거움과 안락함 속에 언제나 자기 뜻만 따르는 자들이여,
자신들을 불쌍히 여기십시오.
영원히 끝이 없는 지옥의 분노에 갇혀 지낼 것을 기억하십시오.
왜 영원히 살기를 원치 않습니까?

오! 인간의 완고한 마음이여!

오, 나의 하느님!

당신의 무한한 동정심으로 이 완고함을 풀어주소서.[68]

정말 이런 불행한 영혼들은 캄캄한 지하 감옥 속에 손발이 묶인 채 공덕이 될 수 있는 선이라고는 아무것도 못할 정도로 벙어리요, 장님인 것이다. 지옥의 환시로 인해 지옥이 어떤 것인지 체험한(천주 자비의 글 32장) 성녀 데레사는 이런 이들을 위해 함께 기도하자고 간청한다.

"자매들이여, 우리는 그들을 위하여 각별히 마음을 써 기도하고 태만하는 일이 없도록 조심합시다. 대죄 중에 있는 이들을 위한 기도는 대단한 자선입니다. 여기 한 교우가 있다고 합시다. 그는 양손이 젖혀진 채 굵은 사슬에 묶이고, 몸은 기둥에 동여진 채 굶어 죽을 지경이 되었습니다. 진수성찬이 바로 곁에 놓였으니, 먹을 것이 없어서가 아닙니다. 다만 음식을 입에까지 옮길 수가 없고 게다가 잔뜩 싫어서 그런 것입니다. 그는 이제 막 숨이 넘어 갈락 말락 하고 있습니다. 이승의 죽음이 아닌 영원한 죽음이 닥쳐오는 것입니다. 그래, 이런 꼴을 보고만 앉아서 그의 입에 먹을 것을 가져다주지 않는다면 이것이 지독한 잔인이 아니고 무엇이겠습니까? 그 대신 여러분의 기도로써 그 사슬을 끊어준다면 어떨지, 부디 여러분의 기도 중에 이런 영혼들을 항상 기억해주십시오."[69]

우리는 신비체의 지체임을 살아가면서 더욱 깊이 느낀다. 중국의 황사가

제4장 인간을 찾아 나서시는 하느님

한국에까지 영향을 미치고 미국 대통령의 정책 방침 중 하나가 우리나라에 타격이 되는 것을 보면서 영적인 영향은 이보다 더 크다는 것을 알 수 있다.

성인 성녀 한 분이, 예를 들면 소화 데레사 성녀가 우리에게 얼마나 큰 영향을 미치는지 그 영적 선은 헤아릴 수 없을 정도이다. 이와 마찬가지로 다른 나라의 폭력 비디오나 타락한 문화가 우리 청소년에게 얼마나 큰 악영향을 미치는지 그 피해는 상상할 수도 없을 것이다. 세계가 갈수록 긴밀하게 하나로 연대되어 가고 있다. 이 연대 관계를 잘 사용하면 더 큰 선이 나오고 잘못 쓰면 더 큰 악이 나온다는 것은 명백한 논리이다. 컴퓨터와 전자 기계의 발달로 세계가 더욱 단일화되어 가는 판국이니 나 자신이 선을 행하면 이 선이 온 세상에 미치고, 숨어서 하는 악이라도 악을 행하면 그 파장이 온 세상 끝까지 미치는 것이다. 영향력이 없을 것이라고 생각하면 큰 오산이다. 지나가는 사람의 말이나 행동에 따라서도 며칠씩 불쾌하게 지낸 경험이 있을 것이다. 이와 마찬가지로 숨어서 아무도 모르게 한 선행은 감추어진 채 혼자만으로 끝나지 않는다. 봉쇄 수도원 안에 숨어 살면서 하느님께 드린 한 사람의 기도가 온 세상에 영향을 미치는 것만 보아도 알 수 있다. 당대만이 아니라 세기를 초월해 100년, 200년 후에도 영향을 미치는 것은 국가와 종족을 초월해 '인류'라는 이름으로 연대되었기 때문이다. 아마도 이 때문에 예수님께서는 성녀 파우스티나에게 나타나시어 온 인류를 위하여 다음과 같은 기도를 드리도록 요청하셨다고 본다.

"예수님의 고통스러운 수난을 보시고 저희와 온 세상에 자비를 베푸소서."

나와 관계없는 천리만리 멀리 떨어져 있는 외국 사람이 죄를 짓고, 이들을 구원하기 위해 예수님은 피를 흘리시고 죽으셨다. 어찌보면 제3자인 내가 예수님의 고통과 함께 죄인들을 위해 희생을 바칠 때 그들에게 은총의 비가 뿌려진다는 것이 신기하지 않은가? 이것이 신비체의 신비로움이다.

한번도 발가락이 있는지 의식조차 하지 않던 사람도 발가락 끝에 작은 티눈이나 약간 허물만 벗겨져도 며칠씩 절룩거리며 고생한다. 이런 경험이 있는 사람이라면 아무리 작은 상처라도 온 신경이 그리로만 가는 것을 잘 알 것이다. 온몸이 다 건강해야 평화롭고 기쁘듯, 온 인류가 기쁘고 건강해야 자신도 밝고 기쁘고 평화롭게 지낼 수 있는 것이다. 몇 사람의 폭력이 사회 분위기를 불안하게 만들어 그 주위 사람뿐 아니라 많은 사람들을 불안하게 하고 경계하게 만든다. 예수님은 이렇게 만드는 사람들을 위해 우리에게 기도하도록 요청하신다. 그것은 큰 잘못을 하는 사람들도 당신의 고통스런 죽음으로 영원한 영광을 누리게 해주고 싶기 때문이시다.

이처럼 하느님의 자비는 무한하시다. 어디까지 인간을 사랑하시는지 조금씩 깨닫게 될 때마다 벌어진 입이 다물어지지 않는다. 당신께 효도하는 자녀들에게 큰 죄를 지은 사람을 위해 기도와 희생을 요청하시는 까닭은 무엇일까? 즉, 우리들이 길 잃은 형제들을 위해 '그리스도의 남은 고난'을 바쳐주기를 바라시는 이유는 딱 한 가지 때문이다. 그것은 그들이 회개하고 돌아와 영원한 영광을 잃지 않고 상속 받게 하기 위해서이다.

제5장_ 영광을 향해 부름 받은 자

"내 가르침을 믿어도 돼.
그것은 내 것이 아니니까……"

"삼위일체의 영광을 찬미!"
전투 교회의 품 안에서 나의 성소였고
승전 교회에서 쉼 없이 행할 나의 성소인
『영광의 찬미』를 여러분에게 남겨드립니다.

1. 영광 : 인간의 성소(운명)

예수님의 간절하고 유일한 소망이 무엇인지 우리는 잘 알고 있다. 이 소망을 깊이 깨닫게 되면 될수록 이 세상에서 가장 행복하고 기쁨이 충만한 자가 될 수 있을 것이다. 예수님께서 돌아가시기 직전에 아버지께 간절히 기도한 내용을 귀담아 들어보자. 제아무리 불효 자식이라 할지라도 아버지나 어머니가 임종 직전에 하시는 말씀에는 마음이 숙연해지고 다른 소원은 못 들어드릴지라도 이 마지막 유언만은 꼭 지키겠다는 결심을 하는 것은 하느님이 인간 밑바닥에 심어주신 한 가닥 양심의 바른 빛이 있기 때문일 것이다.

"아버지, 아버지께서 저에게 주신 이들도 제가 있는 곳에 저와 함께 있게 되기를 바랍니다. 세상 창조 이전부터 아버지께서 저를 사랑하시어 저에게 주신 영광을 그들도 보게 되기를 바랍니다"(요한 17,24).

예수님이 이 세상에 오셔서 인간에게 받은 푸대접은 말로는 다 표현 못할 정도였다. 이 기도는 인간들의 모함에 의해 사형 선고를 받고 조롱과 채찍질을 받을 것임을 아시고 결국 십자가형에 처해질 것임을 목전에 두고서 하신 것이니 더 마음이 뭉클해지고 가슴이 찡하게 울려온다.

사람들 손에 죽어가시면서도 아버지에게서 받은 영광을 그들도 받을 수 있게 해달라라고 간청하시는 예수님을 보면서 예수님의 사랑과 나의 사랑의 거리는 하늘과 땅 차이보다 더 큼을 인정할 수밖에 없게 된다. 만일 나였다면 그런 사람이 옆에 있는 것조차도 싫고 나를 쳐다보는 것도 싫을 테니 말이다. 이럴 때 정말 자신이 큰 죄인임을 느끼지 않을 수 없다. 예수님께서는 아버지께 받은 최고의 소중한 영광을 인간에게, 더구나 죄인인 나에게 선물로 다 내놓으신 것이다. 이 영광을 주시기 위해 십자가에 죽으시면서까지 인간을 어떻게 사랑하셨는지를 목격한 사도 요한은 다음과 같이 증언한다.

"말씀이 사람이 되시어 우리 가운데 사셨다. 우리는 그분의 영광을 보았다. 은총과 진리가 충만하신 아버지의 외아드님으로서 지니신 영광을 보았다"(요한 1,14).

아버지께서 천지 창조 이전부터 아드님을 사랑하시기에 그 주신 큰 영광을 그대로 나 자신에게 다 내준다고 생각해보자. 숨도 안 쉬어질 만큼 가슴이 뻐근해지고 정신은 점점 아득해지면서 가물가물해지며 피곤이 몰려 올 것이다. 육체가 이 큰 선물을 이해하고 감당할 수 없기 때문이다. 이 큰 신비 앞에 노곤해지다가 잠깐 잠 속에 빠지는 자신을 보면서 육체가 얼마나 무거운 짐인지 새삼 깨닫곤 한다. 조금만 큰 선물 앞에서도 - 영혼은 기뻐 용약하지만 - 육체는 죽도록 피곤함을 느낄 때가 많은 것을 경험하면서 원죄의 결과가 이렇게 비참한 것임을 다시금 인식하게 된다.

우리들의 가장 큰 소원은 모두가 하나같이 예수님 곁에 영원히 함께 있는 것일 것이다. 수도원 입회를 희망하는 사람에게 수도원에 왜 가길 원하는지 물어보면 하나같이 이렇게 대답한다. "예수님 곁에 조금이라도 더 가까이 있을 수 있을 것 같아서요."

그러나 나보다 더 예수님이 우리와 함께 계시고 싶어하신다는 것을 알았을 때 모든 근심 걱정에서 해방되는 것을 느낀 적이 있다. 예수님께서 우리와 함께 있게 해달라고 당신이 받은 상처를 내보이면서 매 순간 아버지께 간청하실 것임을 알기 때문이다. 사실 예수님이 받은 모든 상처는 우리가 예수님 곁에 함께 있게 하기 위함이니까. 상처와 고통이 깊으면 깊은 만큼 아버지께 더 깊이 호소하시는 것이다. 그리고 말없이 아버지를 바라보는 예수님의 그윽한 눈 속에는 마치 "아버지! 내가 무엇 때문에, 누구를 위해 그런 모진 고생을 겪었겠습니까? 아버지께서 내게 맡겨주신 이 사람들이 나와 함께 있게 하기 위함이 아니었습니까?"라고 하시는 것 같다. 예수님의 이 소망을 마음 깊이 깨달았을 때부터 내 기도 역시 바뀌어졌다. 전에는 여러 지향으로 가득 차곤 했었는데 이제 단순히 한마디만 하면 된다. "아버지, 예수님의 소원을 다 들어주십시오" 혹은 "주님의 뜻이 다 이루어지소서"라고만 해도 마음이 흡족해지면서 온 세상이 이미 구원된 양 뿌듯해지는 것이다.

우리가 주님 곁에 영원히 함께 있고 그 영광을 함께 누리는 것이 주님의 뜻임을 알 때, 바오로 사도와 함께 언제나 기뻐하고 어떤 처지에서든 감사하게 된다. 그리고 아버지의 뜻이 이루어지도록 늘 기도하게 된다. 사실 우리의 모든 소원이 '천국의 영광을 한번 보았으면!' 하는 것이다. 그러나 예수님은 우리보다 먼저 이 천상의 영광을 보여주고 싶어하심을 알 때 나의 마음이 얼마나 드높여지고 정말 나 자신이 '하느님의 자녀'로서의 품위를 지니고 있음을 머리가 아닌 가슴으로 느끼는 것이다. 예수님은 우리가 당신의 영광을 불쌍하게 애걸하는 모습으로 받는 것을 원치 않으시고 당신과 동등한 위치로 우리를 높여 올려놓으신 뒤에 당신 사랑과 영광을 우리에게 통교해주신다. 이를 느낄 때마다 우리는 이 벅찬 기쁨을 누군가에게 외쳐 대고 싶어진다. 이 사랑을 알아듣고 조금이라도 체험하게 되면 그들의 소극적인 성격과 열등감이나 소외감을 느끼기 쉬운 성격들이 바뀌게 됨을 종종 보곤 한다. 왜냐하면 이 사랑이 사람을 적극적으로 만들고 이 세상에서 자신이 제일 복 많고 부러울 것 없는 사람이라는 것을 알게 해주기 때문에 소외감과 열등감은 저 멀리 발 아래로 떨어져 가는 것이다.

　자신이 이렇게 하느님 눈에 소중하고 귀중한 존재임을 알 때, 눈에 넣어도 아프지 않을 만큼 사랑받고 귀여움 받는다는 것을 알 때, 또 예수님께서 천지 창조 이전부터 받은 영광이 다 나의 것임을 알 때, 나 자신이 하느님의 영원한 사랑을 받기 위해 태어난 자임을 깨달을 때의 그 감격이란 어떠할 것인지! 더구나 자신이 하느님의 영광을 보도록 이미 초대받은 자임을 알 때의 설렘이란! 이 초대에 우리는 "예, 원합니다"라고 대답하기만 하면 된다.

　수도자의 서원식 때 질문도 이와 같다. "이 수도회의 규칙에 따라 …… 하기를 원합니까?" 하면 서원자들은 "예, 원합니다"라고 대답하듯, 죽어서 하느님을 뵈오면 하느님은 아마도 각자에게 이렇게 묻지 않으실까? "너는 내 사랑하는 아들, 예수 옆에 영원히 함께 살기를 원하느냐?" 그러면 힘차게 대답하리라 "예, 원합니다."

"내 사랑하는 아들이 누리는 무한한 영광을 너도 누리기를 원하느냐?" 마치 내가 서원식 때 그 뜻도 다 못 알아들으면서 대답했던 대로 "예, 원합니다"라고 하리라. 아마도 또 하나 더 물으실 것 같다. "너는 내가 너의 모든 잘못을 다 깨끗이 해줄 만큼 전능한 자임을 믿느냐? 너의 죄를 용서해줄 만큼 그만큼 너를 사랑한다는 것을 믿느냐?" 이렇게 물으시는 이유는 자신이 그런 영광을 받기에는 너무 부족하고, 죄가 많아 불결해서 깨끗하신 예수님 곁에 도저히 같이 있을 용기가 없음을 자주 느끼는 것을 아버지께서 잘 아시기 때문이다. 그러면 너무 부끄럽고 과분해서 들릴락말락하게 눈물을 글썽 하며 대답하리라. "예, 주님 믿습니다." 그러면 주님은 내게 말씀하시리라.

"내 사랑하는 외아들 예수와 함께 영원한 영광의 기쁨을 누리어라."

왜 주님은 이렇게 "원하느냐?" 하고 물으실까? 이미 그 엄청난 영광을 주시려고 작정하셨다면 묻지 말고 그냥 주시지, 왜 우리에게 선택하라고 하실까? 이것이 바로 인간에 대한 하느님의 사랑하는 방식이고 인간을 존중하시는 하느님의 방식이다. 자녀들에게 좋다 싶으면 억지로 강요하는 우리네 부모와 달리 하느님께서는 우리에게 완전한 자유를 주시면서 선택하라고 하신다. 참으로 놀랍고 의아하게 느껴진다. 그런데 더 놀라운 것은 당연히 그 영광을 우리 모두가 선택해야 될 것 같은데도 그렇지 않은 경우를 볼 때이다. 어찌 그렇게 멍청한 결정을 할 수 있단 말인가? 원하기만 하면 되는데 왜 원치 않는단 말인가? 이건 정말 '고통의 신비'이고 '악의 신비'가 아닐 수 없다.

지혜가 일곱 기둥을 세워 제 집을 짓고 소를 잡고 술을 따라 손수 잔치를 베푼다. 시녀들을 내보내어 마을 언덕에서 외치게 한다. "어리석은 이여, 이리 들어오시오." 그리고 속없는 사람들을 이렇게 초대한다. '너희는 와서 내가 차린 음식을 먹고 내가 빚은 술을 받아 마셔라'(잠언 9,1).

하느님께서 인간에게 영광의 잔칫상을 마련하여 어리석은 사람, 속없는 사람들을 초대하고 묻는다. '와서 내가(예수님이) 차린 음식을 먹고, 내가(예수님이) 빚은 술을 받아 마셔라.' 그리고 그 응답의 여부를 기다리신다. 그토록 영광 받고 기림 받고 싶어하는 사람들이 왜 하느님이 주시는 참영광의 잔치를 마다할까? 신비 중의 큰 신비이다. 이는 구세주를 겟세마니 동산에서 피땀에 젖게 만든 신비이다. 겟세마니 동산에서 예수님의 가장 큰 고통은 당신께서 그 많은 피를 흘린다 한들 아무 보람 없이 이 영광을 거절할 사람들이 있을 것임을 아시는 것이었다. 사람들은 서로 영광을 주고받으면서도 "한 분이신 하느님에게서 받는 영광은 추구하지 않으니"(요한 5,44) 말이다.

청맹과니 같은 멍텅구리들 때문에 얼마나 온 인류가 진이 빠지고 핍진해지는지……. 우리도 언제 가장 맥이 빠지고 진이 다 빠지는가? 내가 죽도록 애를 쓰고 고생해도 아무 효과 없이 그대로 똑같이 될 것이 뻔할 때이다. 하느님이 주신 자유를 잘못 쓰는 사람에 대해 보속이 이토록 크다. 하느님이 주신 자유를 참된 영광과 참된 사랑을 원하고 바랄 때 하느님이 주신 최고의 선물인 자유를 올바로 쓰는 것이 된다. 사실 이 영광을 사람들에게 주셨다는 것은 엄청난 선물이다. 하느님이 베푸시려는 영광을 거부할, 그리고 선택할 자유도 인간의 손안에 있는 것이다. 하느님께서 인간을 창조하시고 구원하시어 영광스럽게 되기를 미리 정해 놓으셨지만, 각자의 자유의지에

맡겨두심으로써 우리 스스로 자유롭게 응답하여 하느님께서 구원의 공동 협력자가 되도록 부르시는 것이다. 여기에서 우리의 자유의지가 지닌 고귀함이 있다.

우리는 모든 것을 선택할 수 있는 권리가 자유라고 생각하기 쉬운데 실상은 인간이 부름 받고 있는 목적(영광)에 합당하게 자유를 선용할 때만이 참된 자유라고 할 수 있다. 따라서 인간의 자유는 하느님이 주신 자유로서, 나라는 존재가 완성되기 위해, 예수님과 같은 영광을 함께 누리기 위해 필요하지만, 하느님처럼 절대적인 자유는 아니다. 인간의 자유는 존재의 목적에 합당하게 통합될 때(영광을 선택할 때) 비로소 빛을 발한다.

그러면 왜 하느님께서 인간에게 자유를 주셨을까? 자유가 없으면 사랑할 수 없기 때문이다. 사랑할 때 자유롭게 자신을 내줄 수 있고 자신을 떠나 사랑하는 상대와 하나가 될 수 있기 때문이다.[70] 또 인간은 이 사랑의 힘으로 자신을 초월하여 사랑하는 사람이 있는 곳에 함께 있게 된다. 이 자유를 한 번도 시행착오 없이 제대로 잘 사용하신 분이 바로 우리의 어머니이신 성모님이시다. 그분께서는 언제 어디서나 어떤 처지에서도 사랑을 선택하셨다. 당신 아드님이 십자가에 처형되는 것을 지켜보시는 동안도, 으스러지는 마음을 안고서도 미움이나 분노로 일그러지지 않으셨다. 죽으신 아드님의 시신을 부여안고 하염없이 눈물을 흘리면서도 모든 것이 끝났다는 좌절이나 절망감에 빠지지 않고 홀로 아드님의 부활을 기다리며 깨어 기도하셨다.

겉에 드러난 부조리한 상황에 쉽게 흥분하고 분노하기 쉬운 우리들을 보면서 우리는 언제 성모님과 같은 초연한 모습을 지닐 수 있게 될까? 더구나 이런 불의에 열 내고 일어서는 것이 정의로운 모습이라 생각 들 때가 많으니 말이다. 이런 사람들의 잘못된 정의감이 실은 자신의 기질의 수양 부족인데, 이로 인해 공동체와 사회를 더욱 어지럽히고 혼란스럽게 만든다. 이웃의 잘못을 보고, 약한 우리는 지나치게 반응해서 결국 우리의 잘못을 드러내고 만다. 성모님은 우리와는 비교가 안 될 정도로 높은 수준의 정의감을 지니고 계셨음에도 당신 아드님의 불의한 죽음 앞에서 우리를 죄인으로 몰아 비난하지 않으셨다. 하느님께서 만일 우리가 잘못할 때마다 우리가 잘못한 자에게 대하듯이 하셨다면 우리는 벌써 존재하지 않았을 것이다.

항상 신비롭고 기이한 것 중의 하나는 우리가 분명히 잘못을 하고 나서도 하느님 앞에 나아가면 하느님은 마치 아무 일 없었던 듯 기쁨과 은총으로 대해주시는 것이다. 하느님이 이런 분이심을 잘 몰랐을 때는 어찌나 많이 헷갈려 했는지 모른다. 당연히 꾸중 받고 된통 혼나야 되는데도 마치 기도를 잘할 때 주시는 부드럽고 감미로운 사랑을 부어주시니 내가 나 자신을 이해할 수 없었고 이 느낌이 잘못된 것 같았다. 내 안에서 은총과 기쁨을 부어주시며 당신 사랑을 보여주시는 하느님이 이해가 가질 않았다. 그런 어느 날 십자가의 성 요한의 글을 읽으면서 이 모순 - 잘못한 사람에게 은총과 기쁨을 주시는 하느님 - 을 이해하게 되었다.

"주님, 당신은 당신을 거역하는 이에게 기쁨과 사랑으로 대하시고 높여주시는데 나는 나의 분통을 터트리는 사람을 돌보아주거나 높여 존경하지 않습니다."[71]

바로 이것이다. 하느님의 존재 자체가 기쁨이고 사랑이시기에 우리를 기쁨과 사랑으로 대하실 수밖에 없으신 것이다. 그제야 이를 알아듣고 모든 의문이 풀린 적이 있었다. 십자가의 성 요한도 이를 체험하고 이렇게 쓴 것이다. 그렇다면 주님께서 우리를 사랑하신 것처럼 우리가 이웃을 사랑하려면 어디까지 사랑해야 하는지 아득히 멀기만 하다. 이 무한하고 영원한 사랑을 자신이 받을 때도 헷갈려 했을 만큼 크고 커서 어리둥절하고 알아듣지 못했다면 이런 같은 사랑으로 이웃을 베풀어야 한다고 생각한다면! 이 사랑에서 내가 얼마나 멀리 떨어져 있는지 자신이 정말 죄인임을 인정하지 않을 수 없어진다.

하느님께서 우리 모두를 '영원한 영광'으로 부르셨기에 천국에서뿐만 아니라 현세에서도 우리가 잘못과 허물로 가득 차 있어도 당신 앞에 나서기만 하면 당신께서는 기쁨과 은총과 감미로움으로 채워주심을, 그리고 우리가 기도로써 당신 앞에 가기만 하면 언제 어디서나 우리를 높여주시고 당신 사랑으로 감싸주심을 시간이 가면서 점차 알게 된다. 그리고 우리는 비로소 진정으로 기도하게 된다. 기도하지 않을 땐 자신의 본질을 – 영광 받기 위해 태어난 자임을 – 알아듣지도 이해할 수 없으니 얼마나 큰 불운이고 손실인가? 이것은 우리에게뿐만 아니라, 하느님의 영광을 가리는 것이 된다는 것을 명심해야 한다.

하느님께서 뜻하시고 기뻐하시는 일은 바로 이것이다. 하느님께서는 예수 그리스도를 통하여 우리를 당신의 자녀로 삼으시기로 미리 정하셔서, 천지 창조 이전에 이미 우리를 뽑아주셨다. 그리고 당신의 사랑으로 우리를 거룩하고 흠 없는 자가 되게 한 뒤 당신 앞에 설 수 있게 하시고, 우리를 그리스도와 함께 살도록 계획하신 것이다. 그래서 사도 바오로는 사랑하는 아드님을 통하여 우리에게 거저 주신 이 영광(은총)에 대하여 하느님을 찬양할 수밖에 없다고 말한다. 그리고 이 영광을 미리 엿보고 체험한 사도 바오로는 말한다. 셋째 하늘까지 붙들려 올라가 봤으니 - 몸째 올라갔는지 몸을 떠나서 올라갔는지 모르지만 - 낙원에 붙들려 올라가서 사람의 말로는 표현할 수 없는 것을(2코린 12,2-4) 보고 듣고서 우리에게 전하고 있는 것이다. 결국 하느님께서 기뻐하시고 원하시는 바는, 우리가 하느님의 자녀가 되어 예수님 곁에서 예수님이 계신 곳에 함께 있으면서, 예수님께서 아버지께 받은 영광을 함께 보고 누리는 것이다. 하느님께서는 이 영광의 은총을 예수 그리스도를 통하여 우리에게 거저 주시는 것이다.

우리에게 요구하시는 것이 하나 있다면 그것은 우리의 동의! 즉 그렇게 되기를 - 하느님이 원하시는 대로 영광 받는 것을 - '원합니다' 하는 것이다. 이에 대한 우리의 동의는 '세례'로써 표현된다.

1) 세례

세례를 받음으로써 우리는 그리스도와 접목되어 그리스도의 생명으로 살아가는 자가 된다. 세례 때 우리는 이미 은총의 생명이 지니는 그 신비로운 법칙에 지배당하기 시작했다. 세례로 우리는 그리스도 생명의 영역에 들어와 있다. 세례를 받는 순간부터 우리는 그리스도 생명을 받아 살아가게 된다. '가지가 포도나무에 붙어 있듯 우리는 그리스도께 붙어 있게 되어 그리스도 안에서 그리스도 덕분에 사는 것이다. 그리하여 죽은 이들 가운데서 부활하신 분에게 누구보다 더 긴밀히 연결된 자로서(로마 7,4) 마치 그리스도께서 하느님께 귀속되시듯이 우리는 그리스도께 귀속되었다(1코린 3,23). 따라서 우리도 하느님의 아드님과 같은 모습을 지녀야 하고 세례 때처럼 그리스도를 옷 입듯이 입어야 한다. 세례로 인하여 그리스도의 생명과 그리스도에게 합일된 인간 생명의 띠는 그 내적 연관이 매우 긴밀해져서 그리스도 생애의 위대하고 결정적인 사건들이 고스란히 그리스도인들 생애의 사건들 안에서 예견할 수 있다는 뜻이 된다. 이렇게 우리가 그리스도와 함께 죽었고, 그분과 함께 깨어났으며, 그분과 함께 부활했고, 그분과 더불어 하늘에 옮겨 심어졌다. 그리스도께서 다시 살아나셨다면 우리도 죽은 이들 가운데서 반드시 다시 살아나리라는 것이 바오로 사도의 결론이다.'[72]

이 세례의 참다운 가치를 잘 모르는 자들에게 사도 바오로는 묻는다.

"그리스도 예수님과 하나 되는 세례를 받은 우리가 모두 그분의 죽음과 하나 되는 세례를 받았다는 사실을 여러분은 모릅니까? 과연 우리는 그분의 죽음과 하나 되는 세례를 통하여 그분과 함께 묻혔습니다. 그리하여 그리스도께서 아버지의 영광을 통하여 죽은 이들 가운데에서 되살아나신 것처럼, 우리도 새로운 삶을 살아가게 되었습니다"(로마 6,3-6).

'이같이 그리스도교적 실존의 근본은 세례라 할 수 있다. 만일 우리가 진정으로 그리스도와 같이 죽어 그분과 하나가 되었다면, 그리스도의 가장 깊은 소원을 - 그리스도 곁에 함께 있으면서 아버지께서 주신 영광을 함께 보는 것을 - 채워줄 수 있게 될 것이다.

또 세례 이후 우리는 그리스도의 죽음 속으로 늘 새로 잠겨 든다. 사도 바오로의 견해로는 현세의 육체적 죽음, 그리고 모든 슬픔과 고통은 하나같이 인간은 죄의 지배하에 있다는 사실을 나타내는 표시라는 것이다. 그런데 그리스도 예수 안에 있는 사람들에게는, 즉 이미 심판 받을 죄목이 없어진 사람들에게는 고통과 죽음이 더 이상 본시 뜻하는 죄벌의 성격을 띠지 못하고, 예수님의 운명을 함께하는 것이자 세례로 비롯된 생생한 일치를 강화하는 수단이 된다.

이런 의미에서 우리는 어떤 면에서 예수님의 죽음을 늘 우리 몸에 지니고 다니는 것이 된다. 그렇게 해서 예수님의 생명이 우리에게서 드러나게 하려는 것이다. 우리는 살아 있는 동안 언제나 예수님을 위해서 죽음의 위험을 겪고 있는데, 그것은 어차피 죽을 우리의 몸에 예수님의 생명이 살아 계심을 드러내려는 것이며 예수 그리스도를 믿고 경건하게 살기를 원하는 사람은 누구나 박해를 받게 될 것이라는 것이다(2티모 3,12).

우리 구원의 창시자가 고난을 겪어 완전하게 되셨다면[73] 세례를 받아서 그리스도 안으로 들어간 우리가 이와는 다른 방법으로 완전하게 되리라고 어찌 감히 생각인들 할 수 있겠는가? 다시 말한다면, 그리스도 신자가 당하는 고통은 자연의 불운이라거나 인간이면 누구나 겪는 속명으로 간주되어서는 안 된다. 오히려 그리스도 신자다운 발로이자 은총으로 그리스도와 일치되었다는 증거이며 그리스도와 같이 영광을 입기 전에 반드시 거치지 않으면 안 될 필연적 과정으로 간주되어야 한다.'[74]

이렇게 세례를 받아 그리스도와 하나 된 우리는 그리스도와 함께 천상에서 자리를 차지하게 되었다. 이것은 하느님께서 예수 그리스도를 통하여 우리에게 거저 베푸시는 영광스러운 은총으로 우리는 이 하느님의 영광(은총)을 찬양할 수밖에 없는 것이다. 이제 우리는 이방인도 아니고 나그네도 아니며 성도들과 같은 한 시민으로 하느님의 한 가족(에페 2,19)이기 때문이다. 그리스도와 함께 이미 이 세상에서 죽었기에 우리의 참생명 또한 그리스도와 함께 하느님 안에 있어 보이지 않는다(콜로 3,3).

그런데 장차 받을 약속이 지금 눈에 보이지 않는다는 것이 문제이다. 여기서 바로 우리의 믿음이 필요하게 된다. "하느님께로 나아가는 사람은……믿어야 한다"(히브 11,6). 도대체 무엇을 믿어야 하는 것일까? 그것은 하느님이 계신다는 것과 하느님께서 당신을 찾는 사람들에게 상(영광)을 주신다는 것을 굳게 믿는 것이다. 이 상급이란 그리스도와 함께 앉아 아버지께서 그리스도께 주시는 영광을 함께 보고 누리는 것이다. 인간의 머리와 상상으로는 도저히 생각해볼 수도 없는 엄청난 영광이다. 이 세상에서는 자기보다 조금 신분이 높은 사람과 점심을 한 끼만 같이 해도 대단한 영광인 양 자랑삼아 말한다. 왕이나 대통령은 말할 것도 없고, 특히 교황님을 알현하여 손이라도 한 번 잡았다면 이는 사진을 찍어 벽에 걸어놓고 두고두고 자랑하며 볼 것이다. 그런데 하느님의 아드님과 함께 앉아 있도록 우리가 초대받았는데 어찌 이 영광을 자랑하지 않을 수 있으랴!

그래서 이를 체험한 선교사들이 이 벅찬 감동을 혼자 담아두기가 어려워 물 설고 땅 설은 외국에 가서 자신의 믿는 바를 함께 나누고 있는 것이리라. 이 영광이 영원히 계속된다는 것이 우리의 작은 머리로는 이해도 안 되고 믿기도 어렵다. 그러나 성인들은 현세에서도 어느 정도 이 영광이 어떠한 것인지 미리 맛볼 수 있다는 것을 우리에게 전해주고 있다.

따라서 신앙이란 예수님으로부터, 또 사도로부터 들은 바를 믿고 희망하는 굳은 신념이며 보지 못한 일(약속)에 대한 굳은 믿음이라 할 수 있다. 이는 믿음이 미래의 선(善)을 아주 뚜렷하게, 마치 눈앞에 놓고 보듯 현재화시켜주며, 또한 장래의 선(善)을 누리기도 전에 우리 영혼은 믿음을 통해 이를 이미 얻어 가지고 있다는 뜻이다.

십자가의 성 요한은 믿음이란 "우리가 하느님께 나아가기 위해 발(足)"의 역할을 하며 또 "어두움 속에서 하느님을 소유하는 것"이라고 말하고 있다. 또한 오직 믿음만이 우리가 사랑하는 분에 대한 참된 지혜(빛)를 전해줄 수 있으며 우리 영혼이 지복의 합일에 도달하기 위한 수단이 되어야 한다고 말하고 있다. '믿음'이야말로 우리의 깊은 곳에서 모든 영적 선들을 풍요롭게 해주며 넘쳐흐르게 해준다. 이처럼 믿음은 우리에게 하느님을 전해준다. 아직은 베일에 가려져 계시지만 똑같은 하느님이신 것이다.[75]

이렇게 "우리는 하느님께서 우리에게 베푸시는 사랑을 알게 되었고 또 믿게 되었다"(1요한 4,16). 이것은 바로 우리 믿음의 위대한 행동에 의한 결과이고 하느님께 받은 사랑을 사랑으로 되돌려 드리는 방법이기도 하다. 이 사랑은 바오로 사도가 말하고 있는 성부의 마음속에 '숨어 있는 비밀'(콜로 1,26)로서 결국에는 이것을 꿰뚫고 들어가는 자들의 온 영혼이 전율하게 될 비밀이다. 영혼이 자신에 대한 하느님의 '지나칠 만큼 과분한 사랑'을 믿을 때 성경이 모세에 대해 말하는 것처럼 말할 수 있을 것이다.

"보이지 않으시는 분을 보고 있는 사람처럼 굳건히 견디어 내었습니다"(히브 11,27).

이러한 영혼은 위로나 유감에 별로 마음 쓰지 않고 기쁨을 주시든 고통을 주시든 한결같이 하느님의 사랑을 믿는다. 오히려 시련을 받으면 받을수록 그 믿음은 더 커진다. 왜냐하면 무한한 사랑의 품 안에 쉬기 위해 이런 갖가지 장애물을 넘어가기 때문이다.

이렇게 항상 믿음 안에 깨어 있는 영혼에게 예수님께서는 마리아 막달레나에게 말씀하셨듯이 친밀하고 비밀스럽게 "네 믿음이 너를 구원하였다. 평안히 가거라"(루카 7,50)라고 말씀하실 것이다.[76]

무엇보다도 신앙 안에 깨어 있다는 것은 예수님이 하신 말씀을 되새기며 그 말씀이 이루어지리라 굳게 믿고 희망하며 기다리는 것이다.

신앙 안에 깨어 예수님의 말씀을 털끝만큼도 의심치 않고 믿으신 분은 성모님이시다. 십자가 위에 죽으신 아드님을 무릎 위에 받아 안고 말할 수 없는 고통과 슬픔으로 하염없는 눈물을 흘리면서도 당신 아드님이 부활하리라고 예언한 말씀을 마음속 깊이 간직하시며 모든 것이 끝난 것 같은 상황에서도 홀로 깨어 기도하며 부활을 기다리셨다. 성모님은 제자들이 실망에 빠져 각자 자기 갈 길을 찾아 흩어지는 것을 보면서도 부활하리라는 예수님의 말씀을 굳게 신뢰하고 기도하며 기다리신 것이다.

기도는 신뢰를 깊게 하고 강화시켜 준다. 예수님의 말씀에 대한 우리의 신뢰가 작은 것은 기도의 깊이가 없기에 신뢰가 기도 안에서 뿌리를 내리지 못했기 때문이다. 그렇지만 우유부단한 사람이라도 매일 한두 시간씩 기도에 몰두할 줄 안다면 소신과 확신이 있는 자로 변화될 것이다.

이렇게 신앙 안에 깨어서 예수님이 하신 말씀을 받아들여 잘 지키는 사람에게는 "나는 그를 찾아가 그와 함께 살 것이다" 하신 말씀이 실현되어 이제는 신앙의 베일을 통해서가 아니라 눈으로 보고 듣는 것보다 더 확실한 신비스러운 접촉으로 하느님을 만나고 사귀게 된다. 성인들은 예수님의 말씀을 깨어 잘 지켰고, 그리고 그에 대한 예수님의 약속인 "그를 찾아가 함께 살 것이다"라는 말씀을 어떤 방식으로든 체험했기 때문에 마치 하느님을 직접 뵌 듯 확신을 가지고 우리에게 말하고 있는 것이다. 우리 역시 예수님 말씀을 잘 간직하여 실천한다면 예수님은 "우리를 찾아와 우리와 함께 살 것임"을 확실히 믿을 수 있다.

예수님의 말씀대로 살기 어려운 현대일수록 주위가 어두우면 어두울수록 빛을 갈망하고 있기에 자신이 만일 작은 믿음의 불을 켜놓고 시련의 작은 바람에도 가물가물 흔들리는 불꽃일망정 켜놓고 있기만 한다면 이 작은 믿음의 불은 멀리까지 비추어줄 수 있게 된다.

세상에 살면서 기이하고 신비로운 것이 참 많은데 그중 하나가 주위가 어두울수록 작은 성냥불도 멀리까지 비춘다는 것이다. 그리고 아무리 꺼질 듯한 불씨지만 이 불씨를 꺼지게 할수록 그 불은 더욱 커져가고 또 주위로 확산되어 간다는 것이다. 우리 신앙이 약한 것은 어찌 보면 박해가 부족하기 때문일 수도 있다는 생각이 들 때가 많다. 그리스도교를 박해했던 시기에 오히려 신앙이 강했고 생명이 넘쳤기 때문이다.

정원에 풀 하나가 어찌나 드세고 억센지 우리는 '악질 풀'이라 이름을 붙여 불렀는데 이 풀을 뽑느라 시간이 너무 걸려, 한번은 수련소 가족 전체가 땅을 삽으로 뒤집어 놓고 이 풀뿌리를 모조리 캐내기로 작정하고 이 풀의 소탕 작전에 나섰다. 그런데 한쪽을 뽑아 놓고 다른 곳을 뽑으려 하면 그곳을 다 끝내기 전에 뽑은 쪽에서 다시 무성하게 자라는 풀 때문에 그해는 쉴 틈이 없었다. 이듬해는 좀 조용하게 지낼 수 있을까 기대했는데 오히려 더 무성하고 힘 있게 퍼져 자라나는 걸 보고 모두 놀랐다. 그리고 동시에 '생명의 신비함과 번식력'에 감탄하였다. 이 풀이 무언중에 가르쳐준 바는 우리도 저런 저력과 힘을 지니고 박해할수록, 어려울수록 더 강해지고 번성해지는 힘찬 생명력을 지녀야 한다는 것이다. 저 풀보다 생명력이 약한 자신을 보면서 박해를 받았던 초대교회의 그리스도인들의 강한 신앙에 대해 생각하게 된 것이다.

사실 그리스도교 초기에 로마인들은 그리스도인들을 몰살시키려 했지만 오히려 그 박해가 그리스도인을 온 세상에 퍼지도록 도운 셈이 된 것을 보면서 하느님이 창조하신 '생명'의 신비는 정말 우리 힘으로 깨치지 못할 숭고함이 깃든, 우리 손에 닿지 못하는 저 멀리에 있음을 알게 된다. 이 뒤부터 이 풀이 나보다 굳세고 꿋꿋함을 인정하면서 이 풀과 공존하는 법을 배워 농작물에 해가 가지 않는 범위 내에서만 풀을 뽑고 그들도 살아남게 땅밑바닥을 뒤집어가며 뿌리 뽑는 일은 그만두었다.

한갓 잡초에 지나지 않는 이 풀이 이토록 큰 전멸 작전에도 불구하고 살아남는 강한 생명력과 번식력을 지녔다면, 세례로 인해 하느님의 인호가 찍히는 그리스도인들의 생명력은 많은 이들이 박해로 인해 죽음을 당했어도 수십 세기가 흐른 지금도 영원히 살아 있는 불멸의 생명력을 지니고 계속 살아 퍼지고 있는 것이다.

2) 하느님의 자녀

세례를 받는다는 것은 성령을 받아 하느님의 자녀가 된다는 것이다.

"여러분은 사람을 다시 두려움에 빠뜨리는 종살이의 영을 받은 것이 아니라, 여러분을 자녀로 삼도록 해주시는 영을 받았습니다. 이 성령의 힘으로 우리가 '아빠! 아버지!' 하고 외치는 것입니다. 그리고 이 성령께서 몸소, 우리가 하느님의 자녀임을 우리의 영에게 증언해주십니다. 자녀이면 상속자이기도 합니다. 우리는 하느님의 상속자입니다. 그리스도와 더불어 공동상속자인 것입니다"(로마 8,15-17).

엘리사벳에게 있어서 세례를 받는 자는 하느님의 자녀임을 의미했다. 그녀는 우리가 하느님의 자녀라는 이 위대한 신비에 감탄하여 외친다.

"오! 하느님의 은총으로 우리는 얼마나 부요한지! 우리는 하느님의 자녀가 되기로 이미 정해졌어. 그 결과로 우린 그분 영광을 유산으로 받을 상속자가 된거야!"(편지 238).

"너를 하느님의 자녀가 되게 하고 성삼위의 날인을 찍어주는 것은 세례야. 나의 프란치스카! 우리의 영원한 운명[예정(豫定)]을 관상하노라면 보이는 모든 것들이 얼마나 하찮은 것인지 몰라. 성 바오로의 말씀을 들어봐. 하느님께서는 이미 오래전에 택하신 사람들이 당신의 아드님과 같은 모습을 지니도록 미리 정하셨어. 하느님께서는 미리 정하신 사람들을 불러주시고 또한 부르신 사람들을 의롭게 하시며, 당신과 의로운 관계를 가진 사람들을 영광스럽게 하셨어(로마 8,29-30). 이것이 바로 너를 영원히 기다리고 있는 거야! 그렇지만 기억해둘 것이 있어. 우리가 누릴 영광의 정도는 죽는 순간에 하느님께서 발견하게 되는 바로 그 은총의 수준과 똑같다는 것을! 그러니 하느님께서 네 안에서 예정하신 일을 끝마칠 수 있도록 허락해드려."[77]

그리고 영원으로부터 아버지이신 하느님의 영원한 사랑으로, 항상 사람을 알고 좋아하며 선택하는 이 영원한 하느님의 사랑을 묵상하면서 이미 두 딸의 어머니가 된 여동생에게 이렇게 쓴다.

"방금 성 바오로의 신적 입양의 신비에 관한 감탄할 만한 글을 읽었어. 자연스럽게 너를 생각했지. 너는 엄마이니까 두 아이들을 위해 네 가슴에 무한한 사랑을 품고 있으니 이 신비의 위대함을 이해할 수 있을 거야. 하느님의 자녀들! 사랑하는 깃드, 이것은 너를 기뻐 용약하게 하지 않니? 내가 좋아하는 성 바오로가 하는 말을 들어봐. '하느님께서는 우리를 그리스도 안에서 천지 창조 이전에 이미 뽑아주시고 우리를 당신의 자녀가 되게 하셨다.' 이것은 당신 은총의 영광을 찬미하게 하시기 위함이야. 말하자면 이것은 그분의 전능하심으로도 더 이상 위대한 것을 할 수 없을 정도로 보여! 계속해서 들어봐. '만일 우리들이 자녀들이라면 또한 우리는 상속자'야. 이 유산은 무엇일까? '하느님께서는 광명의 나라에서 성도들이 받을 상속에 참여할 자격을 우리에게 주신 거야.' 이것이 먼 미래의 것이 아님을 덧붙이고 있어. '이제 여러분은 외국인도 나그네도 아니고 성도들과 같은 한 시민이며 하느님의 한 가족'임을, 우리는 '하늘의 시민'이야. 사랑하는 깃드! 이 하늘, 이 아버지의 집은 '우리 영혼의 중심'에 있어. 십자가의 성 요한이 말하는 대로 우리가 우리의 가장 깊은 중심에 있을 때 하느님 안에 우리가 있는 거야. 참 단순하지만 위로가 되지 않니?"(편지 238).

세례로 하느님의 자녀가 된 영혼들 안에 성삼위께서 내주하시게 되는 이 놀라운 신비에 감탄하며 엘리사벳은 깨어 있는 신앙의 빛 아래 작은 조카를 보고 자신이 느낀 바를 여동생 깃드에게 쓴다.

"지극히 거룩하신 성삼위께서 작은 성전 안에 현존하심에 존경심이 가득 넘치는 것을 느낀다. 그 영혼은 마치 주님을 반사하는 수정처럼 보여. 만일 네가 그 애 곁에 있었다면 이 영혼 안에 거주하시는 분을 흠숭하기 위하여 무릎을 꿇었을 거야"(편지 197).

조금 후에 같은 주제로 숙모에게 이렇게 쓰고 있다.

"내 생각에 깃드가 엄마가 되었다는 것이 꿈만 같아요. 아직 사진으로밖에 조카를 보지 못했지만 말이에요. 날씨가 좋으면 저에게 데려오겠지요? 그러면 저로서는 세례로 인해 당신 성전으로 변화된 이 영혼 안에 계신 거룩하신 성삼위를 흠숭하는 엄청난 기쁨을 맛보게 될 거예요. 얼마나 위대한 신비인지요!"(편지 198).

앞에서 보는 바와 같이 엘리사벳은 세례 받은 영혼 안에 성삼위의 실제적이고 참된 현존에 대한 신비를 명확하고 힘 있게 이해하고 받아들이고 있음을 볼 수 있다. 세례로 인해 하느님의 자녀가 되어 그리스도의 영광을 함께 상속 받는다는 이 진리는 그녀에게 모든 것을 초월케 하는 기쁨이 되었다. 이 영광의 근원이 되는 자신의 세례일을 기념하면서 또 이렇게 쓴다.

"내일은 또한 내 영혼을 위한 축제이기도 해요. 왜냐하면 나의 영세 기념일을 지낼 거니까요. 내일 거룩한 미사 때 나를 그분께 잘 봉헌해주세요. 우리를 위하여 예정하신 영원히 변하지 않는 행복한 일치에 도달하기까지 그분 홀로 내 안에 사시고 더 커져가는 열망 가운데 사랑하기 위하여……"(편지 234).

엘리사벳은 여기서 멈추지 않고 신비의 깊이에까지 깊게 침투해 들어간다. 필리퐁 신부가 묘사하고 있듯이 엘리사벳은 단순함과 사고의 심원함과 천부적인 지혜 덕분에 세례 성소의 의미를 통찰하였고 이미 이 세상에서 '성삼위와 친교'를 나누며 살도록 부름 받았음을 이해하였다.

실제로 엘리사벳은 영혼 안에서 성삼위의 현존은 역동적인 현존이고 세례로 감싸여 있음을 잘 알아들었다. 그리고 그녀는 이 현존을 통해 우정과 친밀한 교류의 관계를 깊게 하면서 성삼위의 삶에 참여하도록 주님께서 인도하셨음을 체험으로 잘 이해한 것이다.

3) 그리스도와 통합

인간은 세례를 받음으로써 인간에 대한 하느님의 영원한 계획을 실현할 수 있게 된다. 하느님의 계획이란 인간을 그리스도와 닮은 모습으로 만드는 것이다. 성 바오로는 하느님의 계획을 다음과 같이 표현한다.

"그리스도와 하나 되는 세례를 받은 여러분은 다 그리스도를 입었습니다. 하느님께서는 미리 뽑으신 이들을 당신의 아드님과 같은 모상이 되도록 미리 정하셨습니다. 그리하여 하느님께서는 이미 그리스도께 희망을 둔 우리가 당신의 영광을 찬양하는 사람이 되게 하셨습니다"(갈라 3,27; 로마 8,29; 에페 1,12).

인간은 하느님 아버지의 영원한 계획에 따라 우리를 '하느님의 모상과 유사하게 창조'하신 대로 하느님의 모상을 더욱 닮아가야 하는 과제를 안고 있다. 보이지 않는 하느님을 닮는다는 것은 구체적으로 이 세상에 하느님을 우리에게 보여주신 대로 유일한 성부 하느님의 모상이신 예수 그리스도를 닮는다는 것을 의미한다.

자기의 삶을 통해 그리스도를 닮고 그리스도를 따름으로써 자신 안에 그리스도의 모습을 지니는 것이다. 결국 이 과제(소명)를 잘 실현하려면 참다운 인간의 본모습을 계시하기 위하여 강생하신 그리스도를 바라볼 필요가 있다. 인간은 그리스도를 닮음으로써 신화(神化)되어 가고 최종 목적(지복 직관)인 하느님의 생명(영광)에 참여하기 때문이다.[78]

우리가 그리스도와 닮으면 닮은 그만큼 하느님의 영광을 더 많이 반사하는 것이고 하느님을 더 영광스럽게 해드린다면 우리의 유일한 관심사는 매일매일 어떻게 하면 그리스도를 더 닮을 수 있을까 하는 데 있을 것이다. 바꾸어 말하면 하느님께 영광을 많이 드릴수록 그 영혼은 하느님의 영광에 더 많이 참여하며 그 영광을 반사하는 영혼이 된다. 마치 성모님이 그러하셨던 것처럼……. 예수 그리스도의 가장 크고 깊은 소망은 아버지께서 당신께 맡겨주신 우리들이 당신 곁에 있으면서 하느님 아버지께서 예수 그리스도께 주신 영광을 함께 바라보는 것이다. 예수님의 이 소망을 실현시켜 드리는 사람은 하느님을 잘 섬기고 기쁘게 해드리며 하느님을 영광스럽게 해드리는 자이다.

예수님은 걱정 많고 의심 많고 불안해하는 우리에게 "너희 마음이 산란해지는 일이 없도록 하여라. 하느님을 믿고 또 나를 믿어라. 내 아버지의 집에는 거처할 곳이 많다. 그렇지 않으면 내가 너희를 위하여 자리를 마련하러 간다고 말하였겠느냐? 내가 가서 너희를 위하여 자리를 마련하면, 다시 와서 너희를 데려다가 내가 있는 곳에 너희도 같이 있게 하겠다"(요한 14,1-3) 하고 위로하시며 약속하신다. 그리고 "너희는 먼저 하느님의 나라를 찾아라. 그러면 나머지 너희들에게 필요한 모든 것들도 덤으로 곁들여 받게 될 것이다"라고 권고하신다. 그러니 하느님 아버지께 신뢰하고 평온히 이 세상을 살아가길 당부하신다. "너희들 작은 양 떼야, 두려워하지 마라. 너희 아버지께서는 그 나라를 너희에게 기꺼이 주기로 하셨다"(루카 12,32). 아버지를 아는 사람은 아들밖에 없고 아들을 아는 분은 아버지밖에 없으신데 이렇게 아버지에 대해 가장 잘 아시는 분이 확신 있게 말씀하신다. "아버지께서는 하늘나라를 너희에게 기꺼이 주시기로 하셨다"고.

아버지께서 외아드님이신 예수님을 이 세상에 보내시며 인간에게 건네는 초대는 바로 이것이다. 그러면서 영광의 초대에 우리가 "예" 하고 믿고 받아들일 것인지 아니면 "아니요" 하고 거절할 것인지 선택의 자유를 주셨다.

우리가 지닌 자유의지의 고귀함이 여기서 드러난다. 바로 여기에 인간은 자유의 올바른 사용에 대한 책임을 지게 된다. 우리가 영광을 선택하면 하늘나라를 마치 우리 스스로 얻은 양 우리의 선택을 높이 쳐주시며 영광스럽게 해주시는 것이다. 지옥에 가는 사람은 죄가 커서 가는 것이 아니다. 스스로 그 길을 선택했기 때문이다. 일곱 번씩 일흔 번이라도 용서해야 한다고 가르치신 예수님은 우리 죄가 많다고 내치시지는 않는다. 우리가 잘못을 뉘우치고 회개하는 순간 모든 죄의 사슬에서 우리를 풀어주시고 용서해주시기 때문이다. "결국 성부, 성자, 성령이신 하느님은 우리를 단죄하거나 심판하지 않으신다. 우리의 무수한 잘못에도 불구하고 이 용서로 인해 우리는 무한한 자유와 영광을 향해 열려 있게 된다. 가장 크고 무거운 죄의 한복판에서까지도 말이다. 이 위대한 사랑의 현실 앞에서 우리의 한순간 한순간의 삶은 얼마나 고귀한 사랑과 축복으로 가득 차 있는지!"[79]

2. 영광의 찬미 : 인간의 영원한 성소(운명)

우리에게 주시려고 예정해두신 하느님의 사랑이 얼마나 큰지 인간의 머리로는 상상한 적이 없을 만큼 큰 것이라고 바오로 사도는 말하고 있다. 또한 그 누구도 사랑을 주시려고 작정한 그리스도의 사랑에서 우리를 떼어놓을 수 없다. 이 사랑과 영광을 우리에게 주시기 위해 돌아가시기까지 하신 우리에 대한 예수님의 사랑은 집요하고 끈질기시다. 죽음보다 더 강한 사랑임을 관상한 사도 바오로는 외치는 것이다.

"무엇이 우리를 그리스도의 사랑에서 갈라놓을 수 있겠습니까? 환난입니까? 역경입니까? 박해입니까? 굶주림입니까? 헐벗음입니까? 위험입니까? 칼입니까? 죽음도, 삶도, 천사도, 권세도, 현재의 것도, 미래의 것도, 권능도, 저 높은 곳도, 저 깊은 곳도, 그 밖의 어떠한 피조물도 우리 주 그리스도 예수님에게서 드러난 하느님의 사랑에서 우리를 떼어놓을 수 없습니다"(로마 8,35-39).

우리의 죄까지도 우리를 향한 예수님의 이 무한한 사랑을 조금도 저지하지 못한다. 우리가 죄인이기에 예수님은 더 깊이 우리에게 이끌리시는 것이다. 최후 만찬 때 "너희와 너희 모든 이의 죄 사함을 위하여 흘릴 피니라" 하시며 당신은 죽음을 맞으시면서까지도 우리를 되살려 주시는 사랑을 보여주셨다. 과연 그 사랑 앞에서 그 누가 좌절하고 희망을 잃을 것인가?

이렇듯 인간의 미래는 영원한 영광을 향해 무한히 열려 있다. 자신이 이 영광을 관상하는 것을, 또 이 영광에 참여하는 것을 막을 사람은 아무도 없다. 하느님이 이것을 그토록 원하셨기에 예수님을 이 세상에 보내셨고, 당신 외아드님의 죽음을 통해서 이 영광을 그대로 주셨기 때문이다.

우리가 할 일은 감사로이 이 은총을 받아들이고 더 큰 감사와 사랑으로 하느님을 찬미하는 것이다. 그리고 우리 스스로 예수 그리스도를 통해 하느님께서 주시려는 영광을 거부하지 않는 것이다. 방해하는 것은 자신의 자유의지 하나뿐이기 때문이다. 우리에게 주신 자유의지로 우리가 이 '영광'을 거부할 때, 전능하시고 자비하신 하느님도 어쩔 도리 없이 우리의 선택을 지켜보신다.[80] 그럼에도 하느님께서는 자신의 의지를 잘못 쓰는 사람들(죄인들)이 마음을 돌려 다시 이 영광을 받아들일 수 있게 착한 자녀들에게(영광을 선택한 자들) 기도를 요청하신다.

우리가 하느님의 초대를 믿고 받아들이며 하느님께 흠숭드리고 하느님을 사랑하는 것이 이 영광을 올바로 받는 태도라 할 수 있다. 그러나 이런 영광을 주시겠다는 하느님의 초대를 믿지 않고, 바라지도 않고 그러기에 하느님을 예배하거나 사랑하기는커녕 정반대의 길을 가면서 다른 곳에서 행복과 자유를 찾는 사람들은 얼마나 불쌍하고 가련한지 모른다. 생수가 솟는 우물을 파지 않고 썩은 웅덩이 물을 찾기 때문이다. 이들은 자신이 속고 있는지도 모른 채, 끝을 향해 치닫다가 허무의 끝에 도달하게 되면 좌절하거나 절망하고 만다. 이렇게 많은 사람들이 마귀가 제시한 공산주의와 물질주의에 빠져 헛된 영광을 향해 치달리고 있을 때, 돌연히 파티마의 세 목동에게 천사가 나타나 다음과 같은 기도를 바치도록 가르쳐준다.

"두려워하지 마라. 나는 평화의 천사이다. 나와 함께 기도하여라." 땅에 무릎을 꿇고 이마는 바닥에 대고 "나의 하느님, 당신을 믿고 바라고 흠숭하며 사랑합니다. 당신을 믿지 않고 흠숭하지 않고 바라지 않고 사랑하지 않는 자들을 대신하여 용서를 청합니다." 이렇게 3번씩 반복한 후에 일어나 말하였다. "이와 같이 기도하여라. 예수님의 성심과 성모님의 성심께서는 너희들의 간청하는 소리를 주의 깊게 들으신다."

하느님께서 주시려는 영광의 선물을 믿고 바라는 것이 하느님을 기쁘시게 해드리는 것이다. 하느님의 이 약속을 믿지 않고 바라지 않을 때 인간은 어둠으로 둘러싸이게 되고 자연히 어둠의 세력이 그를 둘러 싸 어둠을 향해 달리면서도 어디로 가는지조차 모르면서 태평하게 따라가게 되는 것이다. 이런 영혼들을 위해 성모님께서는 파티마에서 세 번째 발현 때 지옥의 환시를 보여주시며 말씀하였다.

"너희는 불쌍한 죄인들이 가는 곳을 보았다. 죄인들의 회개를 위하여 기도하여라. 그리고 희생을 바칠 때는 다음과 같은 기도를 하도록 가르쳐주셨다. '오! 예수님, 이 희생은 당신에 대한 나의 사랑의 표로서 죄인들의 회개와 티 없으신 성심을 거슬러 범한 죄를 기워 갚기 위하여 바치나이다.'"

지금은 지옥이나 악마에 대해 말하면 원시인 취급을 받을 만큼 이 주제에 대해 말하는 것을 피하고 있다. 루치아 수녀는 1998년 인터뷰에서[81] 그때에 본 지옥에 대해 확신 있게 말한다. 성모님께서는 '지옥'에 대해 말씀하셨다. 이 지옥의 테마는 전에는 강박적이었고 지금은 그 부재가 극치에 달하였다. 그럼에도 루치아 수녀의 말은 아주 분명하다.

"지옥은 현실입니다. 이 불은 초자연적인 불[82]이지 물질적인 불이 아닙니다. 이 타는 불은 나무나 석탄 등의 무엇과도 비교할 수 없는 것입니다."

그리고 사제들에게도 이 지옥의 주제에 대해 권고했다.

"계속해서 지옥에 관해 설교해야 합니다. 왜냐하면 우리 주님께서도 지옥에 관하여 말씀하셨고 성경에도 있기 때문입니다. 하느님은 어느 누구도 지옥 불에 가라고 단죄하시지 않습니다. 하느님께서는 인간에게 선택할 수 있는 자유를 주셨고 인간의 이 자유를 하느님은 존중하십니다."

'영광'에 대하여 다루고 있는데 왜 갑자기 지옥에 관한 이야기가 나왔을까? 영광을 믿지 않고 택하지 않는 자들은 지옥을 택하기 때문이다. 중간이란 없다. 하느님의 초대를 받아들여 영광을 살 것인가, 거절하여 지옥을 살 것인가 양자택일이다. 연옥은 영광을 택한 자들이 정화될 때까지 잠깐 머물러 있는 곳이지 중립 지대는 없다. 영광을 택하지 않는 자들이 있다는 것은 얼마나 큰 고통을 우리에게 안겨주는가! 이 세상에서 있을 수 있는 고통 중에 가장 큰 고통일 것이다. 예수님을 겟세마니에서 피땀에 젖도록 고통스럽게 만든 것도 바로 이 때문이었다. 당신께서 무수한 고통과 피 흘리심에도 지옥을 택하는 완고한 영혼들을 보았기 때문이다. 이 때문에 예수님은 그들의 완악함이 풀어져 회개하고 돌아오도록 기도와 희생을 청하고 계시는 것이다. 예수님의 뒤를 따르는 사제와 수도자도 그들의 회개를 위해 주님의 겟세마니에서의 고뇌를 일부 나누고 있는 것이다.

우리가 다 아는 동화 『백조 왕자』에 나오는 공주 엘리사는 새 왕비인 마녀의 마술에 걸려 백조로 변한 열두 명의 오빠들을 구하려고 한다. 그녀는 아주 먼 곳에서 자라는 쐐기풀로 옷을 짜서 백조로 변한 오빠들에게 걸쳐주면 마술이 풀린다는 얘기를 듣는다. 그리고 그 풀을 구해서 쐐기풀이 쏘아대는 아픔을 무릅쓰고 옷을 짜기 시작한다. 그런데 옷을 짜는 동안 한마디라도 말을 하게 되면 오빠들이 마술에서 풀려나지 못한다는 말을 듣는다.

공주는 이를 지키기 위해 자신의 행동을 사람들이 이상하게 보고 비난하는데도 끝내 자기 행동에 대해 해명하지 않아 이상한 요녀로 몰린다. 결국 화형 선고를 받고 옥에 갇히게 된다. 그럼에도 그녀는 침묵하며 옷 짜기에만 골몰한다. 그러나 열두 번째 옷을 아직 끝내지 못했는데 그만 쐐기풀이 떨어져버린다. 이때 울고 있는 공주를 본 쥐들이 쐐기풀을 물어 나른다. 공주는 많은 사람들이 몰려 있는 한가운데를 지나 화형장에 끌려가면서도 옷을 짜는데만 몰두한다. 모든 옷이 거의 완성될 무렵 갑자기 열두 마리 백조가 날아와 공주를 에워싼다. 화형대로 올라가면서까지 짠 옷들을 공주가 백조들 위에 하나씩 걸쳐 주자 마술이 풀린 왕자들이 그동안의 자초지종을 해명해줌으로써 공주는 살아나고 사람들은 공주의 용기에 감탄하게 된다는 이야기이다.

악마의 꼬임(마술)에 걸려 '백조'로 변한 사람들이 우리 시대에도 있다. 바로 나의 형제자매들이다. 이들을 구하기 위해 나이 어린 일곱 살짜리 히야친타도 희생이란 희생은 다 찾아서 하고 몸에 밧줄을 두르는 고행을 하면서까지 이들이 풀려나도록 기도와 희생을 바친 것이다. 예수님은 마법을 풀게 할 공주의 역할을 할 사람들을 찾고 계시고 이들의 말없는 희생과 기도로 마술에 걸린 온 인류를 살려주시고자 하신다. 모두가 무한하고 엄청난 영광에 참여할 수 있도록…….

성모님이 바로 이 초대에 '예' 하고 기꺼이 응답한 분이시다. 성모님은 예수님을 잉태하셨기에 요셉 성인의 의심을 받으면서도, 하느님이 친히 해명해주시지 않으면 태중의 예수님과 자신이 돌에 맞아 죽을 줄을 잘 알면서도 침묵하셨고 고통 중에 그 희생을 하느님께 바치셨다. 성모님의 일생은 처음부터 끝까지, 마술에 걸려 영원한 불을 향해 가는 이들을 구하기 위해 오신 예수님과 함께 그 곁에 서서 다가오는 모든 희생과 고통 앞에 '예' 하는 응답의 연속이었다.

우리가 쉽게 마귀가 걸어놓은 꼬임에 빠지는 것은 영광스런 목적지, 즉 주님의 초대를 잊기 때문이다. 자신의 엄청난 품위(하느님의 자녀임)를 잊는다면, 또 예수님과 영원한 영광을 보도록 부름 받았다는 것을 잊는다면 우리는 빵을 많이 줄 수 있는 사람이나 출세를 도와줄 것 같은 헛된 영광에 쉽게 현혹되고 만다. C.S 루이스의 『은의자』는 이것을 쉽게 잘 묘사하고 있다.

릴리안 왕자는 어머니가 큰 푸른 뱀에게 물려 죽은 것을 알고 이 뱀을 잡으러 떠난다. 그런데 릴리안 왕자는 오히려 푸른 뱀의 마술에 걸려 지하에 끌려가 낮이면 '은의자'에 낮아 세뇌를 당한다.

"푸른 하늘이란 없다. 나무들도 없다. 태양도 없다 등." 이렇게 푸른 뱀이 시키는 대로 반복하여 따라하는 동안 마술 의자인 '은의자' 때문에 왕자는 점차 자신의 신원을 잊어버리게 되었다. 그리고 지정한 날짜가 되어 완전히 자신을 잊어버리게 되면 왕자는 푸른 뱀과 결혼하게 된다. 그러면 결국 왕자의 왕국도 푸른 뱀이 다스리게 된다.

이때 신비한 사자에 의해 세 아이들이 이 왕자를 구하러 떠난다. 출발하기 전에 신비한 사자는 아이들에게 몇 가지 주의 사항을 준다. 그리고 매일 밤 자기 전에 이것을 한 번씩 되풀이하여 암송하고 잘 것을 명령한다. 지금은 머리가 맑아 이 사명을 잊어버릴 수 없을 것처럼 명료하지만 다른 세계로 들어가면 머리가 흐려져 왜 자신이 거기 있는지 무엇하러 가는지 모르게 될 것이라며 이를 잊지 않기 위해 매일 반복하기를 신신 당부한다. 그것은 자기들이 릴리안 왕자를 찾으러 간다는 것과 어디쯤 가면 지하 왕국으로 들어가는 입구가 있는지 알려주는 내용이다.

과연 아이들은 점차 지치고 피곤해져 왕자의 이름도 지하 왕국으로 가는 표적도 다 잊어버리고 먹고 쉴 수 있는 장소 찾기에 급급해지고 만다. 이때 먼 곳에서 불빛이 빛나며 따뜻하게 쉴 수 있을 것 같은 성이 나타난다. 그들은 여기에 마음이 팔려서 지하 왕국의 입구를 그냥 지나쳐 버린다. 아이들은 춥고 배고프고 졸려서 그저 저 성에 들어가고 싶다는 생각만 하고 있을 때, 푸른 옷을 입은 귀부인이 말을 타고 나타나 거인들이 사는 저 성에 가면

따뜻하고 푹신한 침대와 김이 모락모락 나는 맛있는 음식이 많이 있으니 가서 '다가오는 축제를 위해 푸른 옷을 입은 귀부인이 보내는 선물을 드리러 왔다'고 하면 극진한 대우를 해줄 것이라고 말하며 사라진다.

잘 먹고 편히 쉴 생각에 아이들은 마음이 들떠 그곳으로 달음질쳐 갔다. 산 위는 모두가 유리로 된 성이어서 그곳의 불빛이 밖에서도 다 보여 정말 행복하게 해줄 것 같았다. 아이들은 귀부인의 말을 거인들에게 전했다. 거인들은 기뻐하며 아이들을 잘 대접해주었다. 그런데 우연히 한 아이가 모두가 자고 있는 틈을 타서 요리책이 펼쳐져 있는 곳을 보고 기겁을 하게 된다. 그리고 자신들이 거인들의 축제 때 특별 요리로 쓰인다는 사실을 알아챈다. 다음 날 세 아이들은 아무렇지도 않은 척하며 꽃을 따며 빙글빙글 돌며 춤을 춘다. 그리고 점점 성에서 벗어난다. 처음에 거인들은 눈치채지 못하고 아이들이 하는 짓이 우스워 바라보고만 있었는데 그들이 계속 멀어져 가자 거인들은 놀라 아이들을 잡으러 뒤쫓아간다. 아이들은 걸음아 나 살려라 하고 도망치지만 잡히기 일보 직전에 눈앞에 보이는 바위 아래 틈으로 쏙 들어가 버린다. 그런데 이 구멍이 뻥 뚫려 한없이 아래로 내려가는 것이었다. 아이들이 도착한 곳은 자신들의 목적지인 지하 왕국이었고, 바로 릴리안 왕자가 감금되어 있는 곳이었다. 결국 아이들은 구사일생으로 왕자를 구해내어 그곳을 빠져나온다는 이야기다.

세 아이들이 자기 소명을 매일 반복하여 외우지 않아 자신들의 목적과 목적지를 잊어버린 것처럼 우리도 아침 기도와 저녁 기도를 하지 않으면 우리가 영원히 가야 할 목적지를 잊어버리게 된다. 왜 사는지도 모른 채 정신없이 쫓겨 눈에 보이는 것을 따라가다가는 잡아먹힐 곳에 들어가게 되는 것이다.

저녁 기도 때 매일 바치는 '신덕송'은 바로 영광을 주신다는 예수님의 계시를 그대로 믿는다고 고백하는 것이며 '망덕송'은 하느님께서는 저버림이 없으시므로 예수님을 통해 주실 구원의 은총과 영원한 생명(영광)을 바란다고 고백하는 것이며 '애덕송'은 하느님은 사랑의 근원이시기에 우리를 한없는 사랑과 영광으로 높여주시기에 마음을 다하여 주님을 사랑한다고 말씀드리고 그 사랑에 대한 보답으로 이웃을 사랑하겠다고 다짐하고 약속드리는 것이다. 이 간단한 기도인 신덕송, 망덕송, 애덕송 안에 어떻게 바라고 사랑해야 하는지 우리가 갈 목적지가 다 들어 있다. 그러나 바쁘다는 핑계로 또 피곤하고 힘들다고 기도하는 것을 잊어버리고 안 하게 되면 목적 의식과 방향 감각을 잃어버리게 된다. 또한 불안함 때문에 더욱 소유하고, 더욱 앞서 가려 하고 엉뚱한 곳에 마음을 두게 되어 계속 흔들리게 된다.

오늘날을 '확실성이 없는 시대'라 할 만큼 무엇 하나 확실한 것이 하나도 없다. 우리는 그 가운데 표류하면서 물결 닿는 대로 흔들리며 떠내려가고 있다. 그러나 자기가 갈 영원한 목적지를 알고 있는 사람은 오늘 당장 먹을 끼니가 없다 해도 마음 밑바닥은 평온할 수 있다. 모든 것을 가지고 있으면서 불안하고 초조해하는 사람들은 아무도 빼앗아 갈 수 없는 가난한 이들의 평화를 이해할 수 있을까! 자기의 신원(목적 의식)을 정확히 안다는 것은 이토록 중요하다. 인간은 스스로 자기 자신을 잘 알 수 없고 계시된 진리 안에서 자신의 영원한 운명을 보고 알아들을 때 비로소 평화와 안식을 누리는 존재이기 때문이다. 우리들이 목적지를 잊고 '들어가야 할 표적'을 잃어버리거나 지나쳐도 하느님의 섭리는 항상 우리를 가야 할 그곳으로 이끌어주신다. 우리는 이를 삶 속에서 자주 체험한다. 마치 아이들이 춥고 배고파 딴 데 정신이 팔려 '표적'을 간과했어도 결국 죽기 일보 직전에 도망쳐 들어간 곳이 바로 자신들이 도달했어야 할 바로 그 자리인 것처럼 말이다.

우리는 양심의 신호가 와도 못 들은 척하거나 정작 해야 할 일을 제쳐두고도 의식하지 못하다가, 큰 시련을 당해 엉겁결에 도망쳐 피신한 곳이 바로 자신이 있어야 할 그 자리, 그 소명을 해야 할 곳에 서 있는 자신을 바라보면서 하느님의 섭리는 무한히 자비롭고 전능하심을 인정하고 고백하게 된다. 그것도 순식간에 자신이 있어야 할 자리로 되돌려진 것을 보면서 감탄스러움에 입이 다물어지지 않을 때가 많다. 또 하느님은 우리의 창자 내부까지 환히 꿰뚫어 보고 계시는 분임을 알게 되고, 도망치려 했다가 들켜서 목덜미를 잡힌 사람처럼 민망하고 부끄러워진다. 이렇게 뺀들거리는 우리 자신을 다 아시면서도 믿고 신뢰해주시고 기적을 행하시면서까지, 끝까지 우리를 당신의 도구로 써주심에, 그 사랑에 감복하여 굴복하게 된다.

여러 차례 경험한 바에 따르면 하느님의 뜻에서 벗어나(알고 하든 모르고 하든) 자기가 길을 잃은지조차 모르고 있을 때 갑자기 죽을 고생을 당하게 만들고 정신없이 피해 들어간 바로 그곳이 순식간에 자신이 있어야 할 자리에 서 있음을 보면서 아무리 당신께로부터 아주 멀리 도망친 것처럼 보이는데도 그래서 돌아가려면 일생이 걸려야 할 것 같은데 아래로 난 구멍으로 쏙 빠져들어 가듯이 하느님이 계시는 그 자리에 뚝 떨어지는 것이다. 우리가 도망쳐 달아난 곳은 원심력에 의해 지구(마음)의 표면을 돌듯이 겉돌 뿐이다. 그러나 시련을 통해 도달하는 것은 구심력처럼 마음의 중심을 향해 꿰뚫고 들어가기에 지구(마음)의 표면 어느 지점에서 들어가든 중심을 향해 들

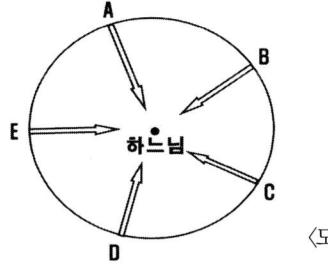

〈도표 1〉

어가는 것은 똑같은 길이의 반지름인 것이다.

위의 표와 같이 A지점에서 실컷 도망친 곳이 D라 해도 중심에서 보면 A지점에서 들어가나 D지점에서 들어가나 똑같은 반지름인 것이다. 도망 온 거리를 보면 B, C를 지나왔으니 대단히 멀리 온 것처럼 보이는 것이다. 그래서 이것이 대단히 신비롭게 느껴진다. 평생을 하느님을 피해 도망쳐 다닌 사람이 어느 한순간에 하느님을 알아듣고 하느님이 원하는 그것을 하고 있는 것도 하느님 계신 중심까지 꿰뚫었기 때문이다. 피상적이고 자기 원하는 것을 찾아 하는 것을 원심력(본성)이라 할 때 하느님 뜻을 행하는 것은 구심력을 향해 움직이는 것이라 할 수 있다. 이런 의미에서 도망쳐 와서 지금 서 있는 그 자리가 -A든 B든 D이든- 하느님을 향해 꿰뚫고 들어가야 하는 구원의 시간이요 회개의 때인 것이다. A지점에서 들어가야 하는 사람이 E까지 도망친다 해도 결국 거기에서 발목이 잡혀 아래로 떨어지면 A지점이나 E지점이나 같기 때문이다. 그래서 시편 저자가 "바다를 가로질러 도망쳐도 주님 당신은 거기 계시옵고 어디로 간다 해도 주님 당신은 거기 계시나이다" 하고 말하는 것은 이것을 체험하고 쓴 것이 아닐까 싶다.

그러나 하느님께서 당신의 영광을 나누어주시고자 아무리 애를 써도 받은 지능과 힘으로 달아나려는 사람을 무슨 수로 도와줄 것인가? 여기에 우리 주 예수님의 고뇌와 번민이 있고 그런 사람들과 함께 얼굴을 맞대고 살아야 하는 사람들의 고통이 있다. 그들을 위한 기도와 희생은 가르멜 수녀들만의 몫이 아닌 우리 모두의 몫인 것이다. 이 영광의 초대를 알아듣고 이에 즉각 기쁘게 응답한-또 자신의 경험을 통해 이에 응답하고 싶어하는 사람들을 향해 말하는-엘리사벳에게로 되돌아가 본다.

1) 소명의 발견: 영광의 찬미

엘리사벳은 '위대한 성 바오로'라 부르며 그의 서간을 즐겨 읽곤 했는데 그녀는 거기에서 자신의 카리스마적인 성소 '영광의 찬미'를 발견하게 된다. 1904년의 편지부터 여러 차례 이 성소에 대하여 언급하는 것을 볼 수 있다. 그러나 그녀는 이 신비를 심화하기 위해 좀 더 시간이 필요했다. 성 바오로 사도는 다음과 같이 말하였다.

"하느님께서는 우리를 구원하셨습니다. 그분의 영광을 찬미하도록……"
(에페 1,6).

이에 대해 카스텔라노 신부는 이렇게 말한다.

"이는 두말할 나위 없이 카리스마적인 일이다. 성령의 독특한 작업은 엘리사벳을 이 말의 깊은 의미까지 탐구하도록 데리고 갔다. 그가 받아들인

이 새로운 이름처럼 수도 성소의 소명 안에서 이를 경험하였고 교회 안에서 영적 유산을 남겨주었다. 아마도 한 영혼 안에서 성 바오로의 말 한마디가 이토록 많이 내부로 반향된 일은 결코 없었을 것이다. 그리고 대단히 예외적이라 할 만큼 이 의미의 일치를 얻어낸 사람도 없을 것이다. 라틴어로 'Laudem Gloriae'(영광의 찬미)의 이 두 마디가, 성서적이고 전례적인 이 말이 대단히 조화를 이루어 마치 불꽃처럼 엘리사벳의 영혼 안에서 불을 일으킨 것이다. 마치 내면의 계시처럼, 이미 그의 마음에 쓰여 있는 무엇을 발견한 것처럼, 마치 하느님에 의해 자신의 참다운 이름이 처음으로 불린 것을 느낀 것처럼 영원히 간직할 간선자들이 받는 흰 돌에 쓰인 이름처럼 그렇게 느낀 것이다."[83]

이 표현의 메아리는 1904년 신학생 쉐비나에게 쓴 편지에서 발견된다.

"성 바오로가 말한 대로 우리 모두 '영광의 찬미'가 됩시다."

1905년부터 이 표현은 마치 자기 성소의 표어처럼, 또는 카리스마적인 그녀의 사명처럼 자주 반복되고 있다. 처음으로 자신의 비밀을 열어보인 편지를 보자.

"당신께 아주 친밀하게 숨김없이 털어놓고 싶습니다. 나의 가장 큰 꿈은 '영광의 찬미'가 되는 것입니다. 이것을 성 바오로의 에페소 서간 1장 12절에서 읽었습니다. 나의 신랑님은 이것이 성도들의 도성에서 영원한 상투스

〈거룩하시다〉를 노래하러 가기를 기다리는 동안 귀양지인 여기에서의 나의 성소라고 이해시켜 주셨습니다"(편지 256).

이 편지 이후부터 자기 동생 깃드에게 보내는 모든 편지에는 자기 이름으로 '영광의 찬미'로 서명하고 있다. 죽기 몇 달 전, 그녀는 깊은 병중에도 불구하고 영광을 찬미하기 위하여 자신을 희생 제물로 바치고 싶어하는 갈망이 커간다. 7월과 8월의 두 차례에 걸친 피정 중에 쓴 기록은 하느님의 현존에 대한 노래와 영광의 찬미가 되기 위해 어떻게 할 것인가를 쓴 그의 영적 유품이다.

2) 어떻게 영광의 찬미가 될 수 있을까?[84]

바오로 사도는 자주 이 소명의 위대함을 계시하였다. 하느님께서는 우리가 당신 앞에서 흠 없고 거룩하게 되도록 천지 창조 이전에 그분의 사랑 안에서 우리를 선택하셨다. 이것은 만물을 당신의 결정과 뜻대로 이루시는 분의 뜻에 따라 예정된 것으로 이는 우리가 그분의 영광의 찬미가 되게 하려 하심이다.

그러나 어떻게 이 소명의 품격에 맞게 응답할 수 있을까? 이것이 바로 그 비밀이다. "나에게 있어서 산다는 것은 그리스도입니다. 더 이상 내가 사는 것이 아니라 그리스도가 내 안에 살고 있습니다." 성 바오로는 예수 그리스도 안에서 변모될 필요가 있음을 내게 이렇게 가르친다.

"하느님께서는 당신의 예지 안에서 이미 오래전에 택하신 사람들이 당신 아드님의 모상을 닮도록 예정하셨습니다." 그러므로 내가 성부의 눈에 그분을 끊임없이 재현할 수 있게 되기까지 그분으로 동화되기 위해 이 신적인 모델을 연구하는 것이 중요하다. 어떻게 하면 이토록 크나큰 우리 하느님의 꿈, 우리의 영혼들을 향한 확고한 원의를 채워드릴 수 있을까? 한마디로 어떻게 해야 우리의 소명에 응답할 수 있으며 지극히 거룩한 성삼에 대한 완전한 '영광의 찬미들'이 될 수 있을까?

천상에서의 영혼들은 성부, 성자, 성령을 찬미하는 영광의 찬미들이다. 왜냐하면 각 영혼들은 순수한 사랑 안에 고요히 안정되어 있고 더 이상 자신의 생명을 살지 않고 하느님의 생명을 살기 때문이다. 성 바오로의 말대로 이제 각 영혼은 하느님께서 그들을 아시듯 그렇게 그들 자신을 알게 될 것이다. 다시 말해 그들의 지성은 하느님의 지성이며 그들의 의지는 하느님의 의지요, 그들의 사랑은 하느님의 사랑이 될 것이다. 하느님은 이처럼 영광스러운 변모를 영혼 안에서 이루어주신다. 영혼을 변모시키는 분은 용기와 사랑의 성령이시다. 그분께서는 우리에게 부족한 것을 보충해주기 위해 성령을 선물로 주시는 것이다. 성 바오로의 말대로 그분께서는 영혼 안에서 영광스러운 변모를 이루신다. 십자가의 성 요한은 "사랑에 봉헌된 영혼이 이 지상의 삶 안에서 성령의 힘을 통해 이 사랑의 단계에 오르기까지는 조금밖에 안 남았다"라고 말하고 있다. 바로 이것을 나는 완전한 영광의 찬미라 부르겠다.

영광의 찬미란 하느님 안에 살면서 순수하고 사심없이 그분을 사랑하고 사랑의 달콤함 속에서도 자기 자신을 찾지 않는 영혼이다. 이 영혼은 하느님께서 주시는 모든 선물을 넘어서 그분을 사랑하며 비록 그분으로부터 아무것도 받지 못한다 하더라도 여전히 그분을 사랑한다. 그러므로 영광의 찬미가 되고 싶은 영혼은 하느님이 원하는 것 이외에는 그 무엇도 원하지 않을 정도로 그렇게 충만하고 열정적으로 이것에 깊이 몰두해야 한다.

영광의 찬미란 침묵하는 영혼으로, 성령의 신비로운 터치(연주) 아래에 있는 칠현금처럼 성령께서 신성한 화음들을 연주하시게끔 자신을 준비하는 유순한 영혼이다. 이 영혼은 고통이 좀 더 아름다운 음률을 울려주는 현(絃)의 하나임을 알고 있다. 그래서 그는 하느님의 마음을 좀 더 흐뭇하게 감동시켜 드리기 위해 자기의 악기에 이 현이 있기를 원한다.

영광의 찬미란 믿음과 단순함 가운데 그 눈길이 하느님께 고정된 영혼이다. 그는 하느님을 있는 그대로 반사하는 거울이다. 그는 마치 밑이 없는 심연으로서 하느님이 그 안에 들어가 당신 자신을 부어주시고 흘러넘치도록 내드리는 영혼이다. 또한 그는 마치 맑은 수정 같아서 하느님은 그 안에서 당신의 모든 성덕과 하느님의 고유한 광채를 반사하실 수 있고 당신 자신을 그 영혼 안에서 관상하실 수 있다. 이와 같이 하느님이 가지신 것과 하느님이신 그대로를 전하고 나누고자 하는 하느님의 소망을 마음껏 채워드리도록 허락하는 영혼은 모든 은총에 대한 진정한 영광의 찬미이다.

영광의 찬미란 끊임없이 감사를 드리는 영혼이다. 그의 행동이나 움직임, 모든 생각과 열망들은 점점 더 사랑 안에 더 깊이 뿌리 내리면서 울려 퍼지는 마치 영원한 상투스(거룩하시다)의 메아리와도 같다. 이처럼 하느님의 영광을 찬미하기 위해서는 하느님이 아닌 모든 것에서 벗어나야 할 필요가 있다. 왜냐하면 우리는 그리스도와 함께 이미 죽었기 때문이다.

"여러분은 이미 죽었고, 여러분의 생명은 그리스도와 함께 하느님 안에 숨겨져 있습니다." 이는 심연의 오솔길에서 우리를 비춰주기 위해 빛을 주는 성 바오로의 말이다.

"여러분은 이미 죽었다……." 이것은 무슨 뜻일까요? 거룩한 잠심이라는 난공불락의 성채 속에서 하느님과 친밀하게 살고자 열망하는 영혼은 영적인 면에 있어 모든 것으로부터 벗어나고 벌거벗고 멀어져야 함을 뜻한다. 이 영혼은 피조물이 자신에게 하는 것에 상관없이 자신 안에서 하느님을 향한 단순하고 사랑스런 이끌림을 발견한다. 지나가는 그 무엇도 결코 그를 어떻게 할 수는 없다. 왜냐하면 그는 하느님께 시선을 둔 채 그 모든 것 위를 넘어 지나가기 때문이다.

"날마다 나는 죽어 갑니다." 나는 매일 점점 더 작아지는 가운데 나를 포기해간다. 이것은 내 안에서 그리스도가 점점 더 커지고 높이 들어 올림을 받으실 수 있게 하기 위해서이다. 나는 내 가난함의 밑바닥 속에서 아주 작은 채로 남아 있다. 여기서 나는 나의 허무와 비참함, 그리고 무능함을 본다. 나는 진보하거나 항구함에 있어서도 내 자신이 그럴 능력이 없음을 발견한다. 그리고 허다하게 많은 게으름과 결점들도 본다. 그리고 이런 궁핍함 속에 있는 자신을 비로소 보게 된다. 나는 나의 비참함의 한가운데 엎디어 나의 가난함을 인정하며 이를 자비 앞에 펼쳐 보인다.

나는 오직 내 영혼의 기쁨을(감각이 아닌 의지로) 내가 희생하고 부서지고 없어지며 낮아지는 데 둔다. 왜냐하면 나는 나의 스승님께 자리를 마련해드리고 싶기 때문이다. 나는 더 이상 내 삶을 살고자 하지 않고 예수 그리스도 안에서 변모되고자 한다. 이는 내 생명이 인간적이기보다는 더욱 신적이며 성부께서 나를 바라보실 때 당신이 총애하고 사랑하는 성자의 모상을 알아볼 수 있도록 하기 위함이다.

이렇듯 어떤 영혼들은 그분 안에서 영원히 쉬기 위해 이 피난처를 선택했으며 그들은 이 침묵 안에서 자신을 잃어버리고 자신의 감옥으로부터 해방되어 신성의 대양을 항해하고 있다. 그 어떤 피조물도 그들에게 장애가 되거나 번거롭게 할 수는 없다.

이런 영혼들에게는 성 바오로가 말한 신비적인 죽음이 얼마나 단순하고 부드러운지! 이들은 아직 자신들 안에 남아 있는 부서져야 할 것이나 벌거벗음에 대해 그리 많이 얽매이지 않고 오로지 자신 안에서 타고 있는 사랑의 도가니 속에 들어가려는 데만 골몰한다. 이 사랑의 도가니란 다름 아닌 성령이다.

주님은 "내가 거룩하니 너희도 거룩한 사람이 되어야 한다"라고 말씀하신다. 우리가 어떤 삶을 살든 어떤 옷을 입든 우리 각자는 하느님의 거룩한 사람이 되어야 한다. 그런데 누가 더 거룩한 자일까? 그는 더 많이 사랑하는 자, 더욱더 하느님을 바라보는 자이다. 그리고 그분의 시선을 바라보라는 요청을 더 완전하게 채워드리는 자이다. 마치 태양이 맑은 수정을 통해 반사되듯이 당신의 모상을 반사할 수 있도록 단순하고 사랑스럽게 그분을 향해 방향을 돌려 지속하지 않는다면 어떻게 하느님의 시선을 바라보라는 요청을 만족시켜 드릴 수 있을까?

"우리와 비슷하게 우리의 모습으로 사람을 만들자"(창세 1,26). 이것이 우리 하느님이 마음 깊이 바라셨던 커다란 원의였다. 하느님께서는 우리가 은총을 받을 준비가 되어 있는 것을 보시면 우리에게 당신과 유사하게 되는 은총을 주실 준비가 되어 있다. 그런데 그분의 은총을 받기 위한 우리의 태도는 내적인 통일(순결)에 달려 있고 이 내적인 통일이 됨으로써 비로소 우리 자신을 그분께 향할 수 있다.

내 안에 사는 것은 그리스도이시다! 만일 내가 매 걸음마다 넘어진다 해도 그분을 향한 완전히 신뢰하는 믿음으로 다시 일어날 것이다. 나는 그분께서 나를 용서해주실 것이며 이루 말할 수 없는 보살핌으로 그 모든 것을 지워버리실 것임을 잘 알기 때문이다. 그뿐 아니라 그분께서는 나의 모든 비참함에서, 또한 신적인 행동을 방해하는 모든 것을 '없애버리시고' '해방시켜' 주실 것이다. 그리고 당신이 승리하시는 가운데 내 모든 능력들을 사로잡아 이끌고 가실 것이다. 그리되면 나는 온전히 주님 안에 변모되어 "내가 사는 것이 아니라 내 안에 스승님이 사신다!"라고 말할 수 있게 될 것이다. 이때 나는 성부의 눈에 '거룩하고, 흠 없고, 나무랄 데 없는' 자가 될 것이다.

이렇게 되기 위해서는 예수 그리스도 안에서 걸어야 할 필요가 있다. 그것은 매 순간 자기 자신으로부터, 그분 안에 뿌리 내릴 만큼 아주 깊이 들어가기 위해 자기 자신으로부터 나오는 것이며 자신을 잊어버리는 것이고 자신을 포기하는 것이다. 그리고 매 순간 모든 기회에 이 용기 있는 도전을 하도록 뛰어드는 것이다.

"무엇이 우리를 그리스도의 사랑에서 갈라놓을 수 있겠습니까?"(로마 8,35). 영혼이 그분께 그렇게 고정되어 있을 때, 또 그의 뿌리가 그토록 매우 깊이 그분 안에 뿌리내려 있을 때 하느님 생명의 수맥은 급류처럼 영혼 안에 흘러 들어가 일체의 불완전한 것, 표피적인 것, 자연적(본성적)인 삶을 파괴하게 된다. 그리하면 사도의 말씀처럼 '죽음은 생명에서 삼켜져' 없어질 것이다.

이렇게 자기 자신을 벗어버리고 예수 그리스도를 입은 영혼은 이젠 바깥과의 접촉에서 오는 두려움이나 안에서 일어나는 어려움을 무서워하지 않는다. 왜냐하면 이런 것들은 영혼을 방해하기는커녕 오히려 한층 더 깊게 스승님의 사랑 안에 뿌리박게 할 뿐이다. 그것은 역경이나 순경이나 모든 것을 통해 어떤 상황이건 '그분 때문에 그분을 흠숭하는' 상태에 있기 때문이다. 그것은 자기 자신과 모든 것으로부터 해방되어 자유롭기 때문이다. 이들은 시편 저자와 더불어 이렇게 노래할 수 있을 것이다.

"나를 거슬러 군대가 진을 친다 하여도 나는 두려워하지 않으리라. 나를 거슬러 전쟁이 일어난다 하여도 내 마음은 두려워하지 않으리라"(시편 27,3). 이는 주님께서 당신 천막 그윽한 곳에 나를 숨겨 주시기 때문이다. 이 천막이란 바로 하느님 자신이시다. 내가 보기에 이것을 바로 성 바오로는 "예수 그리스도 안에 뿌리를 내린다"라고 표현한 것이라 보인다.

그러면 "그 터 위에 굳건히 서서"라고 하신 것은 무엇을 뜻하는 것일까? "바위 위로 나를 들어올리시니, 이제 나를 둘러싼 원수들 위로 내 머리를 치켜들리라"라고 노래하는 시편처럼 이것이 바로 예수 그리스도 위에 굳건히 서 있는 영혼의 모습이라 생각한다. 예수 그리스도는 영혼이 자기 자신, 감각들, 본성을 초월하여 높이 올라가 있는 바위, 위로와 고통을 넘어 하느님이 아닌 일체의 모든 것을 높이 넘어 우뚝 솟아 있는 바위이시다. 영혼은 이 그리스도의 바위 위에서만 충만하게 자신을 소유하고 지배하고, 자기 자신과 세상 모든 것을 초월한다.

이제 이 영혼이 할 일은 무엇일까? 양 떼(취미, 욕구)를 쫓아다니던 일을 다 그만둔 지금 아마도 십자가의 성 요한의 『영혼의 노래』를 마음 다해 부를 것이다.

> 임 하나 섬기는 일에
> 내 영혼 밑천마저 다 들었네.
> 양 떼도 간데 없고,
> 아무 할 일도 다시 없네.
> 다만 사랑함이 내 일일 뿐일세.[85]

사랑과 경배, 영혼이 할 일은 이뿐이다. 그는 마치 천상에서 참으로 복된 영혼들이 "밤낮없이 거룩하시다. 거룩하시다. 거룩하시다" 하고 영원 무궁토록 살아 계신 그분 앞에 엎드려 경배하듯이 경배하고 찬양한다. 이에 자기 영혼의 천국 안에서 영원히 계속될 일 – '영광을 찬미하는 일' – 을 시작한다.

이 찬가는 끊임없이 이어지는데 이는 그 영혼이 성령의 활동 아래 있기 때문이다. 비록 그것을 늘 의식하고 있지는 않더라도 – 그가 지닌 나약한 본성이 조금도 산란하지 않고 끊임없이 하느님을 바라본다는 것을 허락하지 않으므로 – 언제나 찬미하며 늘 경배를 드린다. 말하자면 이 영혼은 하느님의 영광을 위한 뜨거운 열정으로 사랑과 찬미로 변화되어 있다.

우리는 우리 영혼의 천국 안에서 티 없으신 천상 어머니의 사랑을 찬미하는 자가 되고 지극히 거룩한 삼위일체의 영광을 찬미하는 영광의 찬미(자)가 되도록 하자. 그 어느 날 휘장이 열리고 우리는 영원한 뜨락으로 인도될 것이다. 그곳에서 우리는 무한한 사랑의 품 안에서 삼위일체의 영광을 찬미하는 노래를 부를 것이다. 그리고 하느님께서는 우리에게 '승리하는 이들에게 주기로 약속한 새로운 이름'을 주실 것이다. 그 이름은 무엇일까? ……그것은 바로 **영광의 찬미**이다.[86]

제6장_더 깊은 내면화

내 모든 수련은 안으로 더 들어가는 것,
그리고 거기에 계신 삼위일체 안에
나를 잊어버리는 것입니다.

내 안에서 그분을 만나기 위해
거두어들이기만 하면 됩니다.
이것이 내 모든 행복의 근원입니다.

1. 내면화란?

내면화란 하느님의 현존을 잘 체험하기 위하여 의식적으로 주의를 집중하는 것, 혹은 깨어 있는 것이라 할 수 있다. 이렇게 하기 위해서 자기 영혼의 밑바닥 안에 계신 하느님의 사랑스러운 현존이 아닌 것들 - 걱정, 근심, 자기의 개인적 관심이나 호기심들 - 을 물리치려 애쓰는 것이다.

이 내면화란 침묵 안에 살려고 힘쓰는 것을 의미한다. 이 침묵은 외적 침묵만이 아니라 하느님을 향해 방향 지워지지 않은 생각, 원의, 감각을 포함한 모든 내적인 침묵을 의미한다. 불필요한 것을 알고 싶어하는 지적 욕구와 자기가 하고 싶은 대로 하고자 하는 자기 뜻에 대한 내적 침묵은 자신의 욕구와 인간적인 행동을 비워내도록 우리를 부추겨준다.

이렇게 외, 내적으로 조용해진 뒤에야 자기 영혼 안에 깊이 숨어 계시는 하느님의 사랑스러운 현존을 아무 방해 없이 영속적으로 느낄 수 있다. 마치 구름 위의 태양은 항상 빛나고 있지만 구름이 태양을 가리면 빛이 흐려지듯, 영혼 안에 계시는 하느님(태양)은 항상 사랑스럽게 빛나고 계시지만 걱정과 자기 욕구의 짙은 구름으로 인해 이 사랑스런 현존의 빛을 감지하지 못하고 자기 안에 계신 하느님의 사랑의 빛을 가로막게 된다. 결국 자기 자신도 이 사랑을 느끼지 못하고 이웃에게도 이 사랑의 빛을 전달하지 못하게 된다.

모든 욕심을 버리고 침묵하는 사람들은 아무것에도 사로잡히지 않기 때문에 영혼이 투명하여 하느님의 사랑을 그대로 이웃에게 반사해준다. 자신은 마치 투명한 거울 같기 때문에 이웃에게 하느님을 주려고 의식하지 않더라도 저절로 하느님을 비추어주는 것이다. 비행기를 타본 경험이 있는 사람은 구름 위로 비행기가 날아갈 때 햇빛이 계속 빛나는 것을 보는 동시에 비행기 아래로는 구름이 오가면서 이 구름 때문에 땅에는 그림자가 진 곳과 햇빛이 있는 곳이 구별되어 보이는 것을 보았을 것이다. 구름이 태양을 가리듯 욕구와 걱정의 구름이 신적인 사랑의 태양을 가린다.

사회가 어둡고 개개인의 얼굴이 무표정하고 어두운 것은 이 구름이 짙어서 하느님의 사랑스런 현존을 덮어버리기 때문이다. 그런데 이 하느님의 현존보다 이 세상에서 더 아름답고 소중하고 귀중한 것이 무엇이 있단 말인가? 인간은 더 귀중하고 가치 있는 것에 골몰하고 그것이 없으면 걱정하고 초조해하는 존재이다. 그러나 이처럼 자신이 얻고자 하는 것들, 걱정하고 있는 것이 얼마나 작고 가치 없는 것인 줄 알게 되면 이 구름들을 치워버릴 수 있게 된다. 물론 자기 힘으로가 아니다. 적어도 이것들을 원하지 않음으로써 이 구름들이 흘러가게 두는 것이다. 우리의 고통은 흘러가는 구름(재물, 명예, 안락 등)을 꼭 붙잡아 그 그늘 밑에 안주하려고 애쓰고 고집하는 것에서 비롯된다. 그렇지만 그냥 무관심하게 내버려두면 이 구름들은 저절로 흘러가고 다시 태양이 자신의 평화로워진 마음에 빛나는 것을 보게 될 것이다. 조금 더 나아간 사람들은 이 구름들을 무가치하게 여기고 멸시하기에 언제나 구름 위에 살게 된다. 마치 지니고 있어도 지니고 있지 않는 것처럼, 현세의 것을 사용하면서도 애착 없이 사용하기 때문이다.

이렇게 되기 위해서는 하느님의 사랑스런 현존을 깊이 맛들이고, 모든 것 위에 하느님의 감미롭고 사랑스러운 현존을 그 무엇보다 우선할 때 모든 피조물들이 올바로 방향 지워지고 질서가 잡혀, 모든 일상사 속에서도 하느님의 영광스런 현존이 이 영혼 안에서 빛나는 것이다.

따라서 '더 깊은 내면화'란 하느님께 도달할 때까지 이 현존의 빛을 방해하는 구름들을 넘어 서서 하느님이 계신 영혼의 가장 깊은 밑바닥까지 내려가는 것이라 할 수 있다. 가장 깊이 내려간 그 만큼 하느님의 빛을 반사한다는 것을 잊지 않는다면, 또 천국에서의 영광의 등급도 이 세상에서 자기 영혼에 깊이 내려간 그만큼과 비례한다는 것을 명심한다면 이 세상에서 가장 중요한 과제는 주어진 시간들을 어떻게 하느님 현존 안으로 더 깊이 들어가야 하는 것이지 않을까?

사실 하느님께서 인간에게 시간을 주시고 수명을 주신 것은 시간과 지성, 의지를 잘 사용하여 더 깊이 당신 안으로 들어오라고 하시는 것이리라! 역경은 큰 구름이라 생각하기 쉬운데 - 사실 인간적으로는 힘이 드는 것은 사실이지만 - 그러나 역풍을 타는 법을 터득하면, 역경과 환난 중에 얼마나 깊이 하느님 안에 뿌리내리고 더 깊이 들어가게 되는지 보게 되면 감탄에 감탄을 연발할 것이다. 왜냐하면 큰 역경이 있을 때는 자기 재간, 자신의 좋은 머리가 아무 소용없는 줄 알기에 모든 것 다 내려놓고 절벽 위에서 호랑이에게 쫓기듯 다급한 마음으로 이래도 죽고 저래도 죽으니까 젖 먹던 힘 다 해서 하느님을 찾고 부르짖기 때문에 엉겁결에 그동안 자신이 쥐고 놓지 않았던 모든 것을 놓고 뛰어내리는 것이다. 이젠 이런 것 따위가 문제가 아니기 때문이다. 큰 역경이 있을 때라야 인간은 고집하던 것, 잘난 체하던 것, 그동안 꼭 쥐고 있던 부질없는 것들을 엉겁결에 다 놓고 하느님을 온마음 전심전력으로 찾게 되기 때문이다. 이렇게 부르짖다가 자신도 모른 사이에 – 그야말로 엉겁결에 – 자기가 그 많은 짙은 구름을 어떻게 헤치고 위로 올라왔는지도 모르게 구름 위에 서 있는 자신을 보게 된다. 여전히 자신의 발밑에선 자신을 위협하던 구름이 흘러 다니고 있음을 보면서 이 위협에서 해방되어 아래를 내려다보는 자유로운 마음으로 기쁨과 여유로움을 느끼는 것이다.

이런 것을 체험한 엘리사벳은 자신의 경험을 통해 얻은 참행복을 우리도 얻을 수 있도록 안내하고 있다. 여기에 도달하기까지 한 걸음 한 걸음 수고하며 자신을 둘러싼 구름들 – 불안, 설렘 – 속에서 하느님께 이런 기도를 드린 것이다.

오! 나의 하느님, 흠숭하올 성삼위시여
제 영혼이 마치 이미 당신 영혼 속에 있듯이
당신 안에 동요함 없이 평온하게 머물 수 있도록
온전히 저를 잊을 수 있도록 도와주소서.
그 무엇도

제 평화를 어지럽히지 못하게 하시옵고,
제가 당신 품에서 나가지 않게 하여주소서.

제 영혼을 평화케 하시어
당신의 하늘, 당신의 사랑하는 거처
당신의 휴식처로 해주소서.

결코 당신을 홀로 버려두지 말게 하시며
제가 신앙 안에 온전히 깨어
당신 계신 곳에 완전하게 통째로 있게 하사,
온전히 당신을 흠숭하는 가운데
당신의 창조적인 움직임에 완전히 저를 내어드리게 하소서.

제가 당신의 빛 속에
당신 위대하심의 심연을
관상하러 갈 때까지
제가 당신 안에 잠길 수 있게
당신을 제 안에 잠그소서.

    우리도 이 같은 간청 기도를 수없이 반복하면 점점 영혼은 고요해져 하느님이 계신 그곳을 향하여 더 깊이 내려갈 수 있게 된다. 이것이 바로 '더 깊은 내면화 작업'인 것이다. 또한 '내면화'는 **통일**이라는 말과도 통한다. 침묵, 잠심, 사랑스런 주의 집중은 인격의 통일을 낳게 하여 산란이나 분열이 없어진다. 이 내적 통일은 흔들리지 않는 마음이 되게 해주어 외적인 사건들을 넘어 굳건히 서 있을 수 있게 해준다.[87]

1) 가르멜 영성: 내면화의 영성

실제로 가르멜의 신비는 마음 깊은 곳에서 발견한 하느님의 사랑스런 현존으로 빛나고 있다. 성녀 데레사는 자신의 체험을 근거로 하여 자신 안으로 깊이 들어가기 위한 한 가지 기도 방법을 가르쳐 주는데 이 기도가 '거둠 기도'[88]이다. 성 아우구스티노도 여러 곳에서 하느님을 찾다가 마지막에는 자기 자신 안에서 하느님을 발견하였다[89]고 말하고 있다. 이와 같은 체험이 『영혼의 성』의 토대를 이루고 있다. 우리 영혼을 마치 금강석이나 맑디맑은 수정으로 이루어진 하나의 궁성으로 보는 것으로서 이는 바로 착한 사람의 영혼, 하느님이 낙을 가지시는 바로 천당인 것이다.[90]

성녀 데레사는 이 거둠 기도를 통하여 당신의 영혼 안에서 체험한 하느님의 현존을 다른 사람들도 만날 수 있도록, 마음 깊이 안으로 들어가는(내면화) 방법을 상세하고 아주 쉽게 가르치고 있는 것이다. 그것은 자기 영혼 안에 계신 하느님을 '오직 바라보고만 있으라는 것뿐'이다.

이 단순한 행동을 거듭하여 자주자주 화살 기도처럼 반복하노라면 영혼이 고요해지고 맑아져 영혼 안에 계신 하느님을 반사할 수 있고 자신 안에 하느님이 계신다는 것을 어떤 식으로든 스스로 깨닫고 체험하게 된다. 이것을 고요의 기도라 하는데 이는 관상 기도의 시초로서 자신이 이미 하느님 나라에 들어와 있음을 깨닫게 되어 아무 바랄 것이 없게 되는 것이다. 이 큰 은혜를 받는 가장 빠른 기도 방법이 거둠 기도의 방법이다. 이때 – 거둠 기도를 한 때 – 주님은 영혼을 가르치시러, 그리고 '고요의 기도'에로 이끌어 주시러 오시는데, 다른 방법으로는 이토록 빨리 와주시지 않으신다.[91]

그 이유는 이렇다. 마치 호수나 강물이 바람이 없는 날은 잔잔하여 밑바닥에 있는 조약돌이나 물고기의 색깔이 선명하게 보이듯, 우리 마음의 호수도 아무 욕심이나 바깥 사물에 이끌림이 없으면 영혼이 고요하고 잔잔해져 자신 안에 계신 하느님의 평화와 고요를 반영하게 된다. 작은 호기심이나 쓸데없이 알려는 지적 욕구 등으로 인하여 자신 안에 계신 하느님께 주의를 모으지 않을 때는 비록 물결이 잔잔하여 하느님의 모습이 나타나 있어도 호기심으로 기웃거리며 다른 곳을 보고 있기에 자신은 이 현존을 의식할 수가 없다. 데레사 성녀는 하느님의 현존을 이렇게 묘사하고 있다.

"이때 자신의 모든 능력을 거두어 안에 계신 하느님께 집중하게 되면, 영혼 안에 계신 하느님께서는 그들의 착한 뜻을 보시고는 어여삐 여기시는 마음을 누를 길이 없어 당신께로 그들이 돌아오기를 간절히 바라시어 마치 어지신 목자처럼, 부드럽기 짝이 없는 휘파람을 부시는 것입니다. 그들은 들릴락 말락한 그 휘파람 소리를 듣고 '집으로 돌아오라.' '이제 더 가엾이 헤매지 마라' 하는 목소리로 알아차리게 됩니다. 이 목자의 휘파람 소리는 묘한 힘을 가지고 있어서 그들은 여태까지 빠져 있던 바깥 사물을 버리고 마침내 하느님이 계신 성 안으로 들어오게 되는 것입니다. 사실 하느님을 자기 안에서 찾기 위해서는 이 은혜가 가장 효과적입니다.

어디서 어떻게 저 목자님의 휘파람 소리를 듣게 되었는지 모릅니다. 귀에 들리지 않는 소리이기에 말입니다. 하지만 틀림없이 느껴지는 것은 마음속 깊이 스며드는 잔잔한 고요입니다."[92]

이 고요의 기도의 은혜는 하느님께서 영혼을 당신 가까이 끌어당겨 마음의 표면에 물결이 일고 있는 곳을 떠나 더 깊이 들어가 있기에 주님을 알아뵙는 것이다.

"그것은 영혼이 스스로 고요 속으로 드는 것입니다. 아니 그보다는 주님께서 마치 의인 시메온에게 하시었듯이 그 영혼을 당신 앞에 두시어 그의 모든 기관(물결)을 고요하게 만드시는 것입니다."[93]

그리하여 고요의 기도에 있는 영혼은 자기가 주님의 나라에 있다는 것을 깨닫는다. 이런 영혼은 자신이 임금님의 궁궐 안에 있고 이 세상에서부터 이미 천국이 시작되고 임금님이 당신 왕국(천국)을 주신다고 느낀다.[94] 이 기도의 계층에 있는 영혼은 '주님의 기도'에서 영원하신 **아버지의 나라가 오시며**라고 기도한 것을 벌써 이승에서 받아 누리는 것이다.[95] 이 고요의 기도는 주님께서 영혼 안에 불붙이시는 참사랑의 작은 불꽃으로, 이 고요, 이 잠심, 이 작은 불꽃은 진정 하느님 얼의 효과이다. 이 불꽃은 하느님께서 큰일을 위해 선택하셨다는 한 가지 표적, 곧 하나의 보증으로 주시는 것인데, 이것이야말로 이루 말할 수 없는 보화, 곧 일체를 초월한 위대한 은혜이다.[96]

이 은혜를 받은 사람은 데레사 성녀 시대나 현 우리 시대에도 많은 것 같다. 중요한 것은 이를 받아들일 준비를 하는 것이다. 이 은혜를 받은 사람은 데레사 성녀의 당부를 받아들여 지키는 것이 좋다.

'내가 퍽 애석하게 생각하는 것은 이 상태까지 다다른 많은 영혼들을 내가 알고 있는데 그들 중 마땅히 더 드높은 데까지 오를 수 있음에도 불구하고 그렇게 하는 자가 아주 드물다는 사실이다. 이런 은혜를 자신 안에서 발견하는 자는 스스로가 하느님의 참다운 벗임을 생각하고"[97] 세속 사람들도 신의를 지키듯 이런 은혜를 주신 하느님께 신의를 지켜야 한다.

이 은총에 대한 바른 응답은 복음에서 말하는 '밭에 묻힌 보물'과도 같다. 이를 발견한 사람은 - 만일 그가 현명하다면 - 자신이 가진 모든 것을 팔아 보물이 묻혀 있는 밭을 사야 하는 것이다. 그러나 우리 대부분은 이 은혜를 받고서도, 즉 이 보물을 발견하고서도 모든 것을 팔아 보물이 있는 밭을 사지 않고 그냥 내버려두거나 그냥 보물을 묻어둔다는 것이다. 모든 것을 팔아 그 밭을 산다는 의미는 이 보물(하느님)이 있는 곳으로 더 깊이 들어가기 위해 자신이 가진 모든 것을 내던져두고 바오로 사도처럼 '모든 것을 쓰레기로 간주한다'는 뜻이다. 이를 보고 데레사 성녀는 "그들 중 마땅히 더 높은 데까지 오를 수 있음에도 불구하고 그렇게 하는 자가 아주 드물다"라고 하면서 매우 애석해하고 있다. 그래서 데레사 성녀는 신신 당부한다.

"나는 이런 영혼들에게 자기가 받은 보화를 파묻어두지 말 것을 단단히 일러드리고 싶습니다. 하느님은 많은 사람들의 선익을 도모하시려고 그들을 가리셨다고 생각하기 때문입니다."[98]

이 고요의 기도는 구름 위로 올라가 태양을 바라보는 것과 같아서 있는 그대로의 하느님(태양)을 받아들이고 반사할 수 있는 것이다. 이런 은혜를 받은 자는 '자신이 하느님의 사랑받는 자' 혹은 '유별나게 하느님의 사랑을 독차지' 하고 있음을 느낀다. 또 천국을 자신 안에서 일순간 체험한 만큼 막연히, 혹은 확신에 차서 '자신은 꼭 천국에 갈 것'이라고 생각하거나 '예수님이 꼭 자신을 구원해주실 것'이라고 믿는다.

주위에서 기도를 열심히 한다는 사람의 상당한 수가 이런 은혜를 가지고 있고 이런 비슷한 말을 하는 것을 종종 듣게 된다. 그런데 이 은혜를 자랑만 하고 우쭐거림으로써 영적 교만이나 영적 나태에 떨어져 더 나아가지 못하는 것은 데레사 성녀의 시대나 지금이나 같은 것 같다. 여기서 한 걸음 더 나아가는 영혼이 아주 드물기 때문이다. 더 깊이 하느님 안으로 파고들라고 주신 은혜를 자랑만하거나 우쭐거리면 무한한 선(善)의 보고이신 하느님 안에 더 들어가지 않기 때문에 이 은총을 통해 하느님께서 그 사람을 통해 하시려던 일을 끝마치지 못하게 된다.

'사실 악마도 이런 은혜를 받은 영혼을 더욱 노리고 있다. 더 말할 것 없이 이런 영혼은 자기 하나뿐 아니라 남들까지 이끌어서 악마에게 치명상을 주고 하느님의 교회에는 많은 이익을 끼치기 때문이다. 그래서 악마는 이런 사람들에게, 하느님이 특별한 사랑을 베푸시는 것을 보기만 해도 별다른 이유 없이 이들을 거꾸러뜨리려고 발광을 한다. 이들이 무서운 공격을 받는 것도 이 때문인데 이들이 패하는 날에는 다른 어떤 사람들보다도 그 실패는 크다'고 할 수 있다.[99]

이런 영혼은 교만과 허영에 떨어지지 않도록 조심해야 하고 '자신은 그토록 큰 은혜를 받기에 부당한 몸임을 깨닫고 오직 감사드리는 일'[100]과 이같은 은혜를 주실 이유가 하나도 없다는 것을 똑똑히 알아야 한다. 하느님이 이런 은혜를 주시는 이유는 오로지 하느님의 자비하심 때문이다. 그렇기 때문에 자기가 이렇듯이 지존하신 분 곁에 있는 것을 볼 때 더욱 은총을 구하고 성교회와 연옥의 영혼들을 위해 기도드리지 않으면 안 된다. 말로써가 아니라 꼭 들어주시리라는 큰 소망을 가지고 말이다. 이것이 바로 많은 것을 포함한 기도이다. 그러면서 이토록 많은 은혜에 보답하기 위해 무엇을 할 것인지 자문하면서 사랑의 내적 행위를 하는 것,[101] 세리처럼 겸손하게 눈을 내리뜨고 자신은 이런 은혜를 받기에 부당한 자임을 겸손하게 받아들이는 것이다.

이 고요의 기도의 은혜가 있는 분들은 이 단계의 영혼들에게 주는 성녀 데레사의 권고[102]를 받아들여 실천하면 더욱 깊이 안으로 들어갈 수 있게 될 것이다. 사람들은 억만장자들이 돈을 방탕하게 쓰면 비난한다. 아무리 자신의 돈이라도 올바로 쓰지 않으면 비난을 받을 수밖에 없다. 그런데 이 돈에 비길 수도 없는 초자연 은혜(보물)를 허수하게 받으나마나 한 것처럼 다룰 때 그 손실이 얼마나 막대한지 이는 돈을 낭비하는 사람의 잘못에 비길 수 없이 큰 것이다. 그래서 데레사 성녀는 이 보물을 땅에 묻어두지 말라고 당부하고 있는 것이다. 이 보물을 발견한 사람은 보물을 캐낼 때까지 더 깊이 안으로 파고들어 갈 동기와 이유, 힘을 간직하고 있기 때문에 안으로 들어가기가 훨씬 쉽다.

이런 영혼은 십자가의 성 요한이 말한 바와 같이 사랑의 한 등급을 지닌 영혼과도 같다. '하느님이 계신 자기중심에 있기 위해 사랑의 한 등급을 가지고 있는 것으로도 족하다. 영혼이 은총에 의하여 하느님 안에 있기 위해서는 사랑의 한 등급으로 족하기 때문이다. 영혼이 두 개의 사랑을 지녔다면 좀 더 깊은 중심에서 하느님께 집중할 것이다. 만일 세 개의 사랑을 지녔다면 세곱으로 더욱 깊이 하느님 안으로 들어갈 것이다. 마지막 등급을 지녔다면 하느님 사랑은 가장 깊은 중심에서 영혼을 사랑으로 상처 입히면서 마침내 영혼이 하느님처럼 보이게 될 때까지 영혼의 힘과 가능성, 영혼의 실체에 따라 영혼을 변모시키고 비추어주신다.'[103] 마치 수정이 빛을 자기 안으로 모으면서 자신이 빛 안으로 사라져 없어지고 더욱 빛나게 되듯이 영혼은 하느님과 하나 되어 하느님처럼 빛나고 아름답게 된다. 더 깊은 내면화가 겨냥하는 바는 바로 자신이 하느님으로 변화될 때까지 하느님이 계신 자기중심 가장 심오한 곳까지 깊이 들어가는 데 있다.

마치 불이 붙은 나무가 점차 나무의 성질에서 불로 변화되어 불 자체가 되듯 하느님의 사랑의 불이 붙은 영혼도 더 깊이 타들어 감에 따라 – 더 깊이 내면화되어 감에 따라 – 하느님의 사랑과 하나 되어 하느님 사랑 자체로 변화된다. 그래서 우리는 우리의 영혼에 더 깊이 들어갈 수 있는 만큼 더 들어가야 하는 것이다.

앞서 2장 4절의 '하느님 현존을 위한 방법'에서 하느님 현존에 대한 친밀함의 단계는 바로 이 내면화의 단계를 말한다. 복녀 엘리사벳은 어릴 때부터 기도를 깊게 할 줄 알았고 또 초자연적인 기도 은혜도 받았었다. 그녀는 이 은혜를 묻어 두지 않고 깊이 파헤쳐 우리도 그 깊이로 들어갈 수 있게 인도하고 있다. 성녀 데레사와 십자가의 성 요한의 가르침 역시 그 은혜를 견고하게 믿고 파 들어갈 수 있게 토대를 마련해주었다. 성녀 데레사가 하느님의 현존을 살도록 가르쳤다면[104] 십자가의 성 요한은 영혼의 가장 깊은 곳 안에 숨어 계신 하느님을 찾기 위하여 자신 안으로 더 깊이 들어가도록 이끌어주었다.

'하느님의 아들이신 말씀께서는 성부와 성령과 함께 영혼의 가장 깊은 곳에 본질적으로 또 자진해서 숨어 계신다. 그러므로 그분을 찾으려는 영혼은 취미와 애정에 관한 온갖 것에서 떠나 모든 것이 마치 존재하지 않은 양 자기 안에 들어가 최고로 깊이 거두어들이지 않으면 안 된다.'[105]

'영혼 자신이 그분이 숨어 계신 은닉처, 그분이 사시는 방, 개인 방(私室)이다. 하느님은 가까이 할 수 없는 분이시고 숨어 계신 분이시다. 설령 네가 그분을 찾았다고 생각되고 그분을 느끼고 이해할 수 있다 여겨져도 여전히 숨어 계신 분으로 보고 숨어 계신 분께 숨어서 봉사해야 한다.'[106]

엘리사벳은 이를 이해하고 깨달은 뒤부터는 전심전력을 다해 더 깊은 잠심, 더 깊은 침묵, 더 깊이 자기를 잊으려 노력했다. 그리하여 자신의 경험을 통해 '더 깊은 내면화로 가는 길'을 개척한 바를 우리에게 남겨주고 있는 것이다. 이 세상에서 천국을 발견하기 위하여 엘리사벳이 한 것은 바로 이것이었다. 하느님이 살아 계신 곳, 자신의 영혼 안에 깊이 들어간 것이다.

"내 내면 안에서 홀로 그분만이 사시기를, 내 마음 안에 당신 친히 지으신 이 방 안에……."

엘리사벳은 자신이 깨닫고 감동한 바를 15세의 생일을 맞는 친구에게 이렇게 써 보낸다.

"성녀 데레사는 우리 영혼을 하느님을 반영하는 수정 같다고 말하고 있어. 이 비유가 너무 마음에 들어. 네 영혼 안에 살아 계시는 그분과 함께 일치하여 하루 종일 살도록 해봐. 우리의 아버지 십자가의 성 요한이 말씀하시는 것을 들어봐. 너는 나의 자매이니까 이젠 너의 아버지이기도 하지! '오! 피조물 중에 가장 아름다운 영혼아, 너는 그토록 사랑하는 분을 찾고 그분과 일치하기 위하여 그분이 어디 계신지 그토록 알고 싶어하는구나. 그런데 이제 너에게 그걸 말해주겠다. 너 자신이 그분이 사시는 방, 개인 방(私室), 그분이 숨어 계신 은닉처이다. 너의 모든 보화, 모든 소원의 목표이신 그분이 바로 네 곁에 계시고 네 안에 계신다는 것을 아는 것은 너에게는 아주 큰 만족이고 이루 말할 수 없는 기쁨일 것이다. 더 자세히 말하자면 너는 그분 없이 존재할 수 없다.' 그분 안에 사는 것, 여기에 가르멜 삶의 전부가 있어. 그래서 모든 희생은 신적인 것으로 바뀌게 돼. 이는 끊임없는 대화이지. 아! 만일 가르멜이 어떤 곳인지 안다면……. 여기는 하늘의 한 모퉁이라 할 수 있어. 침묵과 고독 가운데 그분과 함께 그분 안에 혼자 살아가는 곳이야! 모든 것이 우리에게 그분에 대해 말하고 있어. 모든 곳에서 그분을 느껴. 얼마나 생생하게 현존하시는지……. 기도는 우리의 유일한 일, 우리의 본질적인 일이라 말해야 하겠지. 그래서 가르멜 수녀는 기도를 결코 그쳐서는 안돼. 내가 그분 곁에 있을 때 너를 잊지 않을게."[107]

데레사 성녀와 십자가의 성 요한의 가르침을 자기 것으로 만들어 자기 체험을 통해 확신을 가지고 그녀는 죽기 조금 전에 이렇게 말한다.

"하늘에 계신 우리 아버지…… 그분이 지으신 우리 영혼의 중심에 있는 이 작은 하늘, 여기가 바로 그분을 찾아야 할 곳이고 모든 것에 앞서 우리가 머물러 살아야 할 곳입니다.'[108]

이것을 알아들은 뒤에 우리가 할 일은 단지 나 자신을 거두어 들여 성령께서 사시는 내 영혼의 은밀한 밑바닥에까지 들어가야 하는 것이다(편지 226). 우리는 하느님을 찾기 위해 우리 자신에게서 나올 필요가 없다고 계시하신다. '하느님의 나라는 안에 있다고…….'

"저의 가르침을 믿어도 돼요. 제 것이 아니니까요! 만일 요한 복음을 읽는다면 스승님은 매 순간 다음의 계명을 강조하고 있음을 보게 되실 거예요. '내 안에 머물러 있으시오. 그리고 나는 여러분에 머물러 있고……"(편지 273).[109]

그러나 자비 가득한 이 말을 이해하기 위하여 하던 일을 멈출 필요는 없다. 다만 자신에게 이렇게 말하는 것으로 충분하다.

"표피적인 것에서 매 순간 더 깊이 안으로 들어가는 것이 필요해. 거둠을 통해 그분 안으로 들어가는 거야."[110]

우리가 이 내면으로 더 깊이 들어가면 무슨 일이 일어날까? 모든 성인 성녀들이 이를 찾아 얻고서 기뻐 외친 것을 나도 외치게 될 것이다.

"이 내면의 '심연', 우리가 깊이 잠겨야 할 분 안에서 우리를 잃어버리고 우리 안에 이미 소유하고 있는 이 사랑의 심연이신 그분 안에, 우리가 만일 그분 안으로 들어가려는 것에 충실하다면 참행복이 우리를 기다리고 있을 거야"(편지 292).[111]

자신이 실천하고 있는 '현존'을 통해 얻은 기쁨을 혼자 계시는 어머니에게 써 보내며 위로한다.

"어머니의 영혼이 하느님의 성전임을 생각하세요. 이것을 말씀하신 분은 성 바오로 사도예요. 매 순간 밤이나 낮이나 성삼위께서 어머니 안에서 살고 계세요. 어머니가 영성체할 때 거룩한 인성은 소유하지 못해도 신성은 소유해요. 진복자들이 천국에서 흠숭하고 있는 이 신성이 바로 어머니 영혼 안에 있어요. 그래서 이것을 알게 됐을 때 지극히 경탄할 만한 친밀함이 생겨나요. 이제 더 이상 어머니는 혼자가 아니에요"(편지 273).

이와 같은 내용을 분주한 일상생활 속에서 아이들을 돌보고 있는 여동생에게도 전하고 있다. 자신의 영혼 안의 천국에 들어갈 수 있도록 엘리사벳은 자신이 깨닫고 살고 있는 바를 쉽게 설명한다.

"우리의 참생명은 천국에 있어. 오! 나의 깃드! 이 천국, 우리 아버지의 집이 '우리 영혼의 한가운데 있어.' 우리가 우리의 가장 깊은 중심 안으로 더 깊이 들어갈 때 우리는 하느님 안에 있음을 십자가의 성 요한처럼 너도 그것을 보게 될 거야. 정말 이 단순함이 위로가 되지 않니? 모든 순간, 너의 어머니다운 배려를 베푸는 한가운데, 너의 천사들(아이)에게 온전히 몰두해 있는 동시에 성령께 너를 내어드리기 위해서 너는 이 고독 안으로 물러나 있을 수 있어. 그러면 성령께서는 하느님 안에서 너를 변화시키고 네 영혼 안에 신적인 아름다움의 모상을 박아주실 거야. 아버지께서 너를 바라보실 때 네 안에서 그리스도만을 보실 수 있도록, 그리하면 성부께서는 이렇게 말씀하실 거야. '이는 내 사랑하는 딸, 네 안에 내 모든 즐거움이 간직되어 있다.' 오, 내 자매여! 천국에서 네 영혼 안에 나의 지극히 아름다운 그리스도가 빛나는 것을 볼 때 얼마나 기뻐 용약할 것인지!"(편지 239).

이렇게 성령께서 신적인 아름다움을 새겨주시도록 자기 영혼의 중심으로 물러날 필요가 있다. 영혼의 중심이란 하느님이 영혼을 위해 자유의 길이 되는 곳, 즉 영혼이 하느님을 만나는 자리이다.

"감사의 행동으로 사랑의 노래를 항상 부르는 우리 영혼 안에 그분을 위한 조용한 거처를 마련해 드립시다. 그다음 깊은 침묵 속에 머무릅니다. 하느님 안에 존재하는 그 같은 침묵 속에……"(편지 165).

이 침묵을 잘 지키기 위해서는 자아를 잊어버려야 하고 내적으로 통일되어 있어야 한다.

2) 침묵

　침묵 가운데 머물러 있으면서 영혼 안에 계시는 스승님 곁에 있는 기쁨을 감출 수 없어 그녀는 보내는 카드마다 이러한 내용을 쓴다. 또한 그녀는 자신의 편지를 받는 이들을 자신이 체험한 기쁨으로 초대하여 그들이 하는 일 한가운데서도 자신 안으로 들어가 기도할 수 있도록 인도하고 있다. 하느님 안에서 한 방울의 물이 대양 안에 사라지듯이 하느님께서 그들에게도 행복의 비밀-일치의 비밀-을 알려주시길 바라면서 기도한다. 이 글은 여동생 깃드에게 쓴 것이다.

　"나는 내가 찾고 있었던 것을 만났어. 아! 하느님은 얼마나 좋으신지! 깃드, 나와 함께 한마음 한 영혼이 되어 그분을 사랑하고 싶지 않니? 스승님 발치에 앉아 있는 성녀 막달레나를 바라보는 것이 너무 마음에 들어. 그녀는 가르멜 수녀의 모델이야. 마치 엄마 품에 안겨 있는 아이처럼 그분 외에는 아무것도 보지도 듣지도 않고 이렇게 침묵 가운데 머물러 있는 것이 얼마나 좋은지 몰라(편지 89). 깃드, 내가 좋아하는 수방에 있는 것이 얼마나 좋은지! 이 방 안에 들어갈 때 완전하게 홀로 나의 신랑님만을 만나게 돼. 그리고 그분 안에서 난 모든 것을 가지고 있어. 이걸 이해하겠니? 내가 느끼는 행복을 어떤 말로 표현해야 할지 모르겠어. 난 많은 시간을 내 수방에서 지내. 내 십자가를 창문 앞에 걸어두고 열심히 바느질을 하지. 그동안 내 영혼은 그분과 함께 있어(편지 95). 가르멜 수도원 안에서는 모든 것이 감미로워. 어디서든지-모든 곳에서-하느님을 만나게 되거든. 내가 얼마나 엄마에게, 엄마가 수도자가 되도록 승낙하신 말(Fiat) 때문에 감사를 드리는지 몰라. 그 덕분에 사랑의 포로가 될 수 있는 길이 열렸으니까. 또한 네가 나에게 한 그 많은 것 때문에도 감사하고 싶어(편지 97). 그분은 네 영혼의 손님이야. 마치 그분이 작은 성체 안에 계신 것처럼 네 안에 계신다고 생각해봐. 낮 동안 가끔씩 네 안에 살아 계신 하느님을 생각해보렴. 그분은 사랑받기를 갈망하고 계셔. 그분 곁에서 항상 나를 만나게 될 거야! 일하는 동안에도 기도할 수 있어. 그분을 생각하는 것으로도 충분해. 그러면 모든 것이 쉽고 감미롭게 돼. 왜냐하면 혼자 일하는 가운데에도 거기에는 예수님이 함께 계시니까(편지 93). 주님께서 네게 행복의 비밀을 가르쳐주기를 바란다. 이 비밀은 사랑 안에, 일치 안에 기반을 두고 있어. 그분과 '하나'가 되는 것은 이미 신앙 안에서 천국을 소유한 것 외에 다른 것이 아니야. 얼굴과 얼굴을 마주보게 될 지복 직관을 기다리면서……(편지 104). 보기에 음침하게 느껴지는 수도원의 격자(창살)를 보고 얼어붙은 아델리나 양에게 나에겐 황금처럼 느껴진다고 전해줘. 아! 만일 이 커튼 뒤를 볼 수 있다면……. 얼마나 아름다운 지평선이 펼쳐지는지! 그건 무한한 것이야. 그리고 매일매일 더욱 새롭게 펼쳐져. 내 사랑하는 깃드, 나 때문에 울지 마. 만일 네가 내 사랑하는 임께서 여기에 마련해주신 아름다운 둥지를 볼 수만 있다면! 아! 서로 사랑하는 분과 다만 혼자서 사는 이 가르멜이 얼마나 아름다운지 네가 알 수 있다면! 정말 그래. 앞당겨진 천국이라 할 수 있어. 그리스도께서 나의 깃드를 사로잡아 꼼짝 못하게 묶어두고 충만하게 해주시기를. 그래서 마치 바다의 물 한 방울처럼 그분 안에 네가 사라져 없어지기를……"(편지 108, 110).

영혼은 침묵 가운데 사랑하는 임과 함께 살면서 그분께만 시선이 집중되어 있는 동안 어느덧 자신을 잊어버리고 만다. 이 체험을 통해 사랑하는 분에게 몰두할 수 없게 방해하는 것이 다른 무엇이 아니라 자기 자신임도 깨닫게 된다.

① 자신을 잊어버림

예수님은 우리 모두를 당신 품 안에 머물게 하기 위해 우리 곁을 지나가시며 말을 건네신다. "자캐오야 어서 내려오너라. 오늘은 내가 네 집에 머물러야 하겠다"(루카 19,5). 어느 날 자캐오에게 하신 이 말씀을 예수님은 우리 영혼에게 끊임없이 반복하신다. "어서 내려오너라." 그런데 우리에게 요구하시는 '내려오라'는 이 말씀은 무슨 뜻일까? 그것은 우리의 보다 깊은 내적 심연 속으로 들어가라는 것이다. 이 행복은 외적인 사물로부터 외적인 분리가 아니라 영의 고독이자 하느님 아닌 모든 것으로부터의 이탈을 의미한다.[112]

"어서 내려오라……." 이는 자신한테서 빠져나와 자신을 떠나 나 자신을 벗어던지는 것, 한마디로 말하자면 나를 완전히 무로 돌려버리고 내 자신의 가장 깊은 곳으로 내려가는 것이다.

"내가 네 집에 머물러야 하겠다." 내게 이 원의를 드러내 보이시는 분은 나의 스승님이시고 나의 스승님께서는 성부와 사랑의 성령과 함께 내 안에 살기를 원하고 계신다. 주님의 사랑을 받던 제자의 표현을 따르면, 내가 그분과 '친밀하게 사귀기' 위해서이다.

"여러분은 이제 더 이상 외국인도 아니고 이방인도 아닙니다. 여러분은 하느님 집의 한 가족"(에페 2,19)이라고 성 바오로는 말한다. '하느님 집의 한 가족'이라는 뜻은 나의 내면의 심연 속에서 사는 것, 십자가의 성 요한이 말한 대로 난공불락의 거둠의 성채 안에서 사는 것, 고요한 삼위일체의 품 안에서 사는 것이다.

다윗은 "주님의 앞뜰을 그리워하며 이 몸은 여위어갑니다"(시편 84,3)라고 노래한다. 이는 자기 내면의 뜰 안에 들어가 자신의 하느님을 관상하고 세차게 하느님과의 접촉을 경험하고자 하는 모든 영혼이 지녀야 할 태도이다. 이 영혼은 자신 안에 거주하시는 이 전능하신 사랑, 이 무한하신 엄위의 현존 속에서 숭고한 기절로 인해 기진해간다.

그러나 영혼은 살기를 그만두는 것이 아니고 이 자연적 삶을 업신여겨 거기서 물러난다. 왜냐하면 영혼은 자신이 그토록 풍요로운 하느님의 본질에 합당하지 않음을 이해하기에 죽기를 바라고 하느님 안에 사라져 버리기를 원하기 때문이다. '오! 이렇게 자기 자신으로부터 해탈하여 자유롭게 된 피조물의 그 아름다움이란! 영혼은 자신의 목적지인 '훤히 트인 곳'을 향하여 '눈물의 골짜기', 즉 하느님보다 낮은 모든 것을 지나 올라가기 위한 마음의 준비가 되어 있다.

시편 저자가 노래한 '훤히 트인 곳'은 깊이를 헤아릴 수 없는 삼위일체라고 생각한다. 무한하신 성부, 무량하신 성자, 광대하신 성령……. 이런 영혼은 감각, 본성 위를 높이 뛰어넘어 상승하여 자기 자신을 초월한다. 이 영혼은 자신을 사랑하는 그분, '깊고 그윽한 쉼'을 베풀어주시는 분의 '내면 속으로' 깊이 꿰뚫고 들어갈 때까지 구름들 저편 너머로 모든 기쁨이나 고통 위를 초월하여 지나간다. 그런데 이러한 모든 것은 거룩한 성채 안에서 이루어진다. 이 때문에 스승 예수님께서는 이렇게 말씀하셨다. "어서 내려오라." 또한 영혼은 이 거룩한 성채에서 나오지 않고 불변하신 삼위일체의 모상을 따라 영원한 현재 속에 산다. 삼위일체이신 분이시기에 언제나 그분을 흠숭하면서 그분 영광의 광채 속에서 점점 더 통일되고 단순한 눈길을 통해 변화되어 간다. 다시 말해 그분의 숭배할 만한 완전함에 대한 끊임없는 영광의 찬미가 되어 사는 것이다.[113]

자기 자신을 완전히 지배할 줄 안다는 것은 자기 자신을 온전히 잊을 수 있는 것과 관계가 깊다. 또한 하느님과 참된 일치도 자기 자신을 잊을 수 있을 때 가능하기에 엘리사벳은 이 주제에 대해 지치지 않고 말하고 있다.

"내 영혼이 그분의 영혼과 결합되어 있는 것을 만일 당신이 아신다면……. 당신을 사랑하는 하느님과 온전히 합해져 당신이 완전히 자유로운 것을 볼 수 있기를 바라고 있어요. 평화와 행복의 비밀은 자신을 완전히 잊어버리는 데 있고 자신에 대해 마음 쓰지 않는 데 있어요. 완전히 내맡김과 무한한 신뢰로써 계속하여 자신을 잊어버리는 영혼들이 성인이라 생각해요(편지 249). 자신을 생각하지 않고 피조물에 대해서 걱정하는 일도 없이 사랑하는 분 안에서 자신을 잊는 것이지요. 그러면 이제 내가 사는 것이 아니고 내 안에 사는 분은 그리스도라고 성 바오로와 함께 말할 수 있어요"(편지 179).[114]

이 사랑의 무게는 당신 자신을 온전히 잊는 데까지, 이제 내가 사는 것이 아니고 그리스도께서 내 안에 사신다고 바오로 사도가 외친 신비적 죽음에까지 데리고 간다. 엘리사벳은 자신의 이름 '하느님의 집'의 뜻을 해설할 때 엘리사벳 자신은 사라지고 없어져서 성삼위에 의해 가득 채워지도록 자신을 내맡기는 것이라 말하고 있다(편지 172).

자유롭게 하느님을 끊임없이 찾기 위해서는 자기 자신에 대한 무관심(잊음)과 자기 자신을 벗어나야 한다.

'나는 아무것도 몰랐네.' 'Nescivi!' 이는 그리스도의 고난과 죽음에 참여하는 것밖에 다른 모든 것은 아무것도 모르고 또 알려 하지 않는 것이다.[115]

'나는 아무것도 모르네.' 이는 그리스도께 모든 것을 맡기는 것이다. 자기 자신에 관한 모든 것, 자신의 부족과 죄까지도 구세주께 내맡기고 나서 – 더 이상 나도 몰라 – 하는 것이다.

'들어라. 딸아, 보고 네 귀를 기울여라. 네 겨레와 아버지의 집을 잊어버려라. 이제 임금이 네 미모에 사로잡히시리라'(시편 44,12-13). 이 부르심은 침묵하라는 초대이다. '들어라. 귀를 기울여라.' 그러나 듣기 위해서는 '아버지의 집'을 잊어버려야 한다. 말하자면 본성적인 삶에 속한 모든 것, 사도 바오로가 '육체를 따라 산다면 여러분은 죽을 것입니다'라고 한 그 생활을 잊어버려야 한다. '자기 겨레를 잊어버린다'는 것은 한층 더 어렵다고 본다. 왜냐하면 이 겨레란 우리 자신의 한 부분인 감각, 인상, 기억 등을 말하는 것으로 한마디로 '나'를 말하는 것이기 때문이다. 그러나 이것을 잊어버리고 포기해야 한다. 영혼이 '나'를 완전히 끊어버리고 이 모든 것으로부터 자유롭게 될 때 임금님은 그 아름다움에 사로잡히실 것이다. 왜냐하면 이 아름다움이란 통일이고 이는 적어도 하느님의 아름다움이기 때문이다.[116]

② 내적 통일과 단순성

하느님께서 지극히 아름다우신 것은 하느님이 지극히 단순하시고 순일하시기 때문이다. 하느님의 현존은 영혼이 이 현존에 마음을 열고 일치하는 정도에 따라 깊이 침투하여 하느님과 영혼 사이에 구분 짓고 금 그어 놓은 경계선이나 복잡성을 없애고, 또한 동시에 영혼 내부에 있던 경계선이나 복잡한 것을 없애고 하느님의 단순함과 하나가 되게 한다.

"하늘의 너희 아버지께서 완전하신 것처럼 너희도 완전한 사람이 되어야 한다"(마태 5,48). 나의 스승님께서 이 말씀을 내 영혼 밑바닥에서 들도록 해주실 때 이는 마치 성부께서 과거도 미래도 없이 '영원한 현재'이시듯, 나의 온 존재를 '영원한 현재'에 일치시켜 살도록 요구하시는 것이라 생각된다. 영원한 현재란 무엇일까? 다윗은 내게 이렇게 대답한다. 하느님을 하느님이시기에 흠숭하리라. 여기 이 영원한 현재가 바로 '영광의 찬미'가 골똘히 시선을 모으고 머물러 있어야 할 곳이다.

"하늘의 너희 아버지께서 완전하신 것처럼 너희도 완전한 사람이 되어야 한다." 성 디오니시오는 하느님은 무척 고독하신 분이라 하였다. 하늘 스승님은 내가 이런 완전함을 본떠 나 역시 크게 고독한 자가 되어 하느님께 충성하기를 청하신다. 하느님은 영원하고 무한한 고독 속에 사신다. 그분은 당신의 피조물들이 필요한 것들에 관심이 있으나 결코 이 고독에 나오시지 않는다. 왜냐하면 그분은 결코 당신 자신에게서 나오지 않기 때문이다. 이 고독은 다름 아닌 당신 신성(神性)인 것이다.

그 무엇도 이 아름다운 내면의 침묵으로부터 나를 꺼내지 못하게 하기 위해서는 늘 같은 조건, 같은 고독, 같은 이탈, 같은 헐벗음을 지녀야 한다. 만일 나의 소원, 나의 기쁨, 나의 두려움, 나의 고통, 이 네 가지 감정에서 나오는 모든 움직임이 하느님을 향해 질서 잡히지 않았다면 나는 고독한 영혼이 아닐 것이고 내 안에는 어떤 소란이 있을 것이다.

그러기에 진정하고 '능력들을 잠재우는 것'과 존재를 통일시키는 것이 필요하다.[117] 그러나 자기 존재를 통일시키기 위해서는 자신의 능력들을 거룩한 거둠 안에서 하느님께 집중시킬 수 있어야 한다. 그러면 하느님은 이런 영혼 안에 당신을 감출 수 있게 된다. 영혼은 하느님 한 분을 섬기는 데 모든 것을 잃음으로 간주하지 않고 그분을 향한 사랑 때문에 자신 안에 숨어 계신 하느님 안에 자신도 숨어버리고 이것을 모든 것을 얻은 것보다 더 큰 기쁨과 영광으로 생각한다. 이러기 위해서는 영혼의 힘이 필요하다. 이렇게 해서 단순하고 통일된 영혼은 거룩한 삼위일체의 옥좌가 된다.

'내 영혼은 항상 내 손안에 있습니다'(시편 119,109). 이것이 바로 내 스승님의 영혼 안에서 우러난 노래이다. 바로 여기에, 또한 모든 고뇌의 한가운데서도 어떻게 늘 평화롭고 강직하게 있을 수 있었는지 그 비결이 있다. '내 영혼은 늘 내손 안에 있습니다.' 이 말은 평화 자체이신 분의 현존 안에서 자신을 온전히 지배할 수 있다는 뜻이 아니고 무엇이겠는가? 끊임없이 늘 되풀이하고 싶은 그리스도의 또 다른 노래가 하나 있다.

"당신을 위해 내 힘을 간직하려오." 우리 회칙도 '여러분의 힘은 침묵 가운데 있습니다'(시편 58,10) 하고 우리에게 말하고 있다.[118] 주님을 위해 자신의 힘을 간직해 둔다는 것은 내적인 침묵으로 자신의 온 존재를 하나로 통일시키는 것이라 여긴다. 이것은 자신의 모든 능력들이 '오직 사랑하는 데만 몰두할 수 있기 위해서'이다. 또한 이것은 하느님의 빛이 우리를 비추어 자신 안에서 빛날 수 있도록 '단순한 눈'을 갖는다는 것이기도 하다.

자기 자신과 자문자답하며 논쟁하는 영혼은 자신의 감성의 욕구들에 사로잡혀 쓸데없는 생각들이나 별별 욕구들을 뒤쫓다가 영혼의 힘이 분산되어 오롯이 하느님을 향해 방향 지울 수 없게 된다. 이 때문에 그의 칠현금은 화음이 맞지 않고 스승님이 연주를 한다 해도 신적인 음률이 울려 나오지 않는다. 왜냐하면 이 안에는 너무도 인간적인 것이 많고 또 불협화음이 있기 때문이다.

아직 자신의 '내면의 왕국' 안에 그 무엇인가를 간직하고 있는 영혼은 자신의 모든 능력들이 하느님 안에 온전히 잠기지 않았기에 완전한 영광의 찬미가 될 수 없다. 이들은 성 바오로가 말한 그 '위대한 찬가'를 끊임없이 부를 수 없다. 그것은 이 영혼 안에는 통일(단순함)이 없기 때문이다. 단순하게 모든 것을 통하여 찬미를 계속하는 대신 흩어진 칠현금의 현들을 다시금 조율하는 것이 필요하다.

천국 영혼들이 사는 삶을 이 세상에서 살기를 원하는 영혼들은, 다시 말해 영적이고 단순하게 살기를 원하는 이들에겐 이 아름다운 내적 통일은 얼마나 절대적으로 필요한 것인지! 스승 예수님께서 막달레나에게 '필요한 것은 오직 한 가지'라 말씀하셨을 때 이것을 말한 것이라 생각한다. 이 위대한 성녀는 이것을 얼마나 잘 알아들었던가! '믿음의 빛으로 영혼의 눈'은 인성의 베일 아래 숨어 있는 자신의 하느님을 알아본다. 그리고 침묵 중에 또 자신의 기능들이 일치된 가운데 성녀는 자신에게 들려주는 말씀을 듣는다. 그리하여 이렇게 노래할 수 있었던 것이다.

'내 영혼은 늘 내 손안에 있습니다.' 그리고 다음의 이 유일한 말로 함께 노래한다. 'Nescivi!' '나는 아무것도 몰랐네.' 그렇다. 성녀는 정말 그분

외에는 아무것도 몰랐다. 주위가 소란스럽고 야단법석을 떨 수도 있었으나 'Nescivi! 나는 아무것도 모르네.' 성녀에게 비난을 퍼부을 수도 있었으나 'Nescivi! 나는 아무것도 몰랐네.' 그녀 자신의 명예에 관한 것이나 그 어떤 외적인 사정도 그녀의 '거룩한 침묵'으로부터 그녀를 빼낼 수가 없었던 것이다. 이같이 '거룩한 잠심의 성채' 안에 들어간 영혼에겐 이런 일이 일어난다.

  이 영혼의 눈은 밝아진 신앙 아래 눈이 열리게 되어 자신 안에 살아 계시며 현존하시는 자신의 하느님을 발견하게 된다. 하느님께서는 질투할 만큼 세심한 사랑으로 이 영혼을 지켜주시어 이제 이 영혼은 빛나는 단순함 속에 항상 그분의 현존 앞에 머물러 있다. 그렇게 되면 밖에서 오는 소란이나 내면에 일어나는 폭풍우, 자신의 명예를 깎이는 일이 일어난다 해도 '난 아무것도 모르노라! Nescivi!' 하느님께서 숨으시거나 때로는 감각적인 은총을 거두어 가실 때도 '난 아무것도 모르네! Nescivi!' 그래서 성 바오로와 함께 "그리스도에 대한 사랑 때문에 모든 것을 잃어버렸습니다"라고 말할 수 있다. 그러면 스승님께서는 '당신의 재량대로' 당신 은총을 쏟아 부어주시고 당신이 원하시는 대로 당신을 내주기 위한 자유를 지니게 되신다. 이렇게 단순해지고 통일된 영혼은 불변하신 하느님의 옥좌가 된다. 왜냐하면 통일은 성삼위일체의 옥좌이기 때문이다.[119]

2. 고통 속에서의 하느님 현존

엘리사벳은 '삼위일체께 드리는 기도문'에서 이렇게 노래한다.

"사랑으로 죽기까지 사랑하고 싶어라. 당신 안에 푹 잠기고 싶고, 당신에게 침략당한 자 되고 싶어라."

이것은 십자가의 성 요한의 시를 회상케 한다.

"즐기사이다 사랑하는 임이여, 울창한 숲으로 더 깊이 들어들 가사이다."[120]

엘리사벳은 지혜의 풍요함 속에 들어가기 위한 문은 십자가와 좁은 문[121]임을 아주 잘 알고 있다. 그래서 자신의 고통과 약함을 선용하고 싶어한다.
하느님의 시선 아래 사는 영혼은 굳셈으로 옷 입혀지고, 고통 속에서도 용기로 채워져 있음을 발견하게 된다(편지 308). 그리고 '더 높이 올라가'(편지 129) 신앙의 빛 아래 모든 것을 보는 것이다.

"모든 고통을, 모든 기쁨과 마찬가지로 하느님으로부터 직접 오는 것으로 받으세요. 그러면 우리의 삶은 끊임없는 교류, 마치 하느님으로부터 받는 성사처럼 될 거예요"(편지 264).

'마치 하느님으로부터 직접 오는 것처럼'이라는 표현은 인간의 자연적인 조건 ― 육체적, 심리적, 인간관계 등 ― 을 고려한 것이다. 우리 삶 안에서 겪는 아픔과 기쁨을 넘어서 어떻게 하느님과 직접적인 접촉 안에서 살아야 하는지를, 또 사랑과 현존 안에서 어떻게 모든 것을 보아야 하는지를 우리에게 알려주고 있다. 그것은 모든 사건과 사고, 모든 고통을 하느님께로부터 받는 성사처럼 기쁘게 받는 것이다(편지 10). 모든 것을 하느님을 통해, 하느님 손에서 받기에 엘리사벳에게 있어서 삶은 매우 투명하다. 다음은 동생에게 쓴 편지이다.

"단 하나의 희생도 잃어버리지 말자. 하루에도 이 희생을 많이 주워 모을 수 있어. 이 작은 것들을 주울 수 있는 기회는 아주 충분해. 이것을 스승님께 바치렴. 고통이 그분께 결합시켜 주는 가장 강한 밧줄이라고 생각하지 않니?"
(편지 298)

고통으로 상처 받기 쉬운 어머니도 하느님 안에 피신하는 것을 배우게 된다.

"만일 은총(고통)이 어머니의 마음을 건드리는 것을 느끼면 사랑의 화덕이신 그분 안에 숨으러 가까이 가세요. 어머니 마음에 상처 입히는 모든 것을 그분에게 봉헌하세요. 결코 어머니 자신을 혼자 있게 내버려두지 말고 밤이나 낮이나 항상 어머니 영혼 안에 계시는 분을 생각하시고 온전히 그분께 신뢰하세요"(편지 159).

그녀는 하느님과 더 깊이 일치하기 위하여 모든 사건들을 잘 사용하여 더 큰 선을 찾기에 골몰한다. 마치 지혜로운 장사꾼이 가진 것을 모두 팔아 값진 진주를 사듯이 다가오는 고통을 선용하도록 건강을 잃은 어머니에게 권고하고 있다. 다음은 자신도 대단히 고통스러운 상태에서, 임종 약 두 달 전에 쓴 편지이다.

"어머니의 고통을 모두 그분께 봉헌하세요. 이것이 그분과 일치하게 하는 가장 좋은 방법이고 그분을 아주 흐뭇하게 해드리는 기도예요. 우리 영혼과 가련한 육체를 가져다 그분 앞에 보여 드려요. 마치 그분이 살아 계실 때 모든 병자들이 그분께 밀려온 것처럼 말이에요. 그러면 스승님의 비밀스런 힘이 어머니를 치유해주실 거예요"(편지 301).

이처럼 고통은 하느님으로부터 멀어지게 하는 것이 아니라 오히려 더 깊게 하느님과 결속시켜줌을 보여주고 있다.

3. 그리스도로 변화될 때까지

더 깊은 내면화의 목적은 그리스도께서 품으신 생각과 감정을 깨닫고 더 깊이 그분으로 동화되어 가는 데 있다. 사랑은 사랑하는 사람과 닮게 만든다는 것을 염두에 둔다면 한 영혼이 자신의 생명보다 더 그리스도를 죽도록 사랑할 때 그분과 닮은 모습을 지니고 싶어하는 것은 당연한 결과가 아닐까? 자신 때문에 십자가를 지신 분을 관상하노라면 그 사랑하는 임처럼 십자가에 못 박혀 살고 싶고 그렇게 죽고 싶을 뿐이다.

"성 바오로와 같이 외치고 싶어라.
당신 사랑 때문에 나는 모든 것을 잃어버렸네.
내 영혼은 단지,
매일매일 더 그분께 결합하고픈
크나큰 갈망 하나뿐이네.

내 유일한 소원은 그분을 알고

내 구세주 내 그리스도, 내 구원자의 모상을

내 온 존재 안에 형성하는 것"(시 96).

이렇듯 만일 우리가 그분이 사신 것처럼 그분의 뒤를 충실히 따른다면, 또 만일 우리들이 아주 단순하게 십자가에 못 박히신 그리스도의 영혼의 모든 움직임에 동화되도록 힘쓴다면……. 그렇다! 우리는 우리의 나약함을 두려워할 필요가 없다. 왜냐하면 그분이 우리의 힘이시기 때문이다. 누가 우리를 그분에게서 떼어놓을 수 있겠는가?(편지 156) 그래서 이렇게 간청한다.

"오! 나의 말씀이시여, 당신 말씀을 들으며 내 생명이 지나가기를! 그리고 당신 안에 잠겨, 당신을 사랑하는 것밖에는 아무것도 모르기를!"

1) 그리스도로 갈아입음

하느님 홀로, 스스로 계시는 자, 인간을 '당신의 모상과 유사함'으로 창조하신 분, 그분 홀로 당신의 신성에 우리를 참여케 해주시는 분, 그분 홀로 우리를 하느님의 자녀가 될 수 있게 사랑 안에서 우리를 거룩하게 해줄 수 있는 분, 따라서 그분의 현존 안에서 '그분과 단둘이' 걸을 때에만 우리는 거룩하게 될 수 있고 묵은 인간을 벗어던지고 새로운 사람으로 갈아입을 수 있다. 그것은 "그리스도와 하나 되는 세례를 받은 여러분은 다 그리스도를 입었기"(갈라 3,27) 때문이다.

예수 그리스도 안에서 모두 한몸을 이루었기에 남자나 여자나, 종이나 자유인이나 차별이 없다. 이들은 "곧 지난날의 생활 방식에 젖어 사람을 속이는 욕망으로 멸망해가는 옛 인간을 벗어버리고, 여러분의 영과 마음이 새로워져, 진리의 의로움과 거룩함 속에서 하느님의 모습에 따라 창조된 새 인간을 입은"(에페 4,22-24) 사람들이다. 새 인간은 자기 창조주의 형상을 따라 끊임없이 새로워지면서 참된 지식을 가지게(콜로 3,10) 되는 자로 올바르고 거룩한 생활을 하는 사람이다. 하느님이시면서도 죽기까지 자신을 낮춘 예수 그리스도께서 지니셨던 마음을 엘리사벳은 자신의 마음으로 간직하려고 힘쓴다(필리 2,4). 그리고 이렇게 묵상한다.

" '지난 날의 생활 방식에 젖어 사람을 속이는 욕망으로 멸망해가는 옛 인간을 벗어버리십시오' 라고 성 바오로는 말한다. '하느님의 모습에 따라 창조된 새 인간으로 갈아입으십시오.' 여기에 하느님께서 우리를 위해 마련해 놓은 길이 있다. 다만 지금 우리가 할 것은 하느님께서 원하시는 대로 달려가기 위해 벗어던지는 것뿐이다. 자기 자신을 벗어던지는 것, 자신에게서 죽는 것, 자신을 잊어버리는 것이다. 스승님께서 다음 말씀을 하실 때 이것에 대해 말씀하신 것으로 보인다.

'누구든지 내 뒤를 따라오려면 자신을 버리고 제 십자가를 지고 나를 따라야 한다'(마태 16,24). 만일 여러분이 육체를 따라 살면 죽을 것이라고 사도는 말한다. 그러나 성령의 힘으로 육체의 악한 행실을 죽이면 여러분은 살 것이다. 이것이 하느님께서 우리에게 요청하시는 죽음이다. '승리가 죽음을 삼켜버렸다'(1코린 15,54). 주님께서는 '죽음아 네 흑사병은 어디 있느냐'(호세 13,14)라고 말씀하신다. 이것은 말하자면, '오! 나의 딸인 영혼아! 나를 바라보고 너를 잊어버려라. 내 안에서 너를 온전히 뒤집어 비워라. 내가 네 안에 살기 위하여 내 안에 죽으러 오라'는 뜻이다."[122]

성덕의 지름길은 그리스도의 성덕을 덧입는 것이다. 그리스도가 내 안에 살기 위하여 이기적인 자신이 죽어야 함을 엘리사벳은 절감하고 있다. 성부의 눈이 이제 엘리사벳이 아니라 그 안에서 그리스도만을 보실 수 있게 하기 위해서이다. 그러면 사도 바오로와 함께 내가 사는 것이 아니라 그리스도께서 내 안에서 사신다고 말할 수 있을 것이다.

"하느님께서 미리 아신 자들을 당신의 아드님과 같은 모상을 지니도록 예정하셨다." 이를 위해서는 성부 대전에 끊임없이 그분을 재현하고 그분과 완전하게 동화되기 위하여 이 신적 모델을 - 잘 모방하기 위하여 - 공부할 필요가 있다.[123] 우리의 모델이신 그리스도를 깊이 관상하노라면 그분의 거룩함과 순결함이 우리에게 흘러들어 그분의 순결한 빛이 우리를 감싸주실 것이다. 이를 체험한 성 바오로 사도는 "하느님께서는 세상 창조 이전에 그리스도 안에서 우리를 선택하시어 우리가 당신 앞에서 거룩하고 흠 없는 사람이 되게 해주셨습니다"(에페 1,4)라고 말한다. 신적 존재와의 접촉은 그분의 눈앞에 나를 '거룩하고 흠 없는 자'로 만들어준다. 그러기에 우리는 무슨 일을 하든 어떠한 곳에 있든 '하느님의 현존 안에서' 살아야 하는 것이다.

'하느님과의 접촉'은 우리를 단순하게 만들고 영혼에게 깊은 안식을 준다. 이 안식은 영원한 안식의 전주곡이자 메아리인, 헤아릴 수 없는 심연인 하느님 안에서의 안식을 의미한다. 영광스럽게 된 자들은 이러한 심연의 안식을 누리고 있는데 그것은 그들이 그 본질의 단순함 속에서 하느님을 관상하기 때문이다. 이리하여 '하느님께서 그들을 아시듯 그들도 그렇게 그분을 알게 되는 것이다'(2코린 3,12). 말하자면 직관적인 비전을 통해 단순히 본다는 것으로 주님의 영광을 우러러보는 그들은 성령의 능력에 힘입어 '주님과 같은 모상으로 변화하여 영광스러운 상태에서 더욱 영광스러운 상태로 변모해가는 것이다'(2코린 3,18). 이같이 영혼 안의 천국에서 진복자들이 하는 일을 행하고 단순한 관상을 통해 그분과 하나 되는 것은, 하느님께서 원죄 이전의 '당신의 모상과 유사함으로' 창조하신 순결한 상태로 가까이 가게 해주기 때문에 하느님의 마음을 크게 흐뭇하게 해드리는 것이 된다. 당신 피조물 안에서 당신 자신을 바라보시는 것이 바로 창조주의 이상이었다. 마치 한 점의 티도 없는 투명한 수정을 통해서 보듯 그렇게 당신의 모든 완전함과 빛나는 아름다움을 피조물 안에서 보시는 것, 이것이야말로 하느님의 특유한 영광을 연장하는 것이 아닐까?

  영혼이 단순한 눈길로 하느님을 바라봄으로써 자신을 둘러싸고 있는 모든 것으로부터, 특히 자기 자신으로부터 이탈하게 된다. 그렇게 되면 영혼은 하느님에 대한 분명한 인식으로 빛나게 된다(2코린 4,6). 왜냐하면 자기 영혼 안에 하느님께서 '그에게 통교해준 모든 속성들'이 반사될 수 있도록 허락하기 때문이다. 정말로 이 영혼은 하느님의 온갖 은총에 대한 영광의 찬미이다. 모든 것을 통해, 또 가장 평범한 행동 속에서도 이 '위대한 찬가, 새로운 찬가'를 부른다. 이 찬미가는 하느님의 가장 깊은 곳까지 감동케 한다.[124]

  이렇듯 하느님의 이름이 거룩히 빛나시게 되는 것은 뜻밖에도 '단순한 바라봄'에 있다. 언제 어디서나 평범한 일상생활 속에서 예수 그리스도께 눈을 고정하고 먹거나 마시거나 주님의 영광을 위해 주님과 함께 사는 것이다.

2) 그리스도 안에서, 그리스도와 함께

예수 그리스도께서 사람이 되시어 우리와 함께 사신 것은 우리를 위해 거룩함의 길을 알려주시기 위해서였다. 성덕은 예수님 안에서 보이는 것이 되었다. 예수님께서는 '내가 이 사람들을 위하여 나를 봉헌하는 것'(요한 17,19)이라고 하시며 우리가 아버지께 가까이 다가갈 수 있는 길이 되어주셨다. 많은 사람들이 수도 생활을 시작할 때 '거룩하게 되고자 하는 원의'에 이끌려 수도원 문을 두드린다.

이들은 거룩하게 되기 위해 많은 기도와 희생을 해야 하고 또 많은 특별한 의식들이 있을 거라고 상상하고 기대하며 수도 생활을 시작한다. 그러나 서너 달도 못가서 그 기대와 꿈은 산산조각 나고, 수도 생활이 우리의 보통 일상생활과 똑같다는 사실에 놀란다. 수도원을 떠나는 대부분은 수도 생활이 힘겹거나 자기 성소가 아니기에 떠나기보다는 이 평범한 일상생활에 실망과 환멸을 느끼기 때문이다. 설령 떠나진 않더라도 3~4년이 지나면 대부분이 자신이 품은 꿈과 평범한 수도 생활의 일상생활을 조화시키는 과정에서 된통 몸살을 앓거나 떠날 위기를 겪는다. 그러나 성격이 무던하고 진득한 사람은 위기를 느끼면서도 세월이 지남에 따라 일반 가정생활과 다를 바 없는 평범한 수도 생활 속에서 바쁘면서도 한적한 수도 생활의 묘미를 맛들여간다. 그런데 이해관계를 잘 따지는 사람이라면 일찌감치 훌훌 털고 좀 더 분명하고 확실한 길을 찾아 나선다. 이들은 일상생활을 통해서 예수 그리스도 안으로 파고들어 갈 줄 몰랐기 때문이다.

우리가 거룩하게 되기 위해서는 거룩한 행업과 거룩한 전례를 더욱 늘리기보다는 평범한 일상생활을 그리스도 안에서 그리스도와 함께하는 것이 중요하다. 즉, 바오로 사도의 표현을 빌리자면 내가 그 일을 하는 것이 아니라 내 안에서 그리스도가 하시도록 나를 내어드리는 것이다. 그러면 "이제 내가 사는 것이 아니라 그리스도께서 내 안에 사신다"라고 말할 수 있을 것이다.

'내 안에 머물러 있어라.' 이러한 명령을 내리시고 당신의 뜻을 밝히시는 분은 하느님이시다. '내 안에 머물러 있어라.' 단지 지나가는 어느 한순간이나 지나가는 몇 시간이 아니고 항구하게 습관적으로 하느님 안에서 기도하고 당신 안에서 흠숭하고, 당신 안에서 사랑하고, 당신 안에서 고통받고, 당신 안에서 일하고, 당신 안에서 행동하라는 뜻이시다. 그리고 모든 사물과 접촉하고, 사람들 사이에 있기 위하여 당신 안에 머물러 있으라. 매 순간 더 깊이 이 심연 안에 잠겨 있으라는 것이다. 이렇게 하는 것이 바로, 참으로 '하느님께서 말씀을 건네시려고 영혼을 이끌어 들이는 고독'(호세 2,14)이 있는 자리이다. 진정 신비 가득한 말씀을 듣기 위해서는 피상적인 것에만 머물지 말고 거둠을 통하여 하느님 안으로 더 깊숙이 들어가는 것이 필요하다.

'달음질 친다'(필리 3,2)고 하신 성 바오로와 같이 우리도 날마다 하느님이신 이 심연의 오솔길을 달려 내려가야 한다. 사랑 가득한 신뢰 속에 이 비탈길을 미끄러져 내려갈 수 있도록 우리 자신을 하느님께 내맡겨야 한다.[125]

우리의 성덕은 거룩함 자체이신 예수 그리스도 안에 깊이 파고들어 가 그 안에 머무는 것임을, 일상으로부터의 도피가 아니라 주어진 일 가운데서 그리스도 안에 뿌리 내리도록 힘쓰는 것이라고 엘리사벳은 말한다.

예수 그리스도 안에서 걷는다는 것은 우리들 자신으로부터 나가는 것이다. 우리는 그분 안에 매 순간 더 깊이 들어가 그분 안에 더 깊이 뿌리내리기 위하여 모든 사건과 일 안에서 다음과 같은 아름다운 도전을 감행하는 것이다. '누가 나를 그리스도의 사랑에서 떼어놓을 수 있겠습니까?' 영혼이 그분 안에 힘차고 굳건하게, 심원한 깊이로 고정되어 있을 때, 영혼이 그분 안에 깊이 뿌리 내릴 때, 영혼 안에 신적인 생명의 힘이 흘러들어 영혼을 거슬러 밀려오는 넘실거리는 파도의 위협에서 해방시켜 주는 것이다(영적 일기 33).

> "오! 나의 자매여,
> 우리 마음에 지닌 신앙 때문에
> 그분께 다다를 수 있고
> 그분 안에 쉴 수도 있어.
> 그분을 만지고
> 꼬옥 그분을 붙들어"(시 95).

늘 하느님 안에 잠겨 있는 것이 우리의 성덕이다. 소화 데레사 성녀도 성덕에 대해 이렇게 말하고 있다. 참다운 성덕이란 이런저런 덕을 실천하는 데 있다기보다는 자신의 작음을 알고 대담한 신뢰로 천상 아버지의 품 안에 안겨 있는 것이다. 우리 마음속에 거룩하게 되고 싶은 갈망이 있는 것은 하느님께서 이미 인간을 창조하실 때 당신의 이런 원의를 우리 마음속에 심어주셨기 때문이다.

"내가 거룩하니 너희도 거룩한 사람이 되어야 한다"(레위 11,44). 누가 이런 명령을 내릴 수 있을까? 그분은 모세에게 "나는 '있는 나'다"(탈출 3,14)라고 말씀하신 바로 그분이시다. 그분 홀로 스스로 살아 계시는 자, 모든 존재들의 근원이시다. "우리는 그분 안에서 살고 움직이며 존재"(사도 17,28)한다. "내가 거룩하니 너희도 거룩한 사람이 되어야 한다." 이것은 하느님께서 "우리와 비슷하게 우리 모습으로 사람을 만들자"(창세 1,26) 하시며 창조의 그날에 간직하신 것과 똑같은 원의라고 생각된다. 당신의 피조물과 똑같이 되시고 그와 더불어 결합하고자 하신 것은 창조주께서 항상 바라는 소망이셨다.

'우리는 신적인 본성에 참여하도록 만들어졌다'(2베드 1,4)라고 성 베드로는 말한다. 사랑의 사도 역시 '우리는 이제 하느님의 자녀입니다. 우리가 장차 어떻게 될지는 분명하지 않지만 그리스도께서 나타나시면 우리도 그리스도와 같은 사람이 되리라는 것을 우리는 알고 있습니다. 그때에는 우리가 그리스도의 참모습을 뵙게 될 것이기 때문입니다. 그리스도에 대하여 이런 희망을 가진 사람은 누구나가 그리스도께서 거룩하신 것처럼 자기 자신을 거룩하게 해야 합니다'(1요한 3,2-3)라고 한다.

하느님께서 거룩하신 것처럼 거룩하게 되는 것, 이것이 하느님의 사랑하는 자녀들의 이상적 기준이다. 하느님께서 아브라함에게 "내 현존 안에 걷고, 완전한 자 되어라" 하셨는데 이것이 완덕에 도달하기 위하여 천상 아버지께서 우리에게 요구하시는 방법이다. 하느님의 계획을 깊이 깨달은 뒤 성 바오로는 이 진리를 우리에게 계시하고 있다.

'하느님께서는 우리가 그분의 사랑 안에서 그분의 현존 가운데 거룩하고 흠 없는 자가 되도록 창조 이전에 우리를 선택하셨습니다'(에페 1,4). 이러한 거룩한 빛 아래 똑바로 이 하느님의 현존의 근사한 길을 걸어가도록 가르쳐 주는 분도 성 바오로이다. 이 현존 안에서 영혼은 '홀로 계시는 분과 함께' 주님의 '오른팔의 힘'에 의해 인도되어 "그분의 날개 밑에 보호되어, 밤의 두려움도, 한낮에 날아드는 화살도, 어둠 속에 쳐들어오는 흑사병도, 한낮에 쳐들어오는 악마의 공격도 두려워함이 없이" 걸어가는 것이다.

'이제 낡은 인간을 벗어버리고 하느님의 모상을 따라 창조된 새사람으로 갈아입어야 합니다. 새사람은 의롭고 거룩한 진리의 생활을 하는 사람입니다'(에페 4,22-24). 이것이 하느님께서 우리를 위해 계획해둔 길이다.[126]

'하느님의 현존 안에서 걷는 것'이 우리의 성덕을 위해 하느님께서 마련해두신 길이라고 엘리사벳은 자신이 깨달은 바를 성경의 말씀을 인용하면서 설명하고 있다. 그러나 하느님은 접근할 수 없는 '빛' 속에 숨어 계신 분이시다. 그러기에 피조물은 그분께서 피조물이 있는 곳까지 내려와 그들의 삶을 살아야 함을 통감하고 있다. 그것은 그분의 자취를 따라 다시 그분에게까지 상승할 수 있고 그분의 거룩함으로 거룩할 수 있기 위해서이다.

"말씀이 사람이 되시어 우리 가운데 사셨다"(요한 1,14). 하느님께서는 접근할 수 없는 '빛' 속에 숨어 계신 분이시기에, 사람이 하느님의 자취를 따라 그분에게까지 상승할 수 있고, 하느님의 성덕으로 거룩할 수 있게 되려면 하느님께서 사람들이 있는 곳까지 내려오시어, 그들과 생활을 함께할 필요가 있었다.

주님께서는 어느 무엇도 내 마음을 흩어놓지 못하게, 또한 난공불락의 거룩한 거둠의 성채 안에서 떠나는 일이 없도록 친히 나의 평화가 되어주길

원하신다. 그분은 이 평화 속에서 '성부께로 나아가는 통로'를 열어주실 것이고, 내 영혼이 이미 영원한 나라에 살 듯 당신 현존 속에 동요하지 않고 평화롭게 있을 수 있게 지켜주실 것이다. 주님은 나의 작은 천국이 참으로 성삼의 휴식처가 되도록 십자가 위에서 흘리신 거룩한 피를 통해 모든 것을 진정시켜 평화롭게 하실 것이다. 그분께서는 당신 자신으로 나를 채워주시고, 당신 안에 나를 파묻으신 후, 당신 생명으로 그분과 함께 새롭게 살게 하실 것이다. 그러면 이제 나에게는 사는 것이 그리스도이시다.[127] 이런 영혼은 '하느님의 심오함'까지 꿰뚫고 그 안에 스며들어가, 단순 자체이신 분을 닮게 하는 깨끗한 눈길로 모든 것을 '그분 안에서, 그분과 함께, 그분을 통해서, 그분을 위하여' 하게 된다. 이 영혼이 하는 일은 비록 하찮은 일상적 행동들인 움직임, 숨 쉬는 일 등 그 어떠한 일이든 간에 매 순간 하는 행동들을 통해 자신이 사랑하는 그분 안에 더 깊이 '뿌리를 내리는 일'이다. 이제 이 영혼은 모든 것을 통해 지극히 거룩하신 하느님께 찬미를 드리며 끊임없는 영광의 찬미가 되는 것이다.[128]

이 영혼의 바람은 그리스도와 같아지는 것, 그리스도의 인성의 재현이 되는 것이다. 이것은 그리스도와 친밀한 사귐의 결과이다.

"내 영혼 깊은 곳에서 소리 없이 그분이 가르쳐주는 것을 말로 표현할 수는 없어. 그분은 모든 것을 분명하게 해주셔. 내 모든 질문과 필요에 응답해 주시니까"(편지 131).

3) 그리스도 인성(人性)의 연장(延長)이 되고 싶은 갈망

① 흠숭자 구원자의 연장(延長)

그리스도를 덧입고 그리스도의 모든 느낌, 생각들을 자기 것으로 동일하게 한 다음 그리스도 안에 푹 잠겨, 이제 더 이상 자신의 삶이 아니고 자기 안에서 그리스도의 빛나는 삶이 드러나기만을 애타게 바라는 영혼의 소원을 그리스도께서는 기꺼이 들어주신다. 엘리사벳은 이렇게 기도한다.

흠숭자로서

보상자로서

구원자로서

내게 오소서.

그리스도께서 아버지께 흠숭을 드렸던 것과 같은 마음 자세로 엘리사벳은 천상 아버지께 흠숭을 드리고 싶어한다. '아버지께서는 영과 진리로 흠숭을 드리는 자를 찾고 계시는데'(요한 4,23) 유일하게 예수님 홀로 진정한 흠숭자이시기 때문이다. 우리가 흠숭을 제대로 할 수 있기 위해 그리스도께서 우리 자신에게로 오시기를 간청하고 있다.

"우리 안에 신적인 흠숭자가 계셔요. 이렇게 우리는 그분의 기도를 가지고 있어요. 그분의 기도에 우리도 하나 되어 이 기도를 바칩시다. 그분의 영혼과 함께 기도해요"(편지 179).

영과 진리로 그분을 흠숭한다는 것은 예수님으로 인하여 예수님과 함께 기도한다는 뜻이다. 그분 홀로 진리와 영으로 참되게 하느님께 흠숭드린 분이시기 때문이다.[129] 그리스도의 기도를 성부께 바치면서 그리스도의 흠숭에 동화되도록 엘리사벳은 힘쓴다.

"가르멜 수녀의 소명은 얼마나 숭고한지요! 예수 그리스도와 함께 중재자가 되어야 하니까요. 흠숭자로서의 그분의 삶, 찬미자로서, 보상자로서 사신 그분의 삶을 영속하기 위하여 보충된 부분을 채우는 그분을 위한 삶이 바로 가르멜 수녀의 삶입니다"(편지 256).

그녀는 모두에게 마땅히 흠숭받으셔야 할 분이 사랑받지 못하고 흠숭받지 못함을 보고 그들을 대신하여 배상하고 싶은 마음이 움튼다.

"나의 사랑과, 나의 생명, 나의 배려, 나의 기도로써 그분의 고통을 잊으시게 하고 싶어라. 그분을 사랑하지 않는 모든 사람들을 대신하여 그분께 사랑을 드리고 싶다(영적 일기 8). 예수님, 당신께 사랑을 사랑으로, 희생을 희생으로 돌려 드릴래요. 나를 위하여 당신을 희생 제물로 바치셨으니 저 역시 당신께 저를 산 제물로 바칩니다. 당신께 제 삶을 봉헌합니다. 이를 위하여 당신 은총으로 저는 온전히 준비되어 있습니다"(영적 일기 123).

예수님은 비뚤어지고 불의와 고통으로 가득 찬 이 세상을 구원하러 오셨다. 지금도 세상은 미움과 전쟁, 굶주림과 고문, 마약으로 가득 차 있다. 이러한 세상을 구원하기 위하여 예수님께서 선택하신 것은 당신의 고통과 죽음이셨다. 예수님은 십자가에 죽기까지 순명하심으로써 우리를 구원하신 것이다. 이제 부활하시어 성부 오른편에 앉아 계신 예수님께 엘리사벳은 기도한다. 오늘 이 세상을 구원하기 위하여 자신 안에 오시어 고통받으시기를 간청하는 것이다.

"내 사랑하는 예수님, 사랑으로 십자가에 못 박히신 임이여, 당신 마음을 위로하기 위하여 당신의 정배이고 싶습니다. 영광으로 당신을 감싸고 죽기까지 사랑하고 싶습니다"(내적 메모 15).

"생각해보세요. 십자가에 못 박히신 내 신랑님의 고통을 함께 나눈다는 것, 그리고 그분의 공동 구속자가 되기 위하여 내 수난으로 그분께 가려 하는 것을……. 하느님께서 미리 나를 그리스도의 십자가로 인장을 찍으시고 예정하셨음을 생각하면서 어머니 마음에 기쁨이 가득 하기를 빌어요"(편지 300).

밤낮으로 하느님을 자신의 내면의 성전에서 섬기고자 하는 영혼은 주님의 수난에 참여할 결심을 하지 않으면 안 된다. 자신이 구원받은 만큼 자기도 다른 사람을 구원해야 하기에 자신의 칠현금을 타며 '나는 예수 그리스도의 십자가를 자랑합니다'(갈라 6,14). '나는 그리스도와 함께 십자가에 못 박혔습니다.' 지금도 '나는 그리스도의 몸인 교회를 위하여 그리스도의 남은 고난을 내 육신으로 채우고 있습니다'(콜로 1,24)라고 노래한다.

'왕후가 당신 오른편에 서 있습니다'(시편 45,10). 이것이 이 영혼의 태도이다. 이 영혼은 십자가에 못 박히시고 경멸받고 죽음을 당하신 분, 그럼에도 힘차고 고요하고 위엄에 가득 찬 성 바오로의 표현대로 '당신 은총의 영광을 빛나게 하기' 위해 수난을 향해 나아가신 임금님의 오른편에 서서 골고타의 길을 올라간다. 그분은 당신의 신부가 구원 사업에 참여하기를 원하신다. 이 영혼에게는 자신이 걷는 이 고통스러운 길이 행복의 길로 여겨진다. 그러나 단지 이 길이 행복으로 이끌어주기 때문만은 아니고 그분이 이해하신 것처럼, 고통 안에 안정을 찾기 위하여 고통 안에 있는 쓴맛을 넘어설 수 있어야 함을 거룩한 스승님께서 이해시켜 주셨기 때문이다. 이렇게 되면 이 영혼은 '자신의 성전 안에서 밤낮으로' 하느님을 섬길 수 있다. 안팎으로 당하는 어떠한 시련도 스승님께서 이 영혼을 위해 마련해두신 거룩한 성채로부터 결코 끌어낼 수 없다. '이제 더 이상 뜨거운 햇빛이 쏟아지는 것을 느끼지 않는다.' 이는 고통 때문에 고통스러워하지 않는다는 말이다.[130]

바오로 사도와 함께, 생생한 자각을 가지고 '그리스도의 몸인 교회를 위하여 그리스도의 남은 고난을 내 몸으로 채우고 있는 것'을 기뻐하며, 자신이 겪는 고통을 기꺼이 인류의 구원을 위해 봉헌하고 싶은 마음을 어머니에게 이렇게 쓰고 있다.

"스승님께서 어머니 태중의 열매인 딸을 그분의 위대한 구원 사업에 참여하도록 예정하시고 선택하셨음을 생각할 때 어머니의 마음은 신적으로 얼마나 감동에 젖어야 할지요! 그리고 당신 딸 안에서 그분의 수난의 확장으로서 계속하여 수난하고 있음을 생각할 때 말이에요! 신부는 신랑에게 속해 있어요. 그리고 나의 신랑께서는 나를 당신 것으로 삼으셨고, 아버지의 영광과 교회의 필요한 부분을 도와주기 위하여 제 안에서 계속하여 고통당할 수 있기를 바라시고 제가 그분의 수난을 보충하는 인간이 되기를 원하세요! 이 생각은 얼마나 나에게 유익한지요!"(편지 309).

"교회의 유익을 위해 온전히 종사하기 위하여 자신을 잊고 성화될 필요성을 얼마나 느끼는지요! 가련한 프랑스! 자비를 청하고 중재하기 위하여 항상 살아 계신 그분의 거룩한 피로 덮어주고 싶어요! 가르멜 수녀의 소명은 얼마나 숭고한지요! 그분을 위한 존재자, 이 영혼 안에서 그분의 삶인 희생, 찬미와 흠숭의 삶을 영속할 수 있기 위하여 그리스도의 남은 부분을 마치 보충하는 인간으로서 예수 그리스도와 함께 중재자가 되어야 해요"(편지 256).

② 십자가에 못 박히신 그리스도로 동화될 때까지

엘리사벳의 생의 마지막 시기에 남은 소원은 단 하나, 자신을 위해 십자가에 못 박히신 그리스도의 모습으로 변모되는 것이었다. '이제 내가 사는 것이 아니고 그리스도가 내 안에 산다'는 데까지 도달할 수 있기 위하여 필요한 것은 자신을 희생 제물로 바치는 것이다(편지 179). 사랑으로 십자가에 못 박히신 하느님을 오랜 시간 관상하노라면 그분과의 영속적인 접촉 때문에 그분의 덕이 내 안에 흘러 들어온다(편지 214)는 것이다.

십자가에 못 박히신 분과 똑같이 되고 싶은 이런 원의는 자신의 모든 힘을 쏟아 그분을 관상하는 데 힘썼기 때문에 나온 자연스런 마음의 움직임이다. 그리스도께서 우리에 대한 사랑으로 십자가의 고통을 기꺼이 감수하셨듯이 그분의 진정한 신부인 엘리사벳은 십자가에 못 박히는 것을 행복하고 기쁘게 여긴다.

"십자가에 못 박히신 당신 아드님과 같은 모습이 되도록 아버지께서 나를 미리 예정하셨다는 것을 생각할 때 내 영혼이 얼마나 말할 수 없는 행복을 느끼는지 네가 볼 수 있다면!"(편지 324) 그럼에도 우리 주님이 계시는 곳까지 계속 가기를 결심하는 것은 아주 소수의 영혼뿐이야!"

동생 깃드에게 자신이 느끼는 감동을 전하면서 이 길로 초대한다.

"밤에 눈을 뜨거든 나와 일치해. 나와 동행하기 위해 너를 초대할 수만 있다면, 내 방 흰 벽에 걸린 그리스도가 없는 검은 나무의 십자가는 얼마나 말없이 신비적인 감동을 주는지 몰라. 이것이 내 십자가야. 나 자신이 십자가에 못 박히신 나의 신랑을 닮기 위하여 끊임없이 희생해야 해. '내가 바라는 것은 그리스도를 알고 그리스도와 고난을 같이 나누고 그리스도와 같이 죽는 것'(필리 3,10)이라고 성 바오로는 말하고 있어. 자신을 온전히 잊고 그분 안에 변모되기 위하여 하느님 안에서 죽음에 이르기까지 온전히 없어지는 신비적인 죽음에 대해 말하고 있지"(편지 298).

"당신을 위해 고통당하는 것은
얼마나 큰 행복,
얼마나 감미로운 부드러움으로 가득 차게 하는지요.
당신과 함께 골고타를 향해 오르면서

어떠한 행복과 자랑스러움을 느끼는지요"(시 39).

또한 그녀는 일상에서 다가오는 피할 수 없는 작은 고통을 어떤 마음으로 받아들이고 있는지 설명하고 있다.

"가르멜에서는 겨울의 추위나 작은 일로 힘든 이런 비슷한 많은 희생을 만나게 됩니다. 그러나 마음이 사랑으로 가득 차 있을 때는 아주 부드럽게 받아들이게 되지요. 내가 좀 피곤해져 있을 때 어떻게 하는지 말해볼게요. 십자고상을 바라보고 그분이 나를 위해 어떻게 희생하셨는지를 볼 때 그분이 나에게 주신 모든 것에 비하면 그분을 위해 내 생명을 태우고 다 써버리는 것도 작게 느껴져요"(편지 156).

그녀는 여동생에게 고통이 심할 때 어떻게 신앙으로 이겨냈는지를 말하고 있다.

"어느 날 밤 견딜 수 없을 만큼 고통이 커서 육체가 영혼을 지배하는 것을 느끼고 나의 신앙을 새롭게 부추겨 세우면서 나 자신에게 말했지. '가르멜 수녀는 이런 식으로 고통당해서는 안 되지!' 그런 다음 임종의 고통을 당하는 예수님을 관상하면서 그분을 위로해드리기 위해 이 고통들을 봉헌했어. 이런 다음 강해진 자신을 느꼈어. 이렇게 항상 내 생애에 걸쳐서 시련이 크든 작든 각종의 시련들이 올 때 난 응답했어. 이러면 내 고통은 그분의 고통 안에 사라지고 나 자신은 그분 안에 잠겨 있게 돼"(편지 253).

"나의 예수님, 당신은 제가 고통당하기를 간절히 원하고 있음을 잘 알고 계십니다. 그것은 나 자신을 위해서가 아니라 오로지 당신을 위로하고 영혼들을 당신께 데려오기 위함이라는 것도요. 당신께 불타는 마음으로 주님을 사랑합니다. 내 사랑하는 신랑님이신 주님이 고통당하고 있는 동안 저 혼자서 고요하고 행복하게 있을 수 없습니다. 당신의 고통을 가볍게 하기 위해 힘들고 무거운 십자가를 지고 당신을 뒤따라가며 함께 나누고 싶은 것이 저의 간절한 바람입니다. 나의 생명! 당신을 죽도록 사랑합니다"(영적 일기 95).

고통에 대한 가치를 알아들은 엘리사벳은 고통에 대한 갈망이 점점 더 커 간다.

"고통보다 신적이고 위대한 것이 있을까요? 천국에서 진복자들이 무언가 우리를 질투하는 것이 있다면 아마도 이 보물일 것입니다. 이것은 하느님의 마음을 움직이기 위한 힘 있고 효과 있는 지레입니다"(편지 249).

"어머니! 영혼 안에 하느님의 일을 실현시키기 위해 고통이 얼마나 필요한지 만일 아신다면……. 주님께서는 우리를 부유하게 하시려고 애가 탈 만큼 원하십니다. 그러나 우리는 우리의 기준으로 재고 우리가 희생할 수 있는 용량에 따라 금을 그어버리고 맙니다. 우리는 스승님과 함께 감사하는 마음으로 거저 내주는 정신과 기쁨으로 희생하면서 스승님이 하신 것처럼 말해야 할 것입니다. '내 아버지께서 내게 주신 이 잔을 마셔야 하지 않겠습니까?'"(편지 308).

엘리사벳은 어머니의 고통을 자신이 떠맡기를 원하면서도, 이렇게 하는 것이 이기적인 행동이라 생각한다. 고통은 말할 수 없는 가치를 가지고 있기 때문이다.

"어머니의 모든 고통을 제가 다 질 수만 있다면 얼마나 좋을까요! 이것은 제 마음의 첫 충동입니다. 그러나 이렇게 한다면 저는 이기주의자가 될 것입니다. 왜냐하면 고통은 한없이 귀중하기 때문입니다. 그래서 제가 원하는 것은 고통을 사랑하는 은총, 고통을 멸시하는 일 없이 충실하게 감내하는 은총을 얻어드리는 것입니다. 그리고 모든 갖가지 고통을 마치 하늘에 계신 아버지의 사랑의 보증처럼 받아들이는 것입니다"(편지 305).

"희생은 하느님께서 우리에게 주시는 성사와 같아요. 그분은 당신이 사랑하는 자에게 또 당신 가까이 두고 싶어하는 자에게 고통을 보내십니다"(편지 174).

"십자가 앞에 멈춰서거나 단순히 바라보는 것만으로는 충분하지 않고, 신앙의 빛 아래 껴안아야 하는 것이며 십자가를 하느님의 사랑에 순명하기 위한 도구처럼 생각하고 더 높이 올라야 하는 것입니다"(편지 129).

이 세상에 살면서 고통은 피할 수 없는 현실로 다가온다. 기쁨 곁에는 항상 고통도 함께 있다. 이 피할 수 없는 고통을 엘리사벳은 숙명처럼 수동적으로 받아들이지 않고 신앙의 빛 아래에 긍정적이고 부활하신 그리스도에 대한 사랑으로 받아들인다. 고통 그 자체를 좋아해서가 아니라 이 고통이 우리를 위해 고통당하신 그리스도께로 이끌어주기 때문에 삶 안에서 다가오는 고통을 기꺼이 떠안은 것이다. 이 고통이 그리스도와 같은 자로 닮게 해주기에 그토록 바라던 자신의 꿈을 성취시켜 주는 것도 고통임을 잘 알고 있기에 고통을 원하는 것이다.

"죽기 전에 십자가에 못 박히신 예수님으로 변화된 자신을 보기를 갈망했습니다. 이것이 고통 중에 있는 내게 큰 힘을 줍니다(편지 324). 만일 우리 주님께서 저에게 황홀한 죽음과 골고타에서 버림받는 것, 이 둘 중에 어느 하나를 택하라 한다면 저는 두 번째를 고르겠습니다. 공로를 쌓기 위해서가 아니라 그분을 영광스럽게 하고 저를 그분과 닮은 자로 만들어주기 때문입니다."

"나의 하느님, 제가 무엇보다 고통을 많이 받기를 원하는 것은 오로지 당신을 위로하고 영혼을 당신께 인도하고 나의 사랑을 당신께 보여주고 싶기 때문입니다(영적 일기 32). 오! 내 사랑 나의 신랑님, 나에게 십자가를 주세요. 당신과 함께 이 고통을 나누고 싶습니다. 아! 나 없이 혼자서 고통받지 마세요. 당신을 위로하고 당신께 내 모든 사랑을 드러내 보여주기 위해 앞으로의 나의 삶은 끊임없는 고통의 연속이기를 바랍니다. 아! 영혼들, 정말 그래요. 당신을 위하여 영혼들을 얻고 싶습니다. 오! 주님, 저에게 고통이나 죽음을 주세요."

고통에 대한 사랑은 커져만 가 매일 더 고통에 이끌리는 자신을 본다.

'고통은 그분의 생애 동안 늘 동반자였기에, 아버지께서 나를 그분처럼 대우하시는 것을 받을 만한 자격이 없다'고 엘리사벳은 느낀다. 고통으로 부서지는 모든 영혼은 자기 자신에게 이렇게 말할 수 있다. 난 예수님과 함께 아주 친밀하게 한집안에서 산다고……. 다음은 임종을 조금 앞두고 어머니에게 쓴 편지이다.

'그분이 당신 피조물에게 줄 수 있는 가장 큰 사랑의 시험인 고통에 대해 지금처럼 아주 분명하게 이해한 적은 없어요. 이것을 알아요? 새로운 고통이 올 때마다 내 스승님의 십자가에 입 맞추고 그분께 이렇게 말한다는 것을, '감사합니다. 이것을 받기에 저는 부당한 자입니다' 하고요. 왜냐하면 고통은 그분의 동반자였고 아버지께서 그분처럼 대하시는 것을 저는 받을 만한 자격이 없다고 믿으니까요. 폴리나의 안젤라 성녀는 예수 그리스도에 대해 말하면서 '그분이 고통 속이 아니면 어디서 사시겠습니까?'라고 쓰고 있고, 다윗도 이 고통은 마치 바다처럼 끝없다고 노래하고 있어요. 앞서 말한 성녀는 하느님이 우리 안에 계신다는 표시는 그분 사랑이 우리를 침투하고 차지하는 것을 받아들이는 것, 다만 인내로써만이 아니라 우리를 고통스럽게 만드는 것이나 우리를 상처 입히는 것을 감사로써 받아들이는 것이라 말하고 있어요. 이 경지까지 도달하기 위해서는 사랑 때문에 십자가에 못 박히신 하느님을 관상하는 것이 필요하지요. 이 관상이 만일 진정한 것이라면 확실하게 사랑 안에서 고통을 떠안습니다. 사랑하는 어머니, 모든 시련과 역경, 버릇없이 무례한 것에서 비롯되는 불쾌한 모든 것들을 십자가에서 솟아나는 빛 아래에서 받아들이세요. 이 방법은 하느님을 기쁘게 해드리고 사랑의 길에서 진보하게 만들어줍니다. 제 이름으로 감사를 드려주세요. 저는 정말 너무 행복해요. 제 행복을 조금이라도 제가 사랑하는 분들에게 뿌려줄 수 있다면 얼마나 좋을까요"(편지 314).

"내 생명, 당신을 사랑합니다. 사랑으로 죽기까지 당신을 사랑합니다, 당신 사랑의 불꽃으로 내 마음을 상처 입히셨으니 이제 더 이상 이 세상에서는 행복할 수 없어요. 유일하게 행복하게 해줄 수 있는 것이 있다면 당신의 고통을 나누어 받는 것입니다"(영적 일기 95).

사랑으로 상처 입고 사랑 때문에 고통받고 싶어했던 엘리사벳에게는 더 이상 이 지상의 생명은 참생명이 아니었다. 그 입에서 흘러나온 마지막 말은 "나는 빛에로, 사랑에로, 생명에로 갑니다"였다.

"나의 스승님께 당신 곁에 나의 장막을 세워주시기를 청하고 있습니다. 수난을 묵상하면서 그분이 우리를 위하여 몸과 마음과 영혼으로 고통을 겪으셨음을 볼 때 그것을 갚아야 할 필요성을 느낍니다. 고통당하기 위하여 고통을 사랑한다고 말할 수는 없습니다. 고통을 사랑하는 것은 내 사랑, 나의 신랑님과 닮게 해주기 때문입니다. 정말이지 이 생각은 번거롭고 귀찮게 하는 모든 역경 속에서 행복을 발견한 것처럼 영혼 안에 너무도 부드러운 평화와 깊고 그윽한 기쁨에 잠기게 해줍니다. 어머니! 희생과 모든 역경 중에 있을 때 감정을 예민하게 하지 마시고 어머니의 의지로 기쁨 속에 머물도록 힘쓰세요. 그리고 스승님께 이렇게 말씀드리세요. '당신을 위하여 고통당하기에는 부당한 자이며, 이렇게 당신과 비슷하게 될 만한 가치가 없는 자입니다.' 그러면 저의 방법이 얼마나 희한한지 보게 될 거예요. 마음의 가장 깊은 곳에 감미로운 평화를 남기고 우리를 하느님께 가까이 가게 해주심을 확인하게 될 거예요"(편지 317).

예수님에 대한 사랑으로 고통받기를 그렇게 갈망해왔고 또 고통받아 왔음에도 이젠 엘리사벳은 자신의 힘을 넘어서는 고통 앞에서 자신이 전폭적인 신뢰를 두었던 하느님의 힘에 자신을 온전히 맡기고 자신을 위해 고통당하신 분 안으로 더 깊이 들어간다. 다음의 두 통의 편지는 원장 수녀에게 쓴 글이다.

"당신의 작은 호스티아(성체)는 너무나 많이 괴로워합니다. 이것은 일종의 육체의 임종입니다. 고함치고 싶을 만큼 너무도 괴로움을 느낍니다. 그러나 사랑이 충만하신 분께서 방문하시어 함께 해주시고 그분과 함께 친밀하게 살게 해주십니다(편지 329). 동시에 이 세상에 사는 동안은 고통을 봉헌하도록 이해시켜 주십니다. 삼위일체께서 너무도 제 가까이 있음을 느낍니다. 고통으로 인한 행복의 무게로 짓눌려진 자신을 만납니다. 나의 스승님께서는 이 고통이 저의 거처임을, 또 나의 고통을 선택해야 하는 자는 제가 아님을 상기시켜 주십니다. 그래서 그분과 함께 두렵고 고통스럽고 무한한 고통의 바다에 잠깁니다"(편지 320).

이때를 회상하며 원장 수녀는 말한다.

"이 시기에, 그녀는 고통뿐 아니라 내적으로 크게 불붙어 있어 그녀의 고통을 더욱 예리하게 했습니다. 글자 그대로 픱진해져서 힘들이지 않고는 말조차 할 수도 없었습니다. 그럼에도 큰 기쁨으로 얼굴이 빛나고 있었습니다. 그러고는 '하느님은 삼켜버리시는 불, 그분의 활동으로 고통당하고 있습니다' 하고 말했습니다."[131]

진정한 가르멜 수녀였던 엘리사벳은 기도와 말없는 희생으로 영혼들을 구원하기 위하여 영웅적으로 자신을 소모시킨 다음에 그 뒤에 다가오는 말할 수 없는 고통들을 잊으면서 자신을 초월하여 '그리스도에 대한 사랑 때문에, 그리고 그리스도의 몸인 교회를 위하여' 자신의 피를 방울방울 다 쏟아내었습니다.[132]

사랑으로 상처 입고 사랑으로 고통받고 싶어했던 엘리사벳에겐 더 이상 이 지상의 생명은 참생명이 아니었다. 입회 직후 어떤 죽음을 원하느냐는 질문에 '사랑하는 분의 팔에 안겨 사랑으로 죽는 것'(내적 메모 12)이라 대답한 대로 입회 초기의 꿈을 실현한 엘리사벳은 사랑하는 분에게 먹히는 행복 속에 "나는 빛에로, 사랑에로, 생명에로 갑니다"라는 마지막 말을 남기면서 영원히 사랑하는 분의 품에 안겼다(편지 214).

제7장_교회를 위한 엘리사벳의 사명

"천국에서의 나의 사명은
영혼들을 이끌어 자기 영혼 안에
하느님의 모습을 새길 수 있도록
큰 내적 침묵을 간직하게 하는 것,
사랑스럽고 단순한 현존을 통하여
하느님과 일치하도록
자기 자신을 떠나도록 도와주는 것입니다."

엘리사벳은 이 세상에 있는 동안 하느님 현존 아래에서 밀도 있게 삶을 살았고 자신을 위한 하느님의 계획을 충만히 실현시켰다. 이제 그녀는 천국에서 우리를 위한 자신의 사명, 즉 더 깊은 침묵, 하느님과 더 깊은 친밀함, 더 깊은 내면화를 향하여 우리를 인도해주고자 한다. 그녀는 세상을 떠나기 얼마 전 자신이 행복했기에, 자신과 같은 행복을 누리기를 바라는 마음으로 안토니아에게 편지를 썼다.

"이 세상을 떠나 아버지께 갈 시간이 가까이 왔어. 떠나기 전에 내 마음에서 솟아나는 몇 마디의 말, 말하자면 내 영혼의 유언을 전하고 싶어졌어. 사랑하는 안토니아, 영원의 빛 아래서 – 죽음의 문턱에 서서 – 볼 때 영혼은 참된 진리 안에서 사물을 보게 돼. 하느님과 함께 하느님을 위해 하지 않은 모든 것은 얼마나 덧없고 공허한 것인지 안다면! 무슨 일이든 사랑의 인장을 쳐서 하기를 간청한다. 그것만이 유일하게 존속하니까……. 사랑하는 안토니아! 하느님 현존에 대한 나의 믿음을 네게 유산으로 남겨줄게. 온전히 사랑이신 하느님은 우리 영혼 안에 살고 계셔. 네게 내 속 비밀을 하나도 숨김없이 털어놓을게. '내면 안에서' 그분과의 친밀한 사귐은 천국을 앞당겨 사는 것처럼 나의 삶을 아름다운 태양처럼 빛나게 변화시켜 주었어. 이것이 지금의 고통 한가운데서도 잘 견디게 해주고 있어. 나는 내 약함을 두려워하지 않아. 내가 신뢰하는 그분은 내 안에서 굳세시고 그분의 힘은 무한하시니까. 그 힘은 아무것에서도 우리를 그분에게서 떼어놓을 수 없도록 일해주신단다. 안녕! 안토니아, 내가 천국에 있을 때 너를 도와줄 수 있도록 허락해주겠지? 또한 만일 네가 완전히 너를 스승님께 바치지 않는 것을 볼 때 그 잘못을 고쳐주는 것도 허락해주겠지? 이것은 너를 사랑하기 때문이야"

(편지 333).

살아 있을 때 자신의 행복과 기쁨을 편지를 통해 친구나 친지들에게 전해준 엘리사벳은 하느님 현존에 대한 자신의 신앙을 유산으로 남겨주고 싶어 하고 또 천국에서도 계속 같은 일을 하고 싶어한다. 세상을 떠나기 약 열흘 전 '천국에서의 자신의 사명'을 분명하게 말하고 있다.

"천국에서 나의 사명은 영혼들을 이끌어 자기 영혼 안에 하느님의 모습을 새길 수 있고 그분으로 변화될 수 있도록 큰 내적 침묵을 유지하게 하는 것, 사랑스럽고 지극히 단순한 현존 수련을 통하여 하느님과 일치하도록 자기 자신을 떠나는 것을 도와주는 것이라 믿어요.

사랑하는 수녀님, 지금은 모든 사물을 하느님의 빛 아래서 보고 있다고 믿어져요. 만일 삶을 새로 시작해야 한다면 단 한순간도 잃어버리고 싶지 않아요. 우리들은 가르멜에서 그분의 정배들이에요. 유일하게 사랑하는 것, 즉, 하느님의 일만을 하도록 허락되어 있지요. 제가 하느님의 품 안에서 볼 때 만일 어쩌다가 이 유일한 업무를 안 하고 있는 것을 보면 즉시 알려주러 오고 싶어요. 동의해주겠지요. 그렇지요?"(편지 335).[133]

엘리사벳은 영혼들이 쓸모없는 일이나 부차적인 일에 뒤엉켜 끝없는 되새김질만 계속하다가 푹 가라앉아 있는 그들을 빼내고 싶어한다. 지상적이고 인간적인, 헛되고 쓸모없는 걱정들로 위협받고 있는 영혼들을 자유롭게 해주고 싶은 것이다.

"아! 모든 영혼들에게 말해줄 수 있다면! 만일 이 친밀한 현존 안에 사는 것을 받아들인다면 얼마나 큰 행복과 평화, 힘의 원천을 발견할 수 있는지를! 만일 하느님께서 감각적인 기쁨을 주시지 않으면 이 거룩한 하느님 현존을 그만두겠지요. 그분이 이 영혼을 위해 은총들을 한 아름 안고 오셔도 영혼은 바깥일들을 찾아 영혼 밖에 있고 자기의 가장 깊은 곳에 더 이상 머물러 있지 않습니다"(편지 302).

엘리사벳은 높은 정상에서 우리를 부르고 있다. 위의 편지를 읽으면 십자가의 성 요한이 하느님의 사랑에 대한 신비 체험을 한 후 이렇게 큰 은총을 마다하고 쓰레기로 채우려고 쓸데없이 애만 쓰는 영혼들을 향해 부르짖는 어조와도 너무 흡사하다.

"오! 영광된 것들을 위하여 창조된 영혼들이여! 이 빛나는 영광을 차지하도록 불리운 여러분들이여! 도대체 무얼 하고 있습니까? 도대체 무엇 때문에 바쁩니까? 여러분의 야심은 저급하고 여러분이 찾는 재산은 초라한 것들 뿐입니다! 오! 가련한 소경들이여! 여러분의 영혼의 눈은 볼 줄을 모릅니다. 그렇게도 빛나는 빛의 현존 안에서도 여러분은 여전히 소경으로 머물러 있고, 그토록 힘찬 큰 목소리에도 듣지 못하는 귀머거리입니다. 이 세상에서 영광과 위대한 것들을 위해 샅샅이 찾아 나서면서 어떻게 이 위대함을 못 알아본단 말입니까?"[134]

우리가 얼마나 높은 영광을 향해 부름 받았는가! 하느님의 아드님 예수 그리스도와 같은 모상을 지니도록 예정되었고 그리스도와 한자리에 앉아 하느님의 영광을 찬미하도록 초대받고 있는 데도 말이다. 이 세상에서부터 하느님의 영광을 찬미한 엘리사벳은 자신의 몫이 너무 아름답고 소중한 행복이었기에 자신이 사랑하는 사람들도 같은 행복을 누리도록 이 몫을 남겨주고 싶어한다.

"삼위일체의 영광의 찬미, 전투 교회의 품 안에서 나의 성소였고 승전 교회에서 쉼 없이 이행할 나의 성소 『영광의 찬미』를 여러분에게 남겨드립니다."

삼위일체의 복녀 엘리사벳에게 드리는 구일 기도

삼위일체의 복녀 엘리사벳이여,
하느님께 대한 큰 사랑으로
항상 하느님과 함께 가까이 계셨으니
지금은 천국에서 주님의 얼굴을 관상하면서
당신 친구들의 필요한 요청을
주님께 전구해주시기를 간청합니다.

(원하는 은총을 청함)

우리의 마음 가장 깊은 곳에서 신앙과 사랑으로
거룩한 삼위일체와 함께 사는 법을 가르쳐주소서.

매일매일의 삶 안에서
이웃들에게 하느님 사랑을 비추어줄 수 있게 가르쳐주소서.

이렇게 하여
하느님의 영광을 찬미하는 자가 되기 위함입니다.

(천천히 주님의 기도와 영광송을 3번 바친다)

주석

[1] Jean Lafrance, *Aprender a orar con Isabel de la Trinidad*, (Logos 26). Madrid 1984, p.7

[2] 수르동 부인에게 1902년 7월 15일자로 보낸 편지

[3] 참조: 엘리사벳의 여러 글 중 '마지막 묵상기도'와 '신앙 안에서의 천국'을 묶어서 『영광의 찬미』로 편집하여 서울 가르멜 수녀원에서 엮은 것임.

[4] C. de Meester, *Asi era sor Isabel de la Trinidad*, Editorial Monte Carmelo, Burgos, 1984, p.11

[5] C. de Meester, *Tu presencia es mi alegria*, EDE, Madrid, 1986, p.12

[6] M.M. Philipon O.P, *La doctrina Espiritual de la sor Isabel de la Trinidad*, Ediciones Desciee, 1948, p.26

[7] *Sor Isabel de la Trinidad*, Obras Completas, Editorial Monte Carmelo, Burgos, 2004, p.14

[8] C. de Meester, *Asi era sor Isabel de la Trinidad*, Editotial Monte Carmelo, Burgos, 1984, p.11

[9] *Sor Isabel de la Trinidad*, Obras Completas, Editorial Monte Carmelo, Burgos, 2004, p.73

[10] 편지 11, 13, 14, 15, 16······.

[11] M.M. Philpon, *En Presencia de Dis*, Edtorial Balmes, Barcelona, 1965, p.20

[12] *Asi era sor Isabel de la Trinidad*, Ed., p.15, p.17

[13] *Sor Isabel de la Trinidad*, Obras Completas, Ed., Monte Carmelo, p.74, p.77, p.95

[14] P. Lopez Arroniz, *Presencia*, Editorial Covarrubias, 19-Madrid-10, 1984, p.14

[15] 위의 책, p.18

[16] 십자가의 성요한 지음, 최민순 옮김, 『가르멜의 산길』 3권 26장 6절, 바오로딸, 2007, p.381

[17] 아빌라의 성녀 데레사 지음, 서울 여자 가르멜 수도원 옮김, 『천주 자비의 글』, 분도출판사, 1984, pp.426-427

[18] 부르고스 가르멜 수녀원 지음, 『주님의 기도로 관상까지』, 성바오로출판사, 2003, p.188

[19] 공동번역 성경은 '영적으로 참되게 하느님께 예배드려야 한다'라고 되어 있으나 예루살렘 성경은 '영과 진리로 하느님께 예배드려야 한다' 라고 되어 있다.

[20] *Sor Isabel de la Trinidad*, Obras Completas, EDE, p.114

[21] Conrad de Meester, *Vida y Pensamiento de Fray Lorenzo*, Ed. Monte Carmelo, 1994, p.85

[22] 위의 책, p.87

[23] Ermano Ancilli, *Diccionario de espiritualidad Tomo Ⅲ*, Barcelona, Editorial Herder, 1987, pp.189-190 참조

[24] 로랑 수사 지음, 서울 영보 가르멜 수도원 옮김, 『하느님의 현존 체험』, 경향잡지사, 1961, pp.51-63

[25] 『가르멜 산길』 34권 3장 4절, p.304

[26] 『가르멜 산길』 1권 5장 4-5절, p.52

²⁷ 예수의 데레사 지음, 최민순 옮김, 『영혼의 성』 1궁방 1장 3절, 바오로딸, 2007, p.25

²⁸ San juan de la cruz, Obras Completas, EDE, 1993, 5 Edicion, Llama de Amor viva (A) pp.1008-1009

²⁹ Ermano Ancilli, Diccionario de espiritualidad Ⅱ, Barcelona, pp.310-325 발췌

³⁰ M.M. Philipon O.P, La doctrina Espiritual de la sor Isabel de la Trinidad, Ediciones Desclee, De Blouwe

³¹ 성녀 데레사 지음, 최민순 옮김, 『완덕의 길』 28장 12절, 바오로딸, 2007, p.211

³² Teresa de jesus, Obras Completas, EDE, 5edicion, 2000, Cuentas de Conciencia14 p.990

³³ 주: 지난번 현시가 1571년 5월 29일 아빌라에서 있었고, 지금의 것은 한 달 뒤인 6월 30일 메디나에서 있었던 것임.

³⁴ Teresa de jesus, Obras Completas, Cuentas de Conciencia15 p.991

³⁵ 『영혼의 성』 7궁방 1장 6절, p.251-252 발췌 및 참조

³⁶ San juan de la cruz, Obras Completas, Llama de amor viva, prologo2 p.785

³⁷ 위의 책, Llima de amor viva 2절 노래의 설명을 통해 성삼위의 활동을 다룸.

³⁸ 위의 책, Llima de amor viva 4절 17 p.869

³⁹ 위의 책, Llima de amor viva B 2절 17 p.814

⁴⁰ 위의 책, Llima de amor viva B 2절, 20-23 발췌. pp.814-816

⁴¹ 위의 책, Llima de amor viva B 2절 36, p.824

⁴² 위의 책, Cantico Espiritual B 39, 7 p.760

⁴³ 위의 책, Llima de amor viva B 1절 15, pp.793-794

⁴⁴ 위의 책, Llima de amor viva B 2절 27-28, pp.817-818

⁴⁵ Teresa de jesus, Obras Completas, Exclamaciones, 2, 8 pp.1093-1094

⁴⁶ 『영혼의 성』 7궁방 4장 참조

⁴⁷ 위의 책, 7궁방 4장 8절

⁴⁸ Escritos de Teologia, K. Rahner, Ediciones Cristiandad, Madrid, 2002, pp.97-100

[49] 신앙 안에서의 천국, 32

[50] 신앙 안에서의 천국, 5

[51] *Asi era sor Isabel de la Trinidad*, p.15

[52] 주: '엘리사벳'이란 이름이 '하느님의 집'이라는 뜻이라고 말해주는데 엘리사벳이란 이름의 참뜻은 '하느님은 나의 맹세'이다.

[53] *Asi era sor Isabel de la Trinidad*, p.16

[54] *Isabel de la Trinidad*, Obras Completas, EDE

[55] 주: 엘리사벳은 이 구절을 굵은 글씨로 썼다.

[56] 주: 이 말은 성녀 데레사의 말을 연상케 한다. "만일 지상 천국이 있다면 이 집이 바로 그곳입니다"(『완덕의 길』 13,7)

[57] 십자가의 성 요한 지음, 대전 가르멜 수도원 옮김, 『십자가의 성 요한 소품집』, 분도출판사, 1977, p.26

[58] 십자가의 성 요한 지음, 최민순 옮김, 『어둔 밤』, 바오로딸, 2004, pp.121-123 요약

[59] *San juan de la cruz*, Obras Completas, Llima de amor viva, 3, 28

[60] 주: "고통이나 죽음을" 이 말은 성녀 데레사의 글을 인용한 것임.

[61] 주: 엘리사벳은 이 문장을 굵은 글씨로 썼다. 좀 뒤에 '맡겨라'는 글자도 조금 굵게 썼다.

[62] *Isabel de la Trinidad*, Obras Completas, EDE, Dejate amor pp.178-180

[63] *Isabel de la Trinidad*, EDE. pp.108-109

[64] 『천주 자비의 글』, p.176

[65] 주: 막달레나

[66] 주: 성녀 데레사

[67] 주: 『천주 자비의 글』, 32장 지옥의 환시 읽을 것.

[68] Sta Teresa, *Exclamaciones* 8-10

[69] 『영혼의 성』 7궁방 1장 4절

[70] 『외로움, 그 축복의 시간』, 성바오로출판사, pp.123-124(3. 인간의 자유) 참조

[71] 『십자가의 성 요한 소품집』, p.29

[72] K. 라너 지음, 정대식 신부 옮김, 『영성신학논총』, 가톨릭출판사, 1986, pp.14-15 발췌 및 참조

[73] 주: 그리스도께서 받으신 고난은 우리들이 그리스도의 영광을 함께 나누어 받게 하기 위함이었듯 우리가 받는 고난도 우리의 형제들이 그 영광에 참여할 수 있도록 그리스도의 남은 고난을 우리 몸으로 채우고 있는 것이다.

[74] 『영성신학논총』, pp.15-17 발췌 및 참조

[75] 『영혼의 노래』 12장 4절

[76] 신앙 안에서의 천국, 6일째

[77] Sor Isabel, 『우리 성소의 위대함 9』, p.263

[78] 『외로움, 그 축복의 시간』, pp.126-127

[79] 부르고스 가르멜 수녀원 지음, 『주님의 기도로 관상까지』, 성바오로출판사, 2004, p.53

[80] 『주님의 기도로 관상까지』, p.29

[81] 포르투칼 주간지 *Christus*(1998년 3월 3일자)

[82] 주: 시옥의 '초자연적인 불'에 관심이 있는 분은 성녀 데레사의 『천주 자비의 글』 32장 참조

[83] Jesus castellano, *Alabanza de gloria*, Burgos, 1984, p.55

[84] Élisabeth de la Trinité, *Oeurves Complètes*, Les éditions du Cerf, Paris, 2002 참조

[85] 『영혼의 노래』 28

[86] 엘리사벳은 이 영광의 찬미(Laudem Gloriae)를 경사체로 크게 줄의 중앙에 쓰고 있다.

[87] Miguel Valenciano, *Esa presencia de Dios* en ti de que te he hablado Tesina de licencia en Teologia con especializacion en espiritualidad Teresianum, Roma, 1998

[88] 주: 거둠 기도에 대해 잘 알고 싶은 분은 『완덕의 길』 26-29장 혹은 『주님의 기도로 관상까지』, pp.105-140 참조할 것

[89] 『완덕의 길』 28장 2절

[90] 『영혼의 성』 1궁방 1장 1절

[91] 『완덕의 길』 28장 4절

[92] 『영혼의 성』 4궁방 3장 2-3절

[93] 『완덕의 길』 31장 2절

[94] 『완덕의 길』 31장 3절

[95] 『완덕의 길』 31장 11절

[96] 『천주 자비의 글』 15장 4-5절

[97] 『천주 자비의 글』 15장 5절

[98] 『천주 자비의 글』 15장 5절

[99] 『영혼의 성』 4궁방 3장 10절 참조

[100] 『영혼의 성』 4궁방 3장 8절 참조

[101] 『천주 자비의 글』 15장 7절 참조

[102] 『천주 자비의 글』 14장, 15장; 『완덕의 길』 30장, 31장; 『영혼의 성』 4궁방

[103] Llama de amor viva B.1,13; 『주님의 기도로 관상까지』, pp.157-164 (2) 고요의 기도 상태에서 있는 영혼을 향한 성녀의 부탁 참조

[104] 『완덕의 길』 26장 1절

[105] Cantico Espiritual 1,6

[106] Cantico Espiritual 1,12

[107] 1902년 9월 14일자 편지

[108] CF 32(신앙 안에서의 천국)

[109] 어머니께 쓴 편지

[110] CF 4

[111] 동생에게 쓴 편지

[112] CF 4(신앙 안에서의 천국, 4)

[113] 마지막 묵상 기도, 10일째 43-44번

[114] 1903년 9월 20일자 편지

[115] 마지막 묵상, 첫째 날 1번

[116] 주: 하느님의 아름다우심은 단순하고 통일되어 있기 때문이다.

[117] 마지막 묵상, 열쨋 날 26번

[118] 가르멜의 원시회칙

[119] 마지막 묵상, 둘째 날

[120] Cantico Espiritual 36

[121] Cantico Espiritual 36, 13

[122] 마지막 묵상, 2

[123] 마지막 묵상, 37

[124] 마지막 묵상, 셋째 날

[125] 신앙 안에서의 천국, 첫째 날 3-4번

[126] 마지막 묵상, 아홉째 날 요약

[127] 마지막 묵상, 열두째 날

[128] 마지막 묵상, 여덟째 날 20번

[129] 신앙 안에서의 천국, 33

[130] 마지막 묵상, 다섯째 날 14-15번 요약

[131] *Carmelo de Dijon*, 241

[132] M.M Philipon O.p, *La doctrina Espiritealidad de sor Isabel*, p.158

[133] 1906년 10월 28일, Maria Odila 수녀에게 쓴 편지

[134] Cantico Espiritual A 38